수입전문가(CPI)

외환·수입결제

/ 허은숙 저 /

도서출판 두남

우리나라의 연간 무역 규모는 2011년에 1조 달러를 돌파한 이래 계속 1조 달러를 상회하여 미국 독일, 중국, 일본 등과 어깨를 나란히 하는 세계 8대 무역국으로 자리매김하였다.

수출이 경제발전을 견인한 우리나라에서 수출의 중요성은 아무리 강조해도 지나치지 않을 것이다. 그러나 부존자원이 부족하고 가공무역의 성격을 띠는 수출구조에서 수출이 제대로 이루어지려면 수입이 원활하게 이루어져서 수출을 뒷받침해야 하는 만큼 수입의 중요성 역시 똑같이 강조되어야 할 것이다.

그런데 수입업무는 수출업무와는 다른 특성을 지니고 있다. 계약체결과 이행 등에 있어 수출과 반대되는 시각과 별도의 전문적인 지식이 활용되고 있어 체계적인 교육이 필요하다. 반면에 현실적으로 대학과 민간에서 이루어지는 무역교육은 실상 수출에 필요한 인력을 양성하고 훈련하는 데 초점이 맞추어져 있어 수입관련 지식은 간접적으로 또는 부수적으로 습득하고 있는 실정이다. 이에 따라 한국수입업협회가 수입업무에 일정수준 이상의 역량을 갖춘 인력을 선발할 수 있고, 취업희망자도 기업이 요구하는 인재임을 객관적으로 나타낼 수 있는 수입관리사 자격을 2011년 최초로 도입하여 엄격한 시험을 통하여 인증, 부여하고 있다.

본서는 수입관리사 응시과목 중 <외환 · 수입결제>부분을 설명한 것이다. 외국환의 개요, 대금결제와 관련된 외국환거래법의 주요 내용, 신용장 및 무신용장

결제방식 등 수입대금의 결제와 관련된 내용을 다루고 있다. 아무쪼록 수입업계에 진출하고자 하거나 무역에 대한 균형 있는 전문지식을 습득하고자 수입관리사 시험을 준비하는 예비 무역인들에게 본서가 도움이 되기를 기대한다.

2013년 12월

저자

차 례

Chapter 1 무역과 외국환

Chapter 2 환리스크

Chapter 3 외국환거래법규의 개관

Chapter 4 신용장방식의 결제

Chapter 5 무신용장 결제방식

Chapter 6 무역서류와 환어음

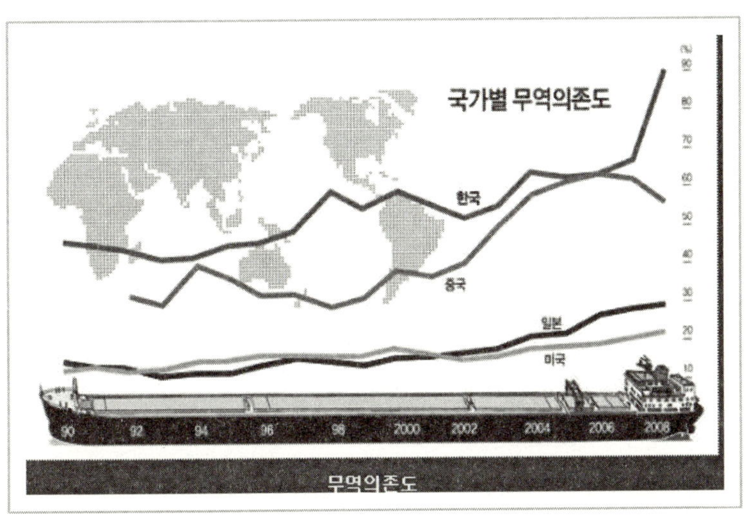

Chapter 1

무역과 외국환

무역과 외국환

제 1 절 무역결제와 외국환

1. 무역거래와 대금결제

1) 무역거래의 개념

무역은 다른 국가 간에 이루어지는 상거래(commerce) 즉 외국 간에 이루어지는 매매를 의미한다. 이 상거래는 매도인이 대금이라는 금전적 대가를 받고 매수인에게 물품의 소유권을 이전하거나 이전하기로 합의하는 물품매매계약(contract of sale of goods)이다.[1] 매도인의 물품인도와 매수인의 대금지급이 동시에 이루어지는 경우도 있고, 계약 성립 후 일정 시기가 지난 후 계약이 이행되는 경우도 있다.

국내거래에서는 매매계약이 성립되면 곧 계약이 이행되지만 무역거래에서는 특수한 경우가 아니고서는 대부분 일정 기간 후 계약이 이행된다. 무역거래는 국내거래에 비해 거액의 계약인 경우가 많아 계약물품의 조달, 선적 등에 많은

1) 영국 물품매매법(Sales of Goods Act, 1979) II-2.1

시간이 소요되기 때문이다. 따라서 물품인도와 대금지급이 동시에 이루어지는 경우보다는 대부분 계약 성립 후 일정 기간이 지나서 계약이 이행된다.

무역거래에서 수출업자는 물품을 선박, 항공기 등 운송기관에 운송을 의뢰한 후 운송기관에서 발급하는 운송서류를 수입업자에게 송부함으로써 물품을 인도하는 것으로 한다. 반면에 수입업자는 수출업자에게 대금을 찾을 수 있는 증서 등을 보내주어 대금을 결제하게 된다.

격지간 거래라는 특성상 무역에서는 물품 못지않게 서류(Document)가 중요한 기능을 갖는다. 매매협상초기단계에서부터 최종 대금결제에 이르기까지 각 단계별로 많은 무역서류가 발생하며 이들 내용은 매우 전문적이다.

2) 무역거래의 특성

무역거래에서 물품의 인도와 대금의 결제는 가장 중요한 업무이지만 이 두 가지 무역 업무는 상반된 성격을 지니고 있다. 즉 수출업자는 대금확보가 전제되지 않는 한 물품을 인도하지 않으려 하고, 수입업자는 물품이 확보되지 않으면 대금을 결제하지 않으려고 한다. 이와 같이 매매당사자들이 서로 상반된 주장만 하게 되면 거래는 성사될 수 없으며, 나아가 오늘날과 같은 무역거래는 불가능하다.

무역거래에서 대금결제와 관련된 특성을 살펴보면 다음과 같다.

(1) 대금회수불능의 위험

국내거래에 비해 대금회수불능의 위험(credit risk)이 높은 편이다. 무역거래는 계약체결에서 대금결제까지 상당한 시간이 소요되므로 수입업자 신용상태의 변화로 인해 수출대금을 회수하지 못하는 경우가 종종 발생한다. 계약을 체결할 때에는 재무상태가 건전했던 수입업자도 무역거래를 이행하는 과정에서 지급불능사태가 날 수도 있는가 하면 아예 처음부터 의도적인 무역사기로 수출업자에게 피해를 입히는 경우도 있다.

그리고 대금미회수의 경우에도 그 해결이 어려운 편이다. 국내거래에서는 법적 대응조치가 가능하지만 무역거래에서는 국가마다 적용하는 법이 다르고 법적 대응에도 많은 시간과 비용이 든다.

(2) 환위험의 발생

국가마다 사용하는 통화가 서로 달라 환율변동에 따른 환위험(exchange risk)이 발생한다. 자국통화로 결제할 경우에는 아무 문제가 없지만 무역거래에서는 대부분 미국 달러화, 유로화, 일본 엔화 등 주요 국제통화로 결제하게 되고, 이들 통화의 가치는 계속 변동하기 때문에 항상 환위험이 따르게 된다.

(3) 이자의 발생

수출업자와 수입업자가 멀리 떨어져 있기 때문에 결제 시차로 인하여 이자 문제가 발생한다. 예를 들어 수입업자가 오늘 날짜로 대금을 상환할 수 있는 증서를 은행으로부터 발급받아 이를 수출업자에게 우편으로 송부했을 경우, 만약 수출업자가 그 증서를 일주일 후에 받았다고 한다면 그 기간만큼의 이자문제가 따르게 된다.

(4) 외국환은행의 활용

무역거래에서는 공신력 있는 은행 등 금융기관을 이용하여 대금결제를 하게 된다. 수출업자와 수입업자의 신용상태가 서로 믿을 만 할 경우에는 아무 문제가 없지만 처음 거래를 한다든가 신용상태가 그다지 높지 않을 경우에는 대금회수불능의 위험이 크기 때문에 수입업자 대신 은행이 결제를 확약하는 방식을 이용하기도 한다.

(5) 국제규칙의 준수

무역결제는 일정한 법과 국제통일규칙의 범위 내에서 이루어진다. 무역결제는 언어, 관습, 법률 등이 다른 국가 사이에서 이루어지고 다른 통화를 사용하기 때문에 여러 가지 마찰과 분쟁이 발생할 수 있다. 우리나라의 경우도 대외거래의 자유를 보장하고 통화가치의 안정을 보장하기 위해 외국환거래법을 제정하고 이 법의 테두리 내에서 모든 대외결제가 이루어지도록 하고 있다. 그리고 국제상업회의소(International Chamber of Commerce; ICC) 등에서도 일정한 국제규칙을 제정하고 이를 당사자들의 합의에 의해 사용하도록 권고하고 있다.

3) 무역결제의 시기

(1) 선 지급

선 지급(advanced payment)은 물품이 선적되기 전 수입업자가 수출업자에게 대금을 미리 지급하는 선불 방식이다. 이 경우 수출업자는 수출대금을 선적 전에 확보할 수 있어 좋지만 수입업자는 물품을 받지 못하는 경우도 있을 수 있다. 따라서 이 방식은 수입업자가 수출업자의 신용을 완전히 믿는 경우나, 수입업자가 수출업자에게 수출자금을 융자해 줄 경우, 본 · 지사간의 거래 혹은 소액거래인 경우 등에 활용된다.

(2) 동시 지급

동시 지급(concurrent payment)은 수출업자가 물품을 인도하고 동시에 수입업자는 대금을 지급하는 방식을 말한다. 일반적인 상거래와 달리 무역거래에서는 물품과 대금이 한 장소에서 동시에 교환되는 경우는 드물고 대부분 물품을 찾을 수 있는 운송서류와 상환하여 대금 지급이 이루어진다.

(3) 후 지급

후 지급(deferred payment) 방식은 수입업자가 물품을 인수하고 일정 기간이 경과된 후 대금을 지급하는 기한부거래, 즉 외상 거래를 말한다. 수입업자는 수입자금 없이 수입할 수 있는 장점이 있지만 수출업자의 경우 대금회수불능의 위험이 크기 때문에, 이 방식은 불경기로 인해 물품이 잘 팔리지 않을 경우 혹은 수출업자가 수입업자를 완전히 믿는 경우나, 본 · 지사간의 거래 등에 주로 이용된다.

(4) 혼합 지급

혼합 지급 방식은 선 지급, 동시 지급, 후 지급 중에서 두 가지 이상을 혼합하여 대금을 결제하는 누진 지급(progressive payment) 방식으로 물품대금을 일시에 지불하지 않고 일정 기간 나누어 지급하는 경우를 말한다. 예를 들어 계약체결시점, 선적완료시점, 도착완료시점 등으로 구분하여 일정 금액을 결제한다든지, 공정 진행도에 따라 분할해서 지급하는 방식이다. 따라서 이 방식은 플랜트(plant) 등 대형 거래에서 주로 이용된다.

4) 무역결제 통화와 수단

국가마다 사용하는 통화가 다르기 때문에 무역거래에서는 세계적으로 자유롭게 통용될 수 있는 미국 달러화, 유로화, 일본 엔화 등이 결제통화로 많이 이용된다. 예를 들어 우리나라와 중국 간에 교역을 하더라도 원화나 중국 위안화(RMB)가 결제통화로 사용되지 않고 미국 달러화가 이용되는데 이는 달러화가 국제통화로서의 신뢰와 가치를 인정받고 있기 때문이다.

그리고 국내거래의 결제수단으로는 현금, 수표 등이 다양하게 사용되고 있지만 무역거래에서는 현금이나 수표가 사용되는 경우는 드물고, 현금의 이동 없이 결제하는 방식으로 이루어진다. 이에 관한 자세한 내용들은 제2장에서 설명하기로 한다.

5) 무역결제 방법

(1) 현금결제

현금결제에는 물품인도와 동시에 현금을 지급하는 COD, 서류의 인도와 대금지급이 일어나는 CAD, 주문과 동시에 대금을 지급하는 CWO조건이 이에 해당한다.

오늘날의 무역결제방식은 은행을 개입시켜 무역대금의 결제가 서류와 상환으로 이루어지고 있기 때문에 서류상환도지급방식의 형태가 확장된 것이라 할 수 있다.

(2) 송금환결제

송금환결제는 주로 선 지급의 경우에 이루어지는 것으로 견본구입이나 소액 거래에 사용된다. 우편환(M/T) 송금방식과 전신환(T/T)방식이 있다.

(3) 어음결제

어음결제방식은 상품을 상징하는 운송서류, 보험서류, 상업송장 및 기타 필요한 서류를 첨부하여 대금을 회수하는 화환어음(Documentary Bill)과 선적서류를 첨부하지 않는 무담보어음(Clean Bill)에 의한 방법이 있다.

화환어음에 의한 방법은 계약서베이스와 신용장베이스로 나눌 수 있다. 계약서베이스는 주로 추심(Collection)방식으로 대금을 회수하며 신용장베이스는 인수, 지급, 매입방식으로 결제한다.

(4) 물품결제(Barter)

수출입대가로 다른 물품을 수입하거나 수출하는 물물교환방식에 이용되는 결제조건이다. 대외무역법상의 연계무역이 이에 해당한다.

(5) 전자자금이체(Electronic Fund Transfer)

현금의 이동 없이 전자적 수단을 이용하여 금융기관계좌상의 자금을 이체하는 것이다.

6) 무역결제통화

(1) 의의

무역계약에서 당사자들이 서로 다른 통화를 쓰기 때문에 어느 한 통화를 정해서 결제통화로 합의해야 한다. 우리나라 수출입 결제통화의 특징을 보면 달러화의 비중이 매우 높지만 그 비중은 점차 줄어들고 있고 엔화와 유로화의 결제비중이 높아지고 있다. 특히 일본, 및 유럽지역과의 거래에서는 엔화와 유로화가 상대적으로 많이 사용되고 있다. 원화는 1996년 6월부터 모든 경상거래에 대하여 금액제한 없이 가능하게 되어 있으나 원화결제가 차지하는 비중은 극히 미미한 수준이다. 그리고 우리나라의 가장 큰 교역상대국인 중국 위안화는 거의 사용되고 있지 않다.

(2) 결제통화가 갖춰야 할 요건

무역결제통화를 결정할 때는 무엇보다도 환시세의 변동이 심하지 않은 안정된 통화를 결정하는 것이 중요하다. 한 나라의 통화가 국제통화로서 통용되기 위해서는 대략 다음과 같은 조건을 구비해야 한다.

① 해당국 통화가 자유교환성(free convertibility) 내지 광범한 자유대체성(free transfer ability)을 보유해야 한다.

② 통화가치의 안정이 보장되고 국제적 신뢰가 두터워야 한다.

③ 해당 통화의 공급량에 한계가 있고 수요도 적으면 국제통화로서의 자격이 부족하며, 따라서 국제결제통화로서 수요와 공급도 높아야 한다.

④ 해당국의 금융시장이 국제금융시장으로서 기능과 조직을 충분히 구비해야 한다. 즉 뉴욕 또는 런던시장과 같이 국제금융의 중심지로서 완비된 은행조직과 어음할인시장이 존재해야 각국은 거기서 일시적으로 잉여자금을 운용할 수도 있고, 한편 부족자금도 즉시 조달할 수 있다. 그러나 1971년 8월 닉슨의 달러 방어 성명에 의한 금 달러 태환성이 정지된 이후부터 달러는 각국의 준비통화로서의 지위에서 점차 거래통화로 전락하는 추세에 있으며 새로 SDR를 중심으로 한 국제통화체제가 대두되고 있다.

참고로 외국환은행에서 고시하고 있는 주요 국가별 통화는 다음과 같다.

기준일 : 2012-09-13 ▪ **고시시간 :** 13:46(31 회차) [조회시각 2012-09-13 14:14

통화명	현찰		송금_전신환		T/C	외화수표	매매	환가	미화
	사실때	파실때	보내실때	받으실때	사실때	파실때	기준율	료율	환산율
미국 USD	1148.04	1108.56	1139.30	1117.30	1141.83	1116.66	1128.30	2.0737	1.0000
일본 JPY 100	1477.34	1426.54	1466.16	1437.72	1466.45	1436.96	1451.94	2.1158	1.2868
유로통화 EUR	1487.46	1429.42	1473.02	1443.86	1480.31	1443.02	1458.44	2.0950	1.2926
영국 GBP	1855.01	1782.63	1837.00	1800.64	1846.10	1799.40	1818.82	2.5006	1.6120
스위스 CHF	1229.95	1181.97	1218.01	1193.91	0.00	1193.25	1205.96	1.9860	1.0688
캐나다 CAD	1179.41	1133.39	1167.96	1144.84	1173.74	1143.86	1156.40	3.0640	1.0249
호주 AUD	1206.44	1159.38	1194.73	1171.09	1200.65	1169.25	1182.91	5.7050	1.0484
뉴질랜드 NZD	946.15	909.23	936.96	918.42	0.00	917.18	927.69	4.8250	0.8222
홍콩 HKD	148.40	142.62	146.96	144.06	0.00	143.98	145.51	2.4150	0.1290
스웨덴 SEK	176.23	167.65	173.65	170.23	0.00	170.06	171.94	3.6550	0.1524
덴마크 DKK	200.36	190.60	197.43	193.53	0.00	193.42	195.48	2.0750	0.1733
노르웨이 NOK	201.73	191.89	198.77	194.85	0.00	194.64	196.81	3.8650	0.1744
사우디 SAR	312.90	276.81	303.87	297.87	0.00	297.66	300.87	2.6050	0.2667
쿠웨이트 KWD	4174.13	3692.51	4053.72	3973.46	0.00	3970.90	4013.59	2.3050	3.5572
바레인 BHD	3112.55	2753.42	3022.76	2962.92	0.00	2960.62	2992.84	2.7750	2.6525
아랍연방 AED	319.47	282.62	310.26	304.12	0.00	303.93	307.19	2.3250	0.2723
태국 THB	38.58	34.22	36.76	36.04	0.00	36.00	36.40	5.0250	0.0323

지금까지 살펴 본 무역결제의 당사자, 무역결제의 시기, 무역결제통화, 무역결제수단 및 결제방법을 정리하면 <표 1-1>과 같다.

〈표 1-1〉 무역결제의 요약

무역결제 당사자	수출업자(채권자), 수입업자(채무자)
무역결제 시기	선 지급, 동시 지급, 후 지급, 혼합 지급
무역결제 통화	미국 달러화, 유로화, 일본 엔화 등
무역결제 수단	환어음, 수표 등
무역결제 방법	신용장, 화환추심어음, 송금, 팩토링, 포페이팅 등

2. 환과 외국환

1) 환

일반적인 상거래에서는 매도인과 매수인이 한 장소에서 만나 매도인은 물품을 인도하고 매수인은 대금을 지급한다. 그러나 매도인과 매수인이 멀리 떨어져 있는 경우에는 이러한 현금결제가 불가능하기 때문에 환을 이용해서 채권·채무관계를 해결한다. 환(exchange)은 채권과 채무를 현금의 이동 없이 결제하는 수표, 어음 등과 같은 수단을 말하는데 주로 은행의 중개에 의해서 환거래가 이루어진다. 환거래가 국내에서 행해지는 경우를 내국환이라 하고 외국화 이루어지는 경우를 외국환이라 한다.

2) 외국환

(1) 의의

외국환은 서로 다른 나라에 있는 사람들 간의 경제적 거래에서 발생하는 대차관계를 현금의 이동 없이 결제해 주는 수단을 말한다. 따라서 무역거래에서는 수출업자(채권자)와 수입업자(채무자) 간에 항상 채권·채무 관계가 발생하므로 외국환거래가 따르게 된다.

(2) 외국환의 종류

가) 대외지급수단

대외지급수단은 외국통화, 외국통화로 표시된 지급수단, 기타 표시통화에 상관없이 외국에서 사용할 수 있는 지급수단을 말한다. 예를 들면 정부지폐, 은행권, 주화, 수표, 환어음, 약속어음, 우편환, 신용장과 기타 지급지시가 여기에 해당된다. 구체적으로 우리나라 외국환거래법에서 언급하는 지급수단에는 다음과 같은 것들이 해당한다.

① 정부지폐, 은행권, 주화, 수표, 우편환, 신용장

② 대통령령이 정하는 환어음, 약속어음 기타의 지급지시

③ 증표, 플라스틱카드 또는 그 밖의 물건에 전자 또는 자기적 방법으로 재산적 가치가 입력되어 불특정 다수인간에 지급을 위하여 통화에 갈음하여 사용할 수 있는 것으로서 대통령령이 정하는 것

나) 외화 증권

외화 증권은 외국통화로 표시된 증권 또는 외국에서 지급을 받을 수 있는 증권을 말하는데 한국 기업들이 해외 자본시장에서 기업 자금을 조달할 목적으로 발행하는 공채, 주식 등이 여기에 해당된다. 여기에 해당하는 증권은 다음과 같은 것을 말한다.

① 국채, 지방채, 사채, 기타 모든 종류의 채권

② 주식 및 출자 지분

③ 위의 ① 및 ②에 관한 권리를 부여하는 증서

④ 수익증권 및 이권

⑤ 기타 위의 각목에 규정된 것과 유사한 증권 또는 증서로서 대통령령이 정하 는 것

"A national debt, if it is not excessive, will be to us a national blessing."
—Hamilton, in a letter to Robert Morris, 1781

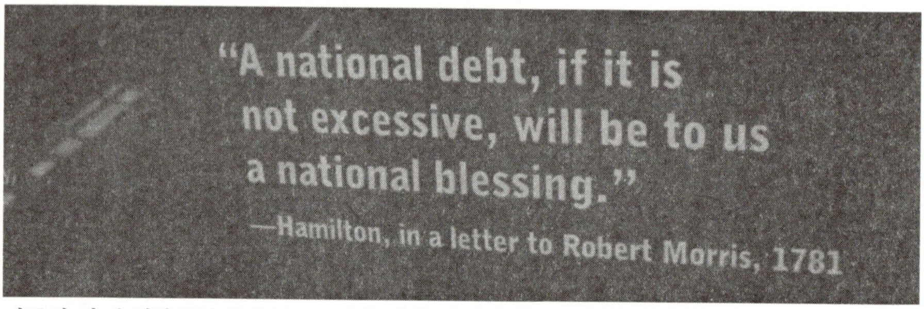

미국의 한 은행박물관에서 본 Bond에 관한 알렉산더 해밀턴의 견해, 건국초기 미국의 열악한 재정은 각종 채권발행에 의해 충당되었음을 알 수 있다.

다) 외화 채권

외화 채권은 외국통화로 표시된 채권 또는 외국에서 지급을 받을 수 있는 채권을 말한다.

(3) 외국환의 특징

외국환은 내국환에 비해 다음과 같은 특징을 지니고 있다.

① 환율문제

수출업자와 수입업자가 서로 다른 나라에 떨어져 있고 다른 화폐단위를 사용하기 때문에 이종통화간의 교환비율문제가 발생한다. 우리나라와 중국 간의 거래에서 결제통화는 대부분 미국 달러화이기 때문에 우리나라 수출업자나 중국의 수입업자는 무역거래를 할 때마다 결제통화를 원화나 중국 위안화로 교환해야 한다.

② 환리스크

둘째, 환율변동에 따른 환위험이 발생할 수 있다. 우리나라의 수출업자가 5만 달러어치의 물품을 중국에 수출하고 5만 달러로 표시된 외화수표를 받을 경우 우리나라 수출업자는 이를 원화로 교환해야 하는데 교환시점에서의 환율에 따라 이익이 생길 수도 있고 손해를 볼 수도 있다.

③ 이자요소

외국환거래에서는 이자 문제가 따르기도 한다. 중국의 수입업자가 5만 달러 표시의 외화수표를 북경은행으로부터 교부받아 이를 우리나라 수출업자에게 송부할 경우, 수출업자는 우송된 수표를 받아야 은행으로부터 수출대금을 찾을 수 있다. 따라서 수출업자와 수입업자간의 대차결제가 우송기간만큼 차이가 나기 때문에 이에 대한 이자문제가 발생하게 된다. 이 우편일수 만큼의 이자는 큰 것은 아니지만 이를 누가 부담할 것인가는 사전에 약정해 둘 필요가 있다.

④ 외국환관리의 필요성

외국환거래는 한 나라의 국제수지 및 국내 통화가치와 밀접한 관계를 가지고 있어 외국환 관리제도가 필요하게 된다. 정상적인 대외거래에 의해 외국환이 유출입될 수 있도록 하고 외국환이 적정하게 수급될수 있도록 하기 위해 국가는 외국환관리를 하게 된다.

⑤ 외국환은행을 통한 결제

외국환거래에서는 외국환을 사고파는 중개 역할을 하는 외국환은행이 필요하게 된다. 외국환거래에서는 항상 이종통화간의 교환, 환율의 변동에 따른 환위험, 우편일수의 이자 등 문제가 따르기 때문에 반드시 외국환은행의 중개가 필요하다. 이런 이유로 무역거래의 대금결제는 모두 외국환은행을 통하여 이루어지고 있다.

(4) 외국환의 형태

① 송금환과 추심환

외국환은 자금의 이동방향에 따라 송금환과 추심환으로 구분된다.

송금(remittance)은 채무자가 채권자에게 채무액을 지급하기 위해 외국환은행에 원화 또는 외화를 지급하고 이를 채권자에게 송금해 줄 것을 위탁하는 경우를 말하며 이 때 사용되는 환을 송금환이라 한다. 송금환은 채무자가 채권자에게 채무액을 보낸다고 하여 순환이라고도 한다. 무역거래에서는 수입업자가 수입대금을 수출업자에게 외국환은행을 통해서 송금해 주는 경우이다.

추심(collection)은 채권자가 채무자 앞으로 채무의 변제를 요청하는 증서(환어음 등)를 발행하여 채권을 회수하는 경우를 말하며 이때 사용되는 환을 추심환이라 한다. 추심환은 송금환의 순환과 대비하여 역환이라고도 한다. 무역거래에서 수출업자가 수출대금을 받기 위해 결제요청서를 보내는 경우이다.

② 당발환과 타발환

이는 외국환은행에서 사용하는 전문 용어인데 당발환은 외국환은행의 입장에서 송금환을 직접 취결(取結)하거나 추심하는 경우를 말하며, 타발환이란 송금환이나 추심을 다른 외국환은행으로부터 받는 것을 말한다.

③ 매도환과 매입환

외국환은행이 고객에게 원화를 받고 외국환을 매각할 경우를 매도환(selling exchange)이라 하고 반면 고객이 가지고 있는 외국환을 원화를 주고 매입할 경우를 매입환(buying exchange)이라 한다.

④ 우편환과 전신환

우편을 이용하여 외국환을 채권자에게 보낼 경우를 우편환이라 하고 전신수단을 이용할 경우를 전신환이라 한다. 우편을 이용하여 외국환을 채권자에게 보낼 경우를 우편환(mail transfer : M/T)이라 하고 전신수단을 이용할 경우를 전신환(telegraphic transfer : T/T)이라 한다. 우편환은 수입업자가 수입대금을 송금할 것을 의뢰하면 외국환은행은 이를 우편으로 수출지 외국환은행에 지시하여 지급이 이루어지도록 하는 방식이다. 이 경우에는 지급지시가 우편으로 이루어지기 때문에 우송일자만큼 결제가 늦어질 수 있어 주로 소액거래에서 이용된다. 반면 전신환은 수입업자가 외국환은행에 수입대금을 송금해 줄 것을 의뢰하면 이를 전신으로 수출지 외국환은행에 지시하여 수출업자로 하여금 즉시 수출대금을 찾아가게 하는 방식을 말한다.

⑤ 현물환과 선물환

외국환의 거래가 매매계약과 동시에 결정되는 것을 직물환 또는 현물환(spot exchange)이라고 하며, 일정 기간 후에 일정 환율로 환거래를 할 것을 미리 예약하고 실제의 거래는 그 일정 기간이 지나서야 이루어지는 것을 예약환 또는 선물환(forward, futures exchange)이라고 한다.

외환매매 계약 후 2영업일 이내에 외환의 인수 및 인도가 이루어지는 현물환 거래는 모든 외환거래의 기본이며 가장 큰 비중을 차지한다. 선물환거래는 수출입거래 등에 따른 환위험을 피하기 위해 이루어지기도 하지만 투기 목적으로 이용되기도 한다.

제 2 절 환율과 환율제도

1. 환율

1) 환율의 개념

환율(exchange rate)은 한 국가의 통화와 다른 국가 통화와의 교환비율을 의미하는 것으로 어떤 국가의 통화 1단위의 가격을 외국통화로 표시하거나 외국통화 1단위를 자국통화로 표시한 것이라 할 수 있다.

환율은 수출입업자에게 중요한 문제가 된다. 대부분의 거래에서 상품의 가격이나 대금이 자국화로 표시되기 보다는 미 달러화나 유로화, 엔화 등 주요 외국통화로 표시되므로 수출대금을 받거나 수입대금을 결제하는 경우 해당 외국통화 가치만큼 자국통화와의 교환과정이 있게 되고 이 단계에서 교환비율, 즉 환율이 적용되기 때문이다. 더욱이 많은 국가에서 변동환율 제도를 채택하고 있기 때문에 환율은 고정되지 않고 매일 변하고 있어 실제 무역계약시점과 대금결제시점에서의 환율이 서로 달라짐에 따라 환리스크가 발생하게 된다.

2) 환율의 표시방법

환율을 표시하는 방법에는 자국통화 한 단위에 대한 외국통화의 비율을 나타내는 방법과 상대 외국통화 한 단위에 대한 자국통화의 비율을 표시하는 방법 등이 있다.

(1) 직접표시방법

직접표시방법(direct quotation)은 외국통화 1 단위 또는 100 단위에 대하여 자국통화의 교환 대가를 표시하는 자국통화표시방법 또는 방화표시환율을 말한다.

우리나라에서 환율을 US$1=₩960.20 식으로 표시하는 것이 직접표시방법에 해당된다. 또한 직접표시방법은 지급계정시세(pence rate, giving quotation)라고도 하는데, 우리나라를 비롯한 대부분의 국가에서 자국 내 외환거래 시 이 방식으로 환율을 표시하고 있다.

우리나라의 환율표시방법 : US$1=₩1,100.20 (직접표시방법)

(2) 간접표시방법

간접표시방법은 직접표시방법과는 반대로 자국통화 1 단위 또는 100 단위에 대하여 외국통화의 교환 대가를 표시하는 외화표시환율로서 외화표시방법, 수취계정시세(currency rate, receiving quotation)라고도 한다. 이 방식은 현재 영국, 호주 등에서 채택하고 있는데 영국은 전통적으로 파운드화를 기준으로 환율을 표시하여 Stg.￡1=US$1.8300 식으로 표시하는 간접표시방법을 채택하고 있다.

영국의 환율표시방법 : Stg.￡1=US$1.8999(간접표시방법)

〈표 2-1〉 외환시장에서의 주요 통화 고시환율

(2006년 10월 31일 기준)

통화명	매매기준율[1]	크로스환율[2]	통화명	매매기준율[1]	크로스환율[2]
미국 달러화	944.20	-	스웨덴 크로네화	130.35	7.24380
일본 엔화(100엔)	803.47	117.51500	호주 달러화	726.33	0.76925
유로화	1200.79	1.27175	태국 바트화	25.73	36.70000
영국 파운드화	1793.89	1.89990	중국 위안화	119.85	7.87810

스위스 프랑화	755.84	1.24920	홍콩 달러화	121.40	7.77730
캐나다 달러화	838.47	1.12610	싱가포르 달러화	604.89	1.56095

1) 우리나라의 외환시장에서 환율을 표시하는 직접표시법에 따라 해당외화 1단위에 대한 원화 금액을 의미하며 미국 달러화는 매매기준율이며 다른 통화는 재정된 매매기준율이다.
2) 우리나라 입장에서는 국제기축통화인 미국 달러화와 기타통화간의 환율을 의미함. 국제외환시장에서의 환율표시관행에 따라 유로화(EUR), 영국파운드화(GBP), 호주달러(AUD), 뉴질랜드달러 (NZD)등은 해당통화 1단위에 대한 미 달러화의 금액으로 환율이 표시되고 다른 통화들은 미 달 러화 1단위에 대한 해당통화의 금액으로 표시된다.
출처 : 서울외국환중개(주) 고시환율 편집

3) 환율의 변동

환율이 어떠한 이유로든 오르거나 내리게 되면 시장의 여러 당사자들은 이해가 엇갈리게 되는데, 이러한 이해관계는 자국통화의 가격이 어느 방향으로 변하느냐에 따라 다르게 된다. 환율 표시방법, 환율변동 및 자국통화의 가치 세 관계를 살펴보면 <표 2-2>와 같다.

환율이 1,000원에서 1,100원으로 올랐을 때 우리는 환율상승 혹은 원화의 가치하락(depreciation)이라고 한다. 이렇게 환율이 상승하는 국면을 원화 약세 혹은 달러 강세라고 말하기도 한다. 이는 우리나라 원화의 가치가 달러가치에 비하여 상대적으로 떨어진 것을 의미한다.

환율이 변동하게 되면 여러 경로로 경제에 영향을 미치게 되는데 <표4-3>은 이를 정리한 것이다. 먼저 환율이 오르게 되면 자국통화의 가치는 상대적으로 떨어지게 되므로 수출업자는 수출상품의 외화표시가격을 그만큼 낮출 수 있는 여지가 생겨 경쟁상 유리하게 되지만, 수입업자나 외국에 빚을 지고 있는 기업들은 불리하게 된다. 이와 반대로 환율이 내리게 되면 원화로 환산되는 수입가격이 떨어지게 되고 외국 빚을 지고 있는 기업은 원화환산 부채액이 줄게 되어 부담을 덜게 되는 반면, 수출업자는 외화로 표시되는 수출단가의 조정이 쉽지 않으므로 수출채산성이 악화되는 것이다.

따라서 환율이 상승하면 수출이 늘고 수입이 줄어 경상수지가 개선되며 그 여

파로 국내 생산과 고용이 증가하여 경제가 성장하는 반면에 환율이 하락하면 경상수지가 악화되는 한편 원자재 또는 부품 등의 수입가격이 상승하여 물가가 상승되는 결과를 초래하게 된다.

〈표 2-2〉 환율의 표시방법과 그 등락

환율의 표시방법	환율변동	자국통화의 가격
자국통화의 표시환율 ($1.00=\960.00)	상승(↑) 하락(↓)	하락(↓) 상승(↑)
외화표시환율 (\1.00=$1/960.00)	상승(↑) 하락(↓)	상승(↑) 하락(↓)

〈표 2-3〉 환율의 등락이 무역 등 경제에 미치는 영향

	환 율 상 승	환 율 하 락
수 출	수출(외화표시)단가 하락 ⇒ 수출 증가	수출(외화표시)단가 인상 ⇒ 수출 감소
수 입	수입(원화표시)단가 상승 ⇒ 수입 감소	수입(원화표시)단가 하락 ⇒ 수입 증가
물 가	수입상품가격 상승 ⇒ 물가상승	수입상품가격 하락 ⇒ 물가안정
외화자산	원화환산 외화자산 가치증가	원화환산 외화자산 가치감소
외화부채	원화환산 외채 증가 ⇒ 원금상환부담 증가	원화환산 외채 감소 ⇒ 원금상환부담 경감

4) 환율의 종류

(1) 매도율과 매입율

외환시장에서는 외화를 팔고자 하는 매도환율(offered rate)과 외화를 사고자 하는 매입환율(bid rate)을 동시에 고시하고 있다. 이와 같이 동시에 두 개의 환율을 고시하는 방법을 "two way quotation"이라 하며 이 매도율과 매입율의 차이는 외환거래수익의 원천으로 이를 스프레드(spread)라 한다.

예를 들어 서울외환시장에서 어떤 딜러(dealer)가 다른 은행으로부터 미 달러화에 대한 원화의 환율제시를 요청받아 "U$/\=960.10~960.30"의 환율을 제시하였다면 이는 960.10원을 지불하고 1달러를 사겠으며 960.30원 받고 1달러를 팔겠다는 것을 의미한다. 그러므로 여기에서 "U$/\=960.10"은 매입환율이 되며 "U$/\=960.30"이 매도환율이 된다. 그런데 매도율과 매입율은 이를 제시하는 은행을 기준으로 한 것이기 때문에 상대방의 입장에서 보면 제시은행의 매도율이 매입율이 되고 제시은행의 매입율은 상대방이 매도할 수 있는 환율을 의미한다.

(2) 현물환율과 선물환율

외환거래는 외환매매계약에 따른 대가의 수급이 이루어지는 시기에 따라 현물환거래와 선물환거래로 구분되고 각각의 거래환율을 현물환율과 선물환율이라 한다.

〈표 2-4〉 현물환율과 선물환율 고시표

만기		기준일	매도율	매입율
현물환율		2007/03/02	937.7	938.4
선물환율	1주일	2007/03/09	937.5	938.4
	2주일	2007/03/16	937.2	938.4
	1개월	2007/04/02	936.7	938.3
	2개월	2007/05/02	936.2	937.7
	3개월	2007/06/04	935.4	937.2
	6개월	2007/09/04	933.0	935.8
	1년	2008/03/03	928.5	933.2

1) 2007/02/27자 외환은행 고시환율을 편집하였음.
2) 기준일은 현물이 인도 결제되는 날로 선물환의 경우 매매일로부터 2영업일과 만기기 간을 더한 날짜가 되며 매입율과 매도율은 고객기준임.

현물환율이란 외환매매계약일 후 2영업일(익익영업일)째에 통화의 교환이 이루어지는 현물환(value spot)거래에 적용되는 환율이다. 넓은 의미의 현물환거래에는 외환매매계약 후 당일 결제되는 당일물(value today), 익일 결제되는 익일물(value tomorrow)까지 포함된다.

외환매매계약이 성립된 후 실제 결제가 이루어지기까지에는 거래내용의 확인, 자금의 조달, 자금의 이체 등에 일정시간이 필요하므로 국제외환시장 관행상 이틀을 잡고 있는 것이다. 반면에 선물환율은 외환의 매매계약 후 2영업일을 경과한 어느 특정 시점에서 그 대상외환을 인도하는 선물환거래에 적용되는 환율을 말한다.

(3) 크로스환율과 재정환율

① 크로스환율

크로스환율(cross rate)이란 한 나라의 외환시장에서 기축통화에 대한 자국통화의 환율이 아닌 기축통화와 다른 외국통화 간의 환율을 말한다. 교차환율 또는 이종통화 간 환율이라고도 한다. 예를 들어, 우리나라는 미 달러화가 기축통화이므로 원화와 미 달러화 간의 환율이 아닌 미 달러화에 대한 중국 위안화의 환율 또는 미 달러화에 대한 일본 엔화의 환율 등이 크로스환율이 된다.

기축통화

기축통화는 국제간의 결제나 금융거래의 기본이 되는 화폐를 말한다. 오랫동안 영국의 파운드가 기축통화의 역할을 하였으나 현재는 미국 달러가 그 역할을 하고 있다

② 재정환율

재정환율(arbitrated rate)은 미 달러화 이외의 통화 대 원화의 환율을 말한다. 미 달러화 이외의 통화와 원화의 거래는 유동성 부족으로 시장이 제대로 형성되지 못하므로, 대신에 국내시장에서 형성된 원/달러환율과 주요 국제금융시장에

서 형성된 미화와 미화 이외 통화 간의 매매중간율(매입환율과 매도환율의 중간값)인 크로스환율 간을 재정하여 산출하여 적용하는데 이를 재정환율이라 한다. 우리나라의 외국환거래법령에서는 이를 재정된 매매기준율로 표현하고 있다. <그림 4-2>는 재정환율의 산출 관계를 보여주고 있다.

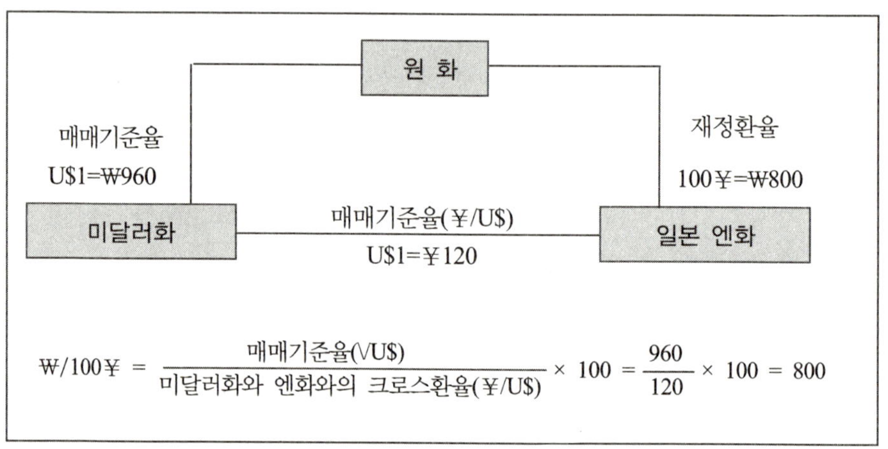

〈그림 2-2〉 재정환율의 계산

③ 외국환은행간 매매율

외국환은행간 매매율(interbank rate)이란 외환시장의 중심이 되는 은행 간 시장에서 외국환은행 간의 외환거래에 적용되는 환율을 말한다. 외국환은행은 기업이나 고객들과의 대고객거래에 응하여 외환을 사주기도 하고 팔아주기도 하는데 이런 과정에서 매도와 매입을 항상 균형(square) 있게 할 수는 없어 과매입(overbought) 또는 과매도(oversold) 상태의 외환 차액이 발생하는 데 이를 환 포지션이라 한다.

은행은 이러한 환 포지션을 갖게 됨으로써 발생하는 환 리스크와 외화자금의 과부족을 충당하기 위해 외국환은행 간의 거래를 통해 포지션을 균형화 시킨다. 더러는 외환거래 차익을 얻기 위해 투자나 투기 차원에서 외환거래를 하기도 하는데 이를 위해 은행들은 그들 간의 시장인 은행 간 시장에서 외환을 거래한다. 이 시장은 해당국의 환율이 결정되는 외환시장의 기본이자 중심이 되는 시장이며 여기서 체결되는 환율을 외국환은행간 매매율이라 한다.

따라서 외국환은행간 매매율은 원칙적으로 외환시장의 외환수급이 총체적으로 집결되어 반영되는 시세라 할 수 있으며 외국환은행 매매율을 참조하여 각 외국환은행은 대고객 환율을 결정한다. 우리나라에서의 은행 간 시장은 주로 서울외국환중개(주) 및 한국자금중개(주) 2개의 외환중개사를 통하여 거래가 이루어지며 간혹 은행들 간에 직접 전화 등을 통하여 이루어지기도 한다.

④ **매매기준율**

미 달러 화와 원화의 대고객거래 및 기업 등의 회계처리에 참고하도록 재정경제부가 외국환중개회사를 지정하여 매일 매매기준율을 고시하도록 하고 있다. 매매기준율은 외국환중개회사를 통해 거래된 미 달러화의 현물환 거래량을 가중 평균하여 산출하는 시장평균 환율(market average rate: MAR)이 된다. 이 환율은 익일 외국환은행의 대고객거래에 있어 기준이 되는 매매기준율의 역할을 한다. 지정받은 외국환중개회사가 매 영업일 15시 30분에 로이터(Reuter) 화면 등을 통하여 고시한다.

⑤ **외국환은행 대고객매매율**

대고객매매율(customer rate)은 외국환은행이 고객과 외환거래를 하는데 적용하는 환율을 말한다. 보통 매 영업일에 영업장에 게시하며 전신환 매매율, 일람출급환어음, 기한부환어음, 여행자수표, 현찰 등의 매매율로 나뉜다. 이 중에서 실제 무역거래에 사용되는 환율은 송금수표 등에 적용하는 전신환 매매율과 환어음에 적용하는 환어음 매매율이다.

(1) 전신환 매매율

① **전신환 매도율**

수입업자가 수입대금을 지급하거나 일반인이 해외송금을 할 때 전신환 매도율(telegraphic transfer selling rate)의 적용을 받는다. 예를 들어 수입업자가 견본대금으로 만 달러를 지급하기 위해 원화를 가져오면 외국환은행은 전신환 매도율로 환전하여 미 달러화 표시 송금수표를 발급하고 수입업자는 이를 수출업자에게 우송하면 지급이 완료된다.

은행을 통해 해외 송금을 할 경우에도 이 환율이 적용된다. 즉 송금은행은 송금의뢰인으로부터 원화로 송금대전을 받아 외환을 매도하고, 동시에 상대국의 지급은행 앞으로 지급지시를 전신으로 하게 되므로 송금은행의 해외예치계정에서 외화자금이 즉시 지급된다. 따라서 송금환의 매도와 관련하여 송금은행의 자금 부담은 없다.

② 전신환 매입율

수출대금 혹은 일반송금을 전신으로 받을 경우에 적용되는 환율이 전신환 매입율(telegraphic transfer buying rate)이며 국내의 외국환은행이 이 전신환을 매입하고 원화를 지급하게 된다. 만약 우리나라 수출업자가 해외에서 우송되어 온 견본 대금 만 달러의 송금수표를 은행에 가져가 원화로 요구할 경우 은행은 전신환 매입율을 적용하여 원화로 환전해 준다.

(2) 수출환어음 매입율

① 일람출급환어음 매입율

이는 일람출급(at sight) 환어음의 매입에 적용되는 환율을 말한다. 환어음이 일반적으로 사용되는 경우를 보면 수출업자가 선적을 완료하고 선적을 증명하는 서류와 함께 환어음을 외국환은행에 매입 의뢰하게 되는데 외국환은행은 수출업자에게 환어음 매입대금을 원화로 먼저 지급한다. 그런 다음 매입은행은 환어음을 해외 수입업자 혹은 은행 앞으로 보내어 매입대금을 돌려받는데 그러기 위해서는 환어음이 우송되는 시간이 필요하게 된다. 즉 우송기간 경과 후에 비로소 매입은행은 대금을 받기 때문에 동 기간만큼 수출업자에게 자금을 미리 준 셈이 되므로 이 우송기간의 이자(환가료: mailday interest)를 공제하게 된다.[2] 따라서 일람출급환어음을 매입하는 은행은 전신환 매입율에서 환가료를 공제한 일람출급환어음 매입율을 적용한다.

---

2) 국가에 따라 우송기간이 다르지만 일정 일수를 표준우편일수로 정하여 동일한 우편일수이자(10일)를 정한다.

일람출급환어음매입율 = 전신환매입율 - 환가료

② 기한부환어음 매입율

이는 외국환은행이 수출업자로부터 일정기간 후에 지급되는 조건의 기한부(usance) 환어음을 매입할 때에 적용된다. 따라서 외국환은행은 원 금액에서 어음기간에 해당하는 이자를 차감하여 매입한다.

이 기한부어음 매입율은 당해어음의 만기일 확정방법에 따라 달라진다. 즉, 어음기간의 기산일이 일람 후부터인 경우에는 당해어음기간에 대한 이자를 일람출급환어음 매입율에서 차감하며 어음기간의 기산일이 선적일자 등 확정일자로 되어 있는 때에는 당해어음의 매입일로부터 만기일까지의 이자를 전신환 매입율에서 차감한다.

(3) 수입환어음 결제율

① 일람출급환어음 결제율

우리나라 수입업자가 수입대금을 지급하기 위해서는 원화를 가지고 이를 외화로 환전해서 지급해야 한다. 따라서 외국환은행의 입장에서는 외화를 파는 결과이므로 이때는 매도율을 적용시킨다.

예를 들어 우리나라 수입업자가 중국산 고추 5만 달러어치를 수입하기로 했으면 중국의 수출업자는 고추를 선적하고 환어음을 발행하여 즉시 5만 달러를 찾아간다. 그 후 환어음을 비롯한 관련 서류가 우리나라 은행으로 우송되어 오면 은행은 수입업자에게 5만 달러를 지급하고 서류를 찾아갈 것을 요구하는데 이때 은행은 수출업자가 이미 대금을 해외의 자행계정에서 찾아갔기 때문에 그 기간만큼의 이자 즉 환가료를 받아야 된다. 이 기간은 대체로 10일로 적용하며 이자, 즉 환가료는 앞에서 설명한 일람출급환어음매입의 경우와 같다.

수입환어음결제율 = 전신환매도율 + (환가료)

그러나 위의 예에서 중국의 수출업자가 즉시 대금을 찾아가지 않고 한국에서 수입대금이 입금된 뒤에 찾아가는 조건으로 계약을 했다면 이때는 이자가 개입되지 않기 때문에 대고객 전신환 매도율이 적용된다.

② 기한부수입환어음 결제율

기한부수입환어음은 환어음을 인수한 후 약정된 만기일에 수입업자가 결제할 때 적용받는 환율이다. 이 경우에는 대고객 전신환매도율이 적용된다. 이는 미리 확정된 어음결제기일에 원화를 받는 동시에 외화가 해외환거래은행의 당방계정에서 지급되기 때문에 은행으로서는 자금 부담을 지지 않기 때문이다.

(4) 여행자수표 및 현찰 매매율

해외여행 등에 필요한 여행자수표나 외화 현찰을 매매할 할 때 적용되는 환율인데, 여행자수표(traveller's check)는 현금 휴대에 따른 분실, 도난 등의 위험을 피하기 위해 은행이 발행하여 해외여행자에게 교부해주는 수표이다. 여행자수표를 매입할 때 매입자(주로 해외여행자)는 여행자수표의 매입자 서명 란에 서명하고 이를 해외에서 환전할 때도 동일한 서명으로 부서(countersign)하여 본인임을 증명한 후 사용한다. 여행자수표는 현금보다 안전하고, 설령 분실하더라도 즉시 통지하면 분실 수표는 지불정지 될 수 있어 대금을 환급받을 수 있어 현찰보다 유리한 매매율이 적용된다.

지금까지 설명된 외국환은행 대고객매매율은 외국환은행간 매매율을 감안하여 외국환은행장이 자율적으로 정하고 있으며 외환시장의 수급상황에 따라 계속 변동해야 하지만 고객의 편의를 위해 하루 중 일정간격으로 변동이 없다. 우리나라 외국환은행 대고객매매율 고시 예(2006년 10월 31일자)를 살펴보면 <표 2-5>와 같다.

〈표 2-5〉 은행의 대고객환율 고시 예 (2006.10.31)

은행기준	고객기준	미화환율	비 고[1]
현찰매도율	현찰 살 때	961.94	매매기준율에서 1.75% 정도 가산
여행자수표(T/C)·어음 매도율	수표 살 때	956.74	매매기준율에서 1.20% 정도 가산
전신환매도율	송금 보낼 때	954.60	매매기준율에서 1.00% 정도 가산
매매기준율		945.40	영업개시 이후에도 은행 간 시장 상황을 반영하여 일중에 수차 변경함.
전신환 매입율	송금 받을 때	936.20	매매기준율에서 1.00% 정도 차감
수표·어음 매입율	수표 팔 때	934.34	매매기준율에서 1.20% 정도 차감
현찰 매입율	현찰 팔 때	928.86	매매기준율에서 1.75% 정도 차감

1) 가감율은 은행별로 자율적으로 결정함

2. 환율제도

1) 환율제도의 개념

환율의 체제를 가리키며 환율제도에는 고정환율제도와 변동환율제도가 있으며, 고정환율제도는 예를 들어 US$1=1,150으로 환율을 고정하여 평가를 변경시키기 전까지는 계속하여 고정된 환율을 적용하는 것을 말한다. 이와 달리 변동환율제도는 시시각각으로 환율이 변동하도록 하는 제도이다.

2) 고정환율제도와 변동환율제도

(1) 고정환율제도(Fixed exchange rate)

환율변동을 전혀 인정하지 않거나 그 변동 폭을 극히 제한하는 환율제도로서 정부가 특정 통화에 대한 환율을 일정 수준으로 고정시키고 이를 유지하기 위해

중앙은행이 외환시장에 개입하는 제도이다. 전통적인 고정환율제도는 19세기 말~20세기 초의 금본위제로서 인데, 이 제도 하에서 미 달러화가 금에 대해 가치가 고정되어 태환성이 보장되었고, 기타 국가는 미 달러와에 자국통화의 가치를 고정시켜 운용하였다.

① **장점**

고정환율제도는 평가시기를 제외한 기간 동안 환율이 안정적으로 유지됨에 따라 국제간의 무역이나 각종 투자 및 기업 활동 등 경제활동의 안정성이 보장되어 대외거래를 촉진시킬 수 있다는 점과 환율의 안정으로 각종 신용확대 및 국내의 인플레이션 등에 적절하게 대처할 수 있는 장점이 있다.

② **단점**

한 국가라도 국제수지의 불균형이 발생할 경우 국가가 이를 담당하기가 매우 어렵고, 환율의 고정되어 있어 가격기능에 의한 자동적인 국제수지 조정이 어려워 신용제한, 무역과 외환관리를 꾀할 수밖에 없는데 이들이 경제성장을 억제하게 된다. 정부가 고정환율을 재조정하려고 한다면 그 조정시기와 조정폭과 관련하여 불확실성이 발생한다. 결국 환율변동에 의한 국제수지의 조정이 불가능함에 따라 대외부문의 충격이 물가불안 등 국내경제를 불안정하게 만드는 단점이 있다.

(2) 변동환율제도

환율을 일정하게 고정시키지 않고 외환시장에서 당시 외환의 수요 · 공급에 의해 결정되도록 자유방임하는 제도를 말한다. 변동환율제도는 다시 환율을 완전히 외환시장의 수급에 맡기는 자유변동환율제(freely floating rates system)와 환율의 변동폭을 어느 정도 결정해 놓고 이 변동폭 내에서 유동화 하도록 하는 신축환율제도(flexible floating rate system)로 구분할 수 있다. 변동환율제도의 최대 강점은 국제적인 투기를 억제할 수 있다는데 있고, 반대로 환 리스크(換 risk)의 증대로 국제무역이 감축된다는데 약점이 있다.

① **장점**

환율변동에 의한 국제수지의 균형을 유지할 수 있다. 외환시장에서 환율의 불안정성은 투기적인 거래를 유발할 수 있으나 오히려 환율을 이용하여 대내외 충격을 완화시키면서 환율의 안정을 기할 수 있다는 장점이 있다.

② **단점**

국제수지가 개선되더라도 환위험이 발생하게 되면 무역과 국제투자를 위축시킬 수 있게 된다. 이렇게 되면 국제자금의 이동이 어렵게 되고 국내물가와 환율의 상호작용으로 인플레이션을 규제하기 힘들게 된다.

(3) 우리나라의 환율제도

① **고정환율제도(1945.10~1964.5)**

2차 세계대전 이후 국제 금융시장에서는 환율 의 안정을 위하여 금과 달러의 태환을 기본 골격으로 하는 금 본위제도 하에서 고정 환율 제도를 채택하였다. 그리고 금과의 태환이 보장되는 미 달러 이외의 다른 나라 통화들은 달러화의 고정환율제를 유지하여 사실상 금본위 제도를 시행하게 되었다. 우리나라의 경우도 당시의 국제환율제도가 그러하였듯 해방이루 미군정 당국에 의하여 고정환율제도가 채택되었고, 이런 제도가 1960년대 중반까지 이어졌다.

② **단일변동환율 제도(1964.5~1980.2)**

1964년 5월, 정부는 단일 변동환율 제도를 실시함과 동시에 외환 부족 사태를 막기 위하여 외환증서제도를 도입하였다. 그러나 수입 쿼터가 대폭 철폐되고 물가가 보합상태를 유지하자 1965년 3월 변동환율 제도를 실시하여 기준 환율과 시장율, 외국환 대고객 매매율 및 한국은행 집중률 등을 두었다. 이후에도 환율과 물가의 괴리현상이 나타나 4차례에 걸쳐 대폭적으로 환율을 인상하는 조치가 불가피하게 취해졌다. 그러기에 환율이 급격하게 절하될 때마다 경제에 미치는 충격이 컸다.

③ **복수통화 바스켓 제도(1980.2~1990.2)**

단일변동환율제도에 의할 경우, 환율이 장기간에 걸쳐 고정되다시피 하다가, 어느 순간 실효환율과의 괴리를 메우기 위하여 한꺼번에 급격히 절하되므로 경제에 미치는 충격이 크다는 폐단이 있었다. 이에 따라 정부는 복수통화 바스켓 제도를 도입하여 그 이전까지 사실상 고정되어 있던 환율을 매일 변동시키는 제도로 바꾸었다. 이때 매일매일 달러화에 대한 원화의 환율은 국제통화시세 변동, 국제수지추이, 국내외금리차 등에 의하여 결정되어 본격적으로 변동환율의 길로 들어서기 시작하였다. 이 제도 하에서 환율은 SDR의 가치에 따른 SDR 바스켓 환율(SDR Basket)을 각각 산출하고, 여기에다 한국은행 총재가 국내외 금리차, 내외물가 상승차, 외환시장의 전망 등을 감안한 정책 가산치 까지 더하여 최종 결정 고시하였다.

④ **시장평균환율제도(1990.3~1997.12)**

1990년에 들어서 우리경제의 국제경제상 지위가 향상되자 외환자유화는 시대적인 조류가 될 수밖에 없었다. 그러기에 자유변동환율제도의 전단계로서 새로운 환율제도의 필요성이 대두되었다. 이 같은 필요에 의해서 시장평균환율(MAR, Market Average Rate)제도가 실시되었다. 이 제도 하에서 결정되는 시장평균환율은 외국환은행과 고객과의 외환거래나 은행 간 외환거래의 기준이 되는 원화와 달러화의 환율로서 은행 간 시장에서 외환의 수요와 공급에 의해서 결정되는 환율이다.

시장평균환율은 외국환은행들이 국내외환시장에서 거래한 원화와 달러 현물환 거래환율을 거래량으로 가중 평균하여 다음날의 시장평균환율을 결정하게 되는데 은행 간 외환시장에 참여하는 기관은 시중은행, 특수은행, 지방은행, 외국은행, 종금사, 한국은행 등이다. 특히 시장평균환율이 도입되기 전인 복수통화 바스켓 제도에서는 매일같이 SDR바스켓, 독자적인 바스켓 그리고 정책변수를 감안, 미 달러화의 환율을 한국은행에서 정하였으나, 이제 시장평균 환율제도에서는 한국은행이 아니라 외환시장이 스스로 기준환율을 정한다는데 큰 의의가 있었다. 결국 외환시장에 의하여 환율이 결정되는 만큼 단기적으로는 수출입동향, 경제전망, 원화절상 또는 절하에 대한 기대심리 등에 의해 원화환율이 변동되지만 근본적으로는 경상수지와 자본수지를 합한 종합수지에 의해 원화환율이 변동된다고 할 수 있다.

이환율은 외환매매 중개기능을 담당하는 국내 외환브로커회사에서 산출하여 매일 오전9시에 연합통신 Infomax, AP, Reuter화면을 통해 당일 외환거래의 시장평균환율을 고시하고 있다.

⑤ **자유변동 환율제도(1997. 12. 16~현재)**

1971년 8월 15일, 미국의 닉슨 대통령이 금 태환 정지 선언을 하면서 고정환율제도를 근간으로 하였던 국제금융제도에서 브래튼우즈(Bretton Woods)체제가 붕괴되었다. 결국 이와 더불어 세계 주요 선진국들은 모두 자유변동환율제도로 이행하였으나 우리나라는 국내외환시장의 여건이 아직 성숙되지 않아 그 사전 준비단계로 시장평균환율제도를 도입하였던 것이다. 이 제도 하에서 환율은 국내외환시장에서 은행 간 미 달러화에 대한 수요와 공급에 의하여 결정되는 것을 원칙으로 하였으나 기준환율을 중심으로 일정한 상한폭과 하한폭을 설정하는 등 정부가 간접적으로 관여하여 왔다.

그런데 1997년 12월 들어 우리나라는 경상수지악화, 수년간 누적된 악성 대외채무의 증가로 인하여 IMF로부터 긴급 구제 금융을 받을 수밖에 없었고 동 기구의 권고에 따라 제일 먼저 환율 제도를 바꾸어 자유변동환율제도를 시행하게 되었다. 자유변동환율제도는 말 그대로 외국환 은행이 자유롭게 환율을 결정하는 제도이다. 과거와 같은 한국은행이나 혹은 정부의 관여가 배제되어 외환시장에서 은행 및 기타 금융기관간의 거래에 의하여 미 달러화와 원화의 환율이 결정된다.

미 달러화를 매입 또는 매도하고자 하는 금융기관은 국내 외환시장 브로커인 서울 외국환중개, 한국자금중개 등의 중개에 의하여 거래를 하게 도며 대고객외환거래를 하고자 하는 은행은 은행 간의 외환시장에서 형성된 환율을 참조하여 일정 마진폭을 가감한 대고객 환율을 자율적으로 산출하여 적용하고 있다. 그리고 현재 우리나라의 은행 간 외환시장에서는 미 달러화와 원화의 거래만 이루어지기 때문에 기타 통화와 원화의 환율, 즉 크로스레이트(Cross Rate)는 주요 국제외환시장의 환율을 재정하여 산출한다.

미 디폴트 위기 틈타 달러 흔들기 가속

"팍스 아메리카나 대체할 때 왔다" 英과 함께 위안화 국제화 본격화
세계 무역서 결제통화 사례 늘고 역외시장 기지도 빠르게 확장

● 외환시장 통화별 거래순위

	2012년1월	2013년1월
1	미국달러	미국달러
2	EU유로화	EU유로화
3	일본엔화	일본엔화
4	영국파운드	영국파운드
5	호주달러	호주달러
6	스위스프랑	스위스프랑
7	캐나다달러	캐나다달러
8	스웨덴크로나	중국위안화
9	한국원화	러시아루블
10	러시아루블	한국원화
11	중국위안화	스웨덴크로나

※자료:스위프트

"내가 살아 있는 동안 위안화가 미국달러처럼 흔하게 사용될 것입니다."

중영 경제대화 참석을 위해 베이징을 방문한 조지 오즈본 영국 재무장관은 지난 15일 마카이 중국 부총리를 만나 이렇게 말했다. 그는 또 "중국 같은 대국은 글로벌 통화를 보유해야 한다."고 덧붙였다. 불과 100년 전 파운드화로 해가 지지 않는 제국을 지배하던 영국이 굴기(솟아오름)하는 위안화에 먼저 손을 내민 셈이다.

미국이 보수 · 진보 간 갈등으로 국가 디폴트(채무불이행) 위기를 맞으면서 달러 기축통화에 대한 세계의 의구심이 높아지는 가운데 중국 정부는 재빠르게 위안화 국제화 이슈를 끄집어내고 있다. 중국은 이번 기회에 달러화 기축통화 체제의 문제를 분명히 짚고 넘어가자는 심산이다. 13일 중국 국무원 산하 신화통신은 미국을 '위선적인 국가'라고 지적하며 "팍스아메리카의 세계질서를 대체할 때가 왔다"고 강조했다. 물론 중국이 미국을 대신해 세계질서를 이끌겠다는 직접적인 표현은 없지만 미국의 최대 채권국이라는 지위를 지렛대로 삼아 세계 경제 질서에서 위안화의 영향력을 확대하겠다는 의지는 분명히 했다. "달러의 운명은 중국이 아니라 미국의 손에 달려 있다"고 했던 배리 에이첸그린 UC버클리 교수의 지적처럼 미국이 자초한 재정위기의 부메랑이 중국 손을 거쳐 미국을 향하고 있는 셈이다.

위안화는 최근 안정적인 통화가치 유지로 신흥국들과 달리 달러 대비 상승세를 타며 국제화의 기본조건을 갖춰가고 있다. 위안화 국제화의 선행조건인 가치상승으로 국제무역에서 결제통화와 외환보유에 비축통화로 사용되는 사례가 늘고 있다. 실제 올해 위안화는 글로벌 통화 사용 순위 8위에 오르며 러시아 루블과 한국 원화를 앞질렀다. 국제결제은행(BIS)에 따르면 하루 평균 위안화 거래량은 달러환산 2010년 340억 달러에서 올해 1,200억 달러로 3배 이상 늘었다.

글로벌 금융시장에서 위안화 사용 증가는 2008년 글로벌 금융위기 이후 중국 금융당국이 추진한 중국 스타일의 위안화 국제화 단계에 따라 진행됐다. 중국은 위안화 국제화의 기초단계로 2009년부터 통화스와프를 차근차근 확대했다. 2009년 이후 총 21개 국가 및 지역과 총 2조5,000억 위안 규모의 통화스와프를 체결했다. 초기에는 홍콩 · 한국 같은 주변 교역 상대국에서 시작됐지만 점차 인도네시아 등 신흥국가로 확대된 후 지리적으로 중요한 터키 · 아랍에미리트를 거쳐 호주 · 영국 등으로 범위가 넓어졌다.

특히 호주의 경우 4월부터 위안화와 호주달러의 직거래를 시작했고 영국도 이번에 유럽 내 위안화 직거래 창구를 런던에 마련했다. 위안화 역외시장 기지도 빠르게 확장되고 있다. 이미 홍콩은 6월 말 기준으로 위안화 저축액 6,980억 위안을 보유하고 있고 싱가포르 · 대만도 맹추격하고 있다. HSBC와 스탠다드차타드의 경우 싱가포르에서 위안화표시채권인 '라이언시티본드'도 발행하고 있다. 여기다 런던의 부상도 심상찮다. 오즈본 재무장관 방중을 계기로 런던 금융기관에 중국 주식과 채권에 대한 위안화 투자를 개방하고 영국은 런던 금융시장에 진출한 중국 은행의 규제를 풀었다. 경제적 효과를 노린 영국의 중국자금 유치와 위안화 국제화를 모색하는 중국의 이해관계가 맞아 떨어진 결과다.

위안화 국제화는 현재 중국 지도부의 경제철학인 리코노믹스의 주요 목표다. 다만 진행속도는 기존의 로드맵과 달리 한층 빨라질 가능성이 높다. 앞서 말했듯이 중국 주도가 아닌 미국의 손에 의해서 말이다.

에이첸그린 교수는 달러 · 유로 · 위안화의 국제통화를 향한 치열한 경쟁이 '죽음의 경주'는 아니라고 지적한다. 국제통화의 자리가 하나만은 아니기 때문이다. 에이첸그린 교수는 "달러가 국제무대에 데뷔한 지 20년도 채 되지 않아 파운드화를 밀어내고 국제통화로 자리 잡았듯이 위안화도 예상보다 빠르게 국제화의 길을 걸을 것"이라고 지적했다.

<서울경제, 2013.10.17>

Chapter 2

환리스크

환리스크

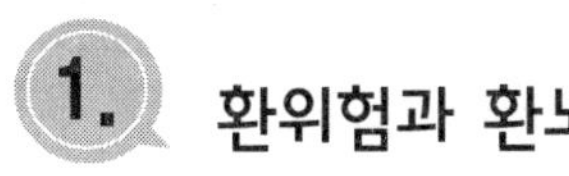

제 1 절 환위험과 환위험관리

1. 환위험과 환노출의 개념

1) 환위험(Exchange risk)

환위험이란 환율변동에 따른 위험을 말한다. 외환을 보유하고 있는 자가 아무 행위도 하지 않았는데 환율이 변동하면 이익을 보거나 손해를 보게 된다. 이익을 보는 경우는 문제되지 않으나 외환보유에 따른 손실에 대해서는 대비를 해야 하기 때문에 환위험은 실질적으로는 환차손을 의미하게 된다.

2) 환노출(Exchange exposure)

장래의 예상하지 못한 환율변동(unanticipated exchange rate changes) 으로 인하여 기업이 보유하고 있는 외화표시순자산 (자산-부채)의 가치 또는 현금흐름의 순가치가 변동될 수 있는 불 확실성을 말한다 환노출이 환리스크(exchange risk)와 구분되는 것은 환 노출이 환율 변동에 따른 환차손(exchange loss)과 동시에 환차익 (exchange gain) 발생가능성까지를 포함하는 중립적인 개념인데 반하여, 환리스크는 일반적으로 환율변동에 따른 환차손의 발생가능성을 지칭한다는 점이다. 환노출은 회계적 노출과 경제적 노출로 구분되며 회계적 노출에는 거래노출과 환산노출이 있다.

2. 환위험과 환노출의 종류

1) 거래적환노출(transaction exposure)

환위험노출의 한 형태로서 무역거래, 무역외 거래 또는 국제 자본거래 등의 외화표시 거래에서 발생하는 환노출이다.

이 거래는 (1) 외화로 표시된 가격의 재화 또는 용역의 신용판매 또는 구입, (2) 외화표시자금의 대출(차입), (3) 미이행 선물환계약의 당사자가 되는 경우, (4) 기타 외화표시 자금획득 및 부채부담 등을 포함한다.

가장 통상적인 거래적환노출의 실례는 기업이 외화표시 지급물과 수입물을 갖는 경우이다. 이것은 환율의 변동에 따른 손실을, 손실이 발생하기 전에 사전적으로(ex ante) 파악한 개념이다.

2) 환산환노출(Translation Exchange Exposure)

범세계적인 회사가 연결재무제표를 작성할 때 발생하는 환노출을 가리킨다. 외화로 표시되어 있는 자산, 부채, 수익과 경비 등은 연결재무제표를 작성할 때에 자국통화로 환산하여야 한다. 그러나 거래의 발생시점과 연결재무제표작성시점이 다르기 때문에 어떤 시점의 환산율, 즉 환율을 적용하느냐가 문제가 된다. 현지통화로 표시되어 있어 자국통화로 연결재무제표를 작성하기 위해서는 외화표시계정을 자국통화표시로 환산하여야 한다. 이 경우 자국통화와 현지통화간에 환율변동이 있으면 환산손익이 발생하는데, 이러한 환율변동에 따른 연결재무제표의 회계수치 변화를 환산환노출이라 한다.

3) 경제적 환노출(economic exchange exposure)

예상하지 못한 환율변동으로 인하여 장래에 기대되는 현금 흐름의 순 현재가치, 즉 기업가치의 변동가능성을 말한다. 환율의 변동은 장래에 기업의 매출액, 제품가격 및 제조원가(재료비 · 노무비 · 제조간접비 등) 등 실질영업성과에 영향을 미치게 되고 이는 장래 현금흐름의 변동을 통하여 결국 기업의 장래수익에 영향을 미치는 경제적 환 노출로 나타난다. 이는 환율 변동으로 말미암아 현재 및 미래의 기업의 미래 이윤창출능력, 그리고 현금흐름에 미치는 영향을 가리킨다. 외화표시 수입과 지출에서 발생하는 환 노출을 주로 측정한다.

3. 환위험관리의 의미와 목적

1) 환위험관리의 의미

우리 경제는 급변하는 세계금융시장의 변화에 적절한 대응을 하지 못한 결과로 1997년 말부터 국제통화기금의 긴급 금융지원을 받기에 이르렀으며 이에 따라 외부의 영향력에 의해 급격한 경제 개혁을 요구받게 되었다. 우리가 현재 겪고 있는 경제위기는 경제주체들이 위험관리의 중요성을 인식하지 못하여 발생한 것이라고 볼 수 있다. 외환위기를 겪을 당시 우리나라의 기업들은 환위험 회피에 대한 방법과 인식을 제대로 파악하지 못해서 그 영향이 더욱 커진 결과라고 보는 견해가 지배적이다. 환율과 우리경제는 매우 밀접한 관계에 있으며 환율 급락과 급등으로 인한 환위험의 부담을 최소화 하는 것이 우리나라 경제를 안정적으로 발전시키는 길이며 기업인들로 하여금 마음껏 기업 활동에만 전념하게 해줄 수 있는 길이라 하겠다.

2) 환위험관리의 목적

환위험관리는 기업(또는 금융기관)이 환위험관리에 대해서 어떤 목적을 가지고 있느냐에 따라 달라진다.

첫째로 기업이 당면하고 있는 환위험은 거래적환위험, 환산적 환위험, 영업적 환위험 중 어떤 쪽인가 또는 어떤 쪽이 더 중요한가 하는 문제가 제기된다.

둘째, 이러한 환위험을 관리하는데 있어서 기업의 태도는 어떤 것인가 하는 것이다. 즉, 환차익을 극대화 하려고 하는가, 아니면 환차손을 최소화하려고 하는가에 따라 달라진다.

그런데 이들 두 문제는 장, 단기적인 배려에 따라 또한 달라진다. 처음의 문제와 관련된 예로써 장기적이고 구조적인 이익을 중시하게 되면 환산적 환위험보다는 영업적 환위험에 주안점을 두게 될 것이다. 또한 두 가지 문제가 서로 결합되어서 단기적으로는 회계상 환손실이 최소화에 역점을 두면서 장기적으로는 구조적 개선을 통한 영업적 환차익도 추구할 수 있을 것이다.

이와 같이 환위험관리의 목적은 해당기업에 따라 달라지고 또한 같은 기업이라 할지라도 시점에 따라 달라질 수 있는 것이다.

그런데 기업의 가치를 결정하는 기준이 회계적 가치가 아닌 기업의 현금흐름 또는 시장가치라는 점에서 회계적 환위험보다는 경제적 환위험의 관리가 더욱 중요하게 대두되고 있다.

즉, 환위험을 관리하는 목적이 단순히 환율변동에 따른 손실을 회피하는 차원에서뿐만 아니라 그 기업의 실질 현금흐름의 변화에 따른 기업가치의 변화에 있기 때문이다.

경제적 환위험의 관리에 있어서는 상대적 가격변화가 매우 중요하며, 이의 관리를 위해서는 환율과 상대가격 그리고 그 기업의 실질 현금흐름간의 관계를 예측할 필요가 있다.

4. 환위험관리의 필요성

(1) 환율의 변동성(volatility) 확대
(2) 금융국제화, 대외거래규모확대에 따라 환위험노출 심각
(3) 헷지거래에 대한 인식부족 및 환위험관리소홀
(4) 환차손규모의 급증으로 기업(금융기관)의 건전경영 위협

5. 환위험예방법

(1) 수출입시 결제통화로 원화 사용
(2) 팩토링(factoring)이용
(3) 상계(netting)제도 : 본지사간 또는 지사 상호간에 발생하는 채권・채무차액만을 정기적으로 결제하는 제도
(4)환변동보험가입 : 플랜트 등 중장기연불수출시 유용한 제도

제 2 절 환위험 관리기법

1. 내부적 관리기법

1) 매칭

매칭(matching) 기법은 외화자금의 유입과 지급을 통화별, 만기별로 일치시킴으로써 외화자금의 흐름이 불일치하여 발생할 수 있는 환차손을 원천적으로 제

거하는 환리스크 관리기법이다. 이 기법은 환노출 관리체제가 중앙 집중 관리식일 경우 사용하기 쉽다. 따라서 다국적기업, 무역회사의 본 · 지사 간에 많이 이용된다.

2) 리딩과 래깅

리딩(leading)은 외화자금흐름의 결제시기를 의도적으로 앞당기는 것을 말하고 래깅(lagging)은 이와 반대로 의도적으로 결제를 지연시킴으로써 환리스크를 회피하는 전략적 기법이다. 본 · 지사간이나 그룹 기업 간 거래에서는 물론 수출입업자 또는 외화 자금관리자들의 환리스크 관리 방법으로 널리 이용되고 있다.

예를 들어 수출업자는 장래 환율이 상승할 것으로 예상되면 수출상품의 선적이나 수출환어음의 매도시기를 가급적 지연시킨다. 그럼으로써 결제시점에서의 자국통화로 환산한 수출대금은 증가하게 된다. 반대로 환율이 하락할 것으로 전망되는 경우 수입업자는 수입대금의 결제를 늦춤으로써 결제시점에서 자국통화 환산의 수입대금을 경감시킬 수 있게 된다.

리딩과 래깅에 의한 환리스크관리는 비교적 용이하게 사용할 수 있는 반면 결제시점에서 실제로 실현된 환율이 예상을 벗어날 수 있는 리스크가 있다. 또한 기업의 자금유동성에도 영향을 미치므로 사전에 정한 일정 기한 내에서만 허용되어야 한다.

3) 네팅

네팅(netting)은 외화 부채를 외화 자산으로 상계한 후 차액만을 결제하는 방법으로 관련된 두 회사 간의 외화 채권과 외화 채무를 차감한 후 잔액만 결제하면 되므로 결제자금 규모를 축소시켜 비용을 절감하는 효과가 있을 뿐 아니라 환리스크도 잔액에만 발생하여 줄어들게 된다.

4) 가격정책

환리스크 관리수단으로서의 가격정책에는 수출입 상품가격의 조정 시점과 조정 폭을 결정하는 가격조정과 수출입 상품가격을 어떤 통화로 표시하여 거래할 것인가를 결정하는 거래통화의 선택 등이 있다.

가격조정은 환율 하락 시 자국통화환산 수출대금이 감소하게 되므로 수출에 의한 자국통화 현금수입액이 환율변동 전과 동일한 수준을 유지토록 하기 위해 수출업자가 수출상품 외화단가를 환율하락 폭만큼 인상하는 것이다. 현실적으로 이러한 수출가격조정은 해당 상품의 수출시장에서의 가격경쟁력이나 수입국 수요의 가격탄력성, 그리고 수입국의 가격통제 여부 등이 고려되어야 하므로 그 조정이 용이하지 않을 수도 있다.

거래통화의 선택방법은 거래상품가격의 표시통화를 신축적으로 선택함으로써 환리스크를 회피하는 방법이다. 이 경우 문제가 되는 것은 거래통화의 결정과정에서 수출입업자 쌍방 간에 이해가 대립됨으로써 계약 성립이 어렵게 될 수 있는 데, 50:50 원칙으로 거래 규모의 반을 각각 자국통화표시거래로 계약함으로써 환리스크 부담을 양자 간에 균등하게 배분하기도 한다.

2. 외부적 관리기법

1) 할인

할인(discounting)은 수출업자가 수출환어음을 어음의 만기일 이전에 은행에 할인 매각하여 수출대전을 조기에 회수할 수 있는 방법으로서 이는 자국통화가치의 하락이 예상되거나 만기 전에 자금이 필요한 경우에 흔히 이용되는 방법이다. 예컨대, 연불수출에 있어 수출업자가 수출품 선적 후 환어음을 매각하지 못하고 만기까지 보유하는 경우 환율변동 리스크가 발생할 수 있으므로 이를 회피하기 위하여 어음 만기 전에 환어음을 은행에 매각하는 방법이다.

2) 팩토링(Factoring)

팩토링은 팩터가 수출업자에게 수출대금의 지급을 보증하는 금융거래이다. 실제 거래는 수출업자가 선적 후 환어음을 발행하여 이를 팩터에게 제시하여 수출대금을 받고, 팩터는 이 환어음을 가지고서 일정 기간 후 수입업자로부터 수입대금 및 이자를 받는 형식을 취한다. 따라서 수입업자는 일람 결제할 자금능력이 없더라도 팩터를 이용해서 수출업자와 일람계약을 체결할 수 있고, 수출업자는 수출대금을 즉시 받을 수 있으므로 환리스크를 회피할 수 있다.[1)]

3) 선물환거래

선물환거래는 매매계약일 이후 장래의 특정 시기에 거래 당사자 간에 미리 약정한 환율에 의하여 통화를 매매하고 그 대금을 결제하는 거래이다. 다시 말해 미래에 결제하는 조건으로 외환의 매매계약을 체결하는 것으로 통상 미래의 범주는 현물환의 결제일 이후인 3일 이후가 된다. 즉 선물환 거래는 거래당일에 선물환 계약이 이루어지지만 외환의 인도 및 결제는 계약일로부터 3일 이후의 미래의 특정일을 정하여 이루어지는 것이다.

선물환거래에서는 계약기간 및 금액을 고객과 은행 간에 협의하여 결정하게 된다. 선물환거래 가능금액은 주로 은행이 기업에 제공하는 신용한도에서 이루어지며 은행은 중소기업에게 계약이행에 필요한 일정 수준(약6%)의 담보를 요구하는 경우도 있으나 수수료는 달리 부과하지 않는다.

---

1) 국제팩터링에 의한 결제방법은 제12장에서 자세히 설명하기로 한다.

선물환거래의 예

환율이 상승하면 수출업자는 유리해지는 반면 수입업자는 불리해져 환율변동에 따라 수출입업자의 이해가 달라진다. 즉 수출이나 수입계약을 체결하는 즉시 환리스크가 발생하고 대금결제가 완료되기까지 그 리스크는 지속된다. 선물환거래는 수출입업자가 장래에 들어올 예정이거나 사야 할 달러를 직접 은행을 상대로 미리 팔거나 매입함으로써 환율 변동리스크를 회피하는 수단이다.

예를 들어 OO 전자가 6월 1일 반도체 100만 달러 수출계약을 체결하고 계약에 따라 계약물품을 9월 1일에 선적하고 선적 즉시 수출대금을 찾는 것으로 가정하자. 6월 1일의 수출계약 체결이 갖는 의미는 장래에 100만 달러 미화가 들어오기로 확정되었다는 것이다. 따라서 OO 전자는 100만 달러의 자산을 보유한 것이나 마찬가지가 되고, 이후 선적을 끝내고 대금결제가 완료될 때까지 달러 환율의 하락리스크에 노출되게 된다.

이를 관리하기 위해 이 회사는 무역계약이 체결되는 6월 1일에 계약체결과 동시에 은행을 통하여 미 달러 3개월물 선물환을 계약금액과 동일한 100만 달러어치를 매도한다. 즉 6월 1일에 미리 파는 것이다. 이 때 3개월물 즉 9월 1일 만기의 선물환율 시세는 현물환율 시세에다 3개월간의 원화금리와 달러금리의 차이가 반영된 수준에서 은행이 제시할 것이다. 예를 들어 6월 1일 현물환율 960원/달러에 3개월물 선물환율이 965원/달러라고 하자. 그러면 OO전자는 965원/달러에 100만 달러의 선물환을 매도하는 것이다.

9월 1일이 되어 실제 선적을 완료하고 이후 바로 100만 달러를 받게 되면 이를 선물환매도의 만기 인도자금으로 은행에 지급하고 9억 6천 500만원을 받게 된다. 이 때 현물환시세가 965원 보다 낮게 형성되어 950원/달러라면 달러당 15원의 헤지 효과를 보게 된다.

그런데 당초 우려한 리스크와는 반대 방향으로 965원 이상에서 환율이 형성되면 선물환을 이용한 헤지의 결과는 헤지를 하지 않은 경우보다 못한 결과가 될 수도 있다. 그러나 미래의 환율변동을 정확하게 예측하기는 매우 어려운 것이므로 헤지는 향후 환율이 오르든 내리든 당초 목표환율, 여기서는 965원에 미래 환율을 고정시키는데 그 의의가 있다. 즉 달러화가 오르든 내리든 6월 1일의 OO 전자 입장에서는 965원에 미래의 달러화 매도가격을 확정함으로써 안정적 수익확보와 계획적인 경영이 가능하게 되는 것이다.

3개월물과 3월물

선물환거래나 선물거래는 미래특정일이 만기가 되는 거래이다. 이들 거래에서 정해지는 여러 종류의 만기를 칭할 때 "물(物)"이라는 용어를 붙여 사용하는데, 예를 들어 선물환거래에서는 "3개월물", 선물거래에서는 "3월물"이라 한다. 선물환 3개월물이란 계약일을 기준으로 3개월 후가 만기가 되는 것을 말하고 선물 3월물이란 달력월의 3월(March, 거래소가 정한 특정일로 통상 세 번째 월요일)에 만기가 되는 것을 말한다.

4) 통화선물(Currency Futures)

통화선물거래는 선물환거래와 비교해 특정통화를 미래의 일정시점에 약정가격으로 매매하기로 하는 미래 거래인 점에서는 성격이 같다. 그러나 통화선물거래는 거래형태나 방법에 있어 선물환거래와는 다음과 같은 몇 가지 점에서 차이가 있다.

첫째, 선물환거래가 은행과 은행간, 은행과 고객 간의 당사자 간 거래인 반면 선물거래는 거래소를 통한 거래이다. 당사자 간 거래에서는 거래의 이행을 담보하는 보증인이 없으나 거래소 거래는 계약이행을 거래소가 보증함으로써 계약만 해놓고 만기에 이행하지 않을 경우의 계약불이행 리스크를 거의 완벽히 담보하고 있다.

둘째, 선물거래는 거래 내용이나 방법, 규칙 등이 표준화, 정형화되어 있다. 예를 들어 계약단위는 5만 달러로 만기일은 3월, 6월, 9월, 12월 등 달력월 기준으로 정해져 있다. 즉 당사자 간 거래에서는 계약내용을 당사자 간에 합의해서 결정하지만 선물거래는 거래소거래이기 때문에 미리 계약내용을 표준화하여 정해놓는 것이다.

셋째, 선물거래가 만기 이전에 반대매매에 의한 계약 종결이 가능하여 대부분

거래가 만기 이전에 반대매매 되는 반면, 선물환거래는 당초 특별히 약정한 경우를 제외하고는 만기 이전에 반대매매를 통해 종결되지는 않는다. 반대매매란 예를 들어 미 달러화 9월물 선물 1계약을 8월 중 950원/달러에 매수하였다가 만기일에 가서 원화를 지불하고 달러화를 인수하는 것이 아니라 만기 이전 어느 때라도 매수에 반대되는 매도계약을 취함으로써 당초 매수 약정을 종결시키는 거래이다. 이 경우 매도 약정을 980원/달러에 하게 된다면 미 달러당 30원의 이익을 취하고 선물약정은 정산된다. 대부분의 선물거래는 이와 같이 반대거래에 의해 종결되며 만기까지 가서 실물통화로 수도(受渡), 결제하는 경우는 전체거래의 1~2%수준에 그치고 있다.[2)]

통화선물거래는 전통적인 선물환거래에 비해 아직 이용 규모는 작으나 신용한도와 같이 이용자의 신용을 특별히 요구하고 있지 않다는 점, 실물인수도의 부담을 갖지 않고 만기 이전에 언제라도 포지션을 종결할 수 있다는 점, 비용이 싸다는 점, 주식거래와 같이 HTS(home trading system) 등으로 쉽게 거래할 수 있다는 점 등의 장점이 있다.

5) 환변동보험

(1) 환변동보험의 개요

환변동보험은 환율변동에 따라 수출업체들이 입는 환차손을 보전해 주기 위해 도입된 제도이다. 수출업자들은 무역계약을 체결할 때와 실제 수출대금을 지급받을 때의 환율이 차이가 나서 수출채산성이 악화되거나 적극적인 수출활동을 전개할 수 없는 경우가 종종 발생한다. 이와 같은 환위험으로부터 수출업자들을 보호하고 적극적인 수출활동을 전개할 수 있도록 지원하기 위한 것이 환변동보험이다. 즉 한국수출보험공사가 수출업자를 대신하여 환리스크를 관리해주는 정책보험제도이다.

환변동보험의 기본계약은 외화로 수출계약을 체결할 때 계약시점에서 수출보험공사가 보장하는 보장환율(외환은행, 산업은행, 씨티뱅크, 체이스 맨하탄, 국

2) 수도(受渡)는 어떤 물품을 사는 사람과 파는 사람이 약속한 기일에 현물과 대금을 서로 교환하는 것(receipt and delivery)을 말한다.

민은행이 제시하는 평균 선물환율)과 실제 결제시점에서의 결제환율이 차이가 날 경우 수출업체들이 입는 환차손은 보험자가 보상하고 만약 환차익이 발생하게 되면 이를 보험자가 환수하는 것으로 한다. 현재 적용대상통화는 미 달러화와 유로화 및 엔화이다.

환변동보험은 환리스크 회피방안으로서 선물환제도와 유사하지만 수출 진흥을 위해 국가에서 실시하기 때문에 비용이 저렴하다. 보험료는 선물환방식의 경우 보험기간 1개월부터 12개월까지 0.02%에서 0.13%까지 차등 적용되고 있으며 계약이행과 관련된 보증금이나 담보를 제공할 필요가 없다. 그리고 중소기업에 대해서는 일반 금융기관이 제공하는 환율에 비해 유리한 환율을 적용한다.[3)]

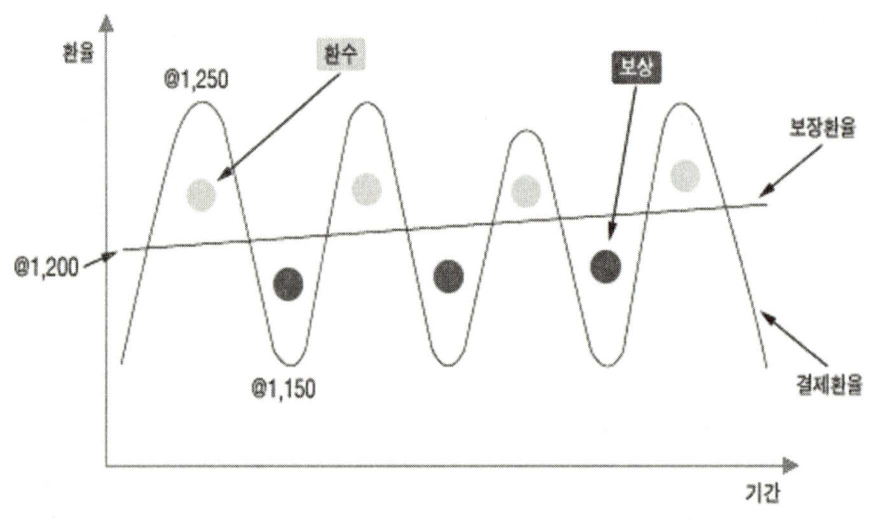

〈그림 2-4〉 환변동보험의 운용원리

(2) 환변동보험의 운영

환변동보험은 입찰방식보험과 비입찰방식보험으로 운용된다.

입찰방식보험은 거액의 자본재를 수출하기 위해 입찰에 참여하는 수출업자들이 가입할 수 있는 보험제도이다. 수출업자는 입찰참가 시 환변동보험에 가입하

3) 한국수출보험공사,「환변동보험제도해설서」, 2007, 참조.

고 만약 입찰에서 실패할 경우에는 자동적으로 보험계약이 취소된다. 그리고 이 보험은 입찰단계에서 체결되므로 수출대금의 입금일정 및 금액 등이 정해지지 않은 상황에서도 보험계약신청이 가능하다. 입찰방식보험이 적용되는 수출거래는 수출계약체결예정일부터 최종 수출대금지급예정일까지의 기간이 6개월 이상인 거래 또는 부보대상금액이 20억 원 이상인 거래이다.

선물환방식보험은 수출계약이 체결된 후 가입할 수 있는 보험제도인데 수출업자는 수출계약을 체결한 후 필요한 금액 및 결제시기를 정하여 청약할 수 있다. 입찰방식보험이 적용되는 수출거래에 한하여 수출업자는 보험가입을 희망하는 시점에 언제나 결제기간별 금액을 정하여 보험청약을 할 수 있다.

그리고 중소기업에 한정하여 수출보험공사가 직전년도의 수출금액을 기준으로 수출업자별 인수한도를 사전에 정한 뒤, 이 한도 범위 내에서 운영하는 회전한도 운영방식이 있다. 이 방식에서는 수출업자는 개별 수출거래의 대금입금일과 무관하게 복수의 수출거래에 대하여 사전에 정한 결제기별 금액을 기준으로 보험을 청약하고 보험자는 인수한도범위 내에서 포괄적으로 일괄 인수한다. 따라서 매월 일정한 금액의 외화수입이 발생하는 기업의 경우에는 이 방식을 이용하면 편리하다.

제 3 절 외환포지션

1. 외환포지션의 개념

외국환 은행이 외환거래를 통해 매입한 외국한 매입초과액과 매각초과액을 말한다. 즉, 일정시점에 있어서 은행 및 기업등이 보유고하고 있는 외화표시 자산과 부채와의 차액을 말한다. 매입액이 매도액을 초과하는 매입초과포지션

(over-bought position)과 매도액이 매입액을 초과하는 매도초과포지션(over-sold position)의 형태를 갖게 되는데, 전자를 롱 포지션(long position), 후자를 숏 포지션(short position)이라고도 한다. 또한 외환매입액과 매도액이 동일하여 외화자산과 부채가 균형을 이룬 상태를 스퀘어 포지션(square position)이라고 한다.

포지션관리제도는 외국환은행의 과도한 포지션보유를 억제, 건전경영을 유도하고 과도한 외화의 국내외 유출입을 통제, 국내유동성을 조저하기 위해 도입되고 있다. 우리나라의 경우 외국환은행의 현물환거래와 선물환거래를 합친 종합포지션을 관리기준으로 삼아 매 영업일 잔액을 기준으로 관리하고 있다.

2. 외환포지션의 종류와 형태

1) 외환 포지션의 종류

(1) 현금포지션(cash position)

모든 외환거래에 대한 자금의 인수도가 완결된 외환매입액과 외환 매도액의 다른 차액으로서 언제든지 사용이 가능한 가처분포지션을 말한다.

현재 확정된 외환매매 차액이나 외화자산과 부채의 차액을 의미한다.

(2) 현물환 포지션(spot position)

현물환거래에 의한 외환매입액과 외화나 매도액의 차이를 말한다. 이러한 현물환포지션은 외환매매는 이루어졌으나 아직 현금화되지 않은 외환까지를 고려한 외환포지션을 가리킨다.

(3) 선물환 포지션(forward position)

지금으로부터 3영업일 이후에 마기가 도래하는 선물환거래로 생기는 외환매입액과 외환매도액의 차이를 말한다. 미래의 일정기간에 외환을 매매하기로 약정한 선물환거래의 경우 현금결제가 미래에 이루어지므로 현재의 외화자산 혹은 부채에 변화를 일으키지 않으나 미래의 외화자산 혹은 부채에 영향을 주기 때문에 이것도 현물환 포지션과 같이 관리대상이 된다.

(4) 종합포지션(overall position)

환율변동에 노출되어 있는 외국환은행이나 기업체의 경우 위의 포지션을 전부 종합하여 모든 거래의 차액을 산출하여 외환 포지션을 관리하는 것이 중요하다. 이때 현금포지션, 현물환포지션, 선물환포지션을 모두 합하여 산출한 외환매입액과 외환매도액의 차액을 종합포지션이라 한다.

2) 외환 포지션의 형태

(1) 매입초과 포지션(long position, over-bought position) : 외화자산〉부채

롱 포지션이라고도 하며, 외국환은행의 외환매매거래의 결과 또는 기업체의 수출입 거래 후에 특정 통화에 대해 외환매입액이 외환매도액을 초과하여 일정 시점에서 외화표시자산이 외화표시 부채를 초과하게 되는 상태를 말한다.

예를 들어 달러/원 달러가 하루 종일 외환거래를 행한 결과 평균 매입단가가 1,196원에 달러 10백만 불의 롱포지션이 되었다면 향후 달러의 강세는 이 달러에게 환차익을 가져다 줄 것이다. 반대로 달러가 약세가 되면 환차손이 발생하게 된다. 수출업체 입장에서는 수출대금으로 영수한 금액이 지불해야 할 금액을 초과하는 경우가 이에 해당된다.

(2) 매도초과 포지션(short position, over-sold position): 외화자산〈부채

매입초과 포지션과는 반대로 특정 통화에 대해 외환매도액이 외환매입액을 초과하여 외화표시 부채가 외화표시 자산을 초과하는 상태를 말한다. 숏 포지션이라고도 한다. 이 경우 향후 기준통화가 강세가 되면 숏포지션을 취하고 있는 달러는 외환자손이 발생할 것이나 기준통화가 약세를 나타내면 달러는 외환차익을 얻을 수 있다.

위에서 예를 든 것과 같은 외환달러의 포지션의 경우를 보면 달러 롱포지션과는 달리 달러/원 환율이 1,206원으로 상승할 경우 100백만 원의 외환자손이 발생하고, 달러/원 환율이 1,186원으로 하락할 경우 100백만 원의 외환차익이 발생하는 것을 쉽게 이해할 수 있다. 물론 향후 환율이 평균 매도단가인 1,196원에서 활율의 변화가 없다면 외환차익이나 외환차손이 없는 것은 당연할 것이다.

(3) 스퀘어 포지션(square position, flat position): 외화자산=부채

롱포지션과 숏포지션과 달리 외환매입액과 외환매도액이 정확하게 일치할 경우를 말한다. 같은 외화표시 자산과 외화표시 부채를 가지게 되어 환차익이나 환차손 같은 외환리스크에 전혀 노출되지 않는 상태가 된다. 이에 반해 롱/숏 포지션처럼 외환리스크에 노출된 상태를 오픈포지션(open position)이라 한다.

3. 외환포지션 관리

외국환은행은 대고객시장에서 고객의 수요에 따라 외화를 매매할 때 외화자금과 자국 통화자금이 항상 균형을 유지한다고는 할 수 없다. 하루의 외화매매 결과, 매입초과(OB: over bought)나 매각초과(OS:over sold)포지션이 발생할 수 있고 매입과 매각이 균형을 이루는 스퀘어(square) 포지션이 나타날 수 있다. 이와 같이 외국환은행들은 매입 또는 매각초과로 인한 손실발생을 방지하기 위하여 적절한 양의 외화를 사고파는 것을 외환포지션관리라 한다.

[환포지션과 환위험]

Position	외국환 매매	환율상승	환율하락
매입초과(롱)	매입>매도	유리	불리
매도초과(숏)	매입<매도	불리	유리
스퀘어(square)	매입=매도	무관	무관

4. 외환 포지션의 한도

(1) 선물환포지션의 한도

외국환은행의 매입초과포지션 또는 매각초과포지션을 기준으로 전월말 자기자본의 100분의 50에 상당하는 금액, 다만, 은행법 제58조에 의한 외국금융기관의 국내지점의 경우는 전월 말 자기자본의 100분의 250에 상당하는 금액으로 한다.

자본유출의 변동성이 확대되는 등 외환시장 안정 등을 위하여 긴급히 필요한 경우에는 위에서 정한 한도를 100분의 50범위 내에서 가감하여 정할 수 있다.

(2) 종합포지션의 한도

종합매입초과포지션은 각 외국통화별 매입초과액의 합계액 기준으로 전원 말 자기 자본의 100분의 50에 상당하는 금액 다만, 한국수출입은행의 경우, 외화자금 대출잔액의 100분의 150애 해당하는 금액으로 한다.

종합매각초과포지션은 각 외국통화별 매각초과액의 합계액기준으로 전월 말 자기 자본의 100분의 50에 상당하는 금액으로 한다.

(3) 한도 외의 별도 한도

한국은행총재는 이월이익잉여금의 환리스크 헤지를 위한 외환매입분에 대하여 별도 한도를 인정받고자 하는 외국은행국내지점과 외국환포지션 한도의 초과가 필요하다고 인정되는 외국환은행에 대하여는 선물환포지션과 종합포지션에서 정한 외환포지션 한도 외에 별도 한도를 인정할 수 있다.

(4) 자기 자본

선물환포지션과 종합포지션에서 자기자본은 국내외국환은행의 경우에는 납입자본금 · 적립금 및 이월이익잉여금의 합계액을 말하며 외국은행국내지점의 경우에는 갑기금 · 을기금 · 적립금 및 이월이익잉여금의 합계액을 말한다.

(5) 상황보고

외국환은행의 장은 외국환포지션의 한도와 관련하여 한국은행총재에게 매월 외국환포지션상황을 보고하여야 하며, 한국은행총재는 이를 금융감독원에게 통보하여야 한다.

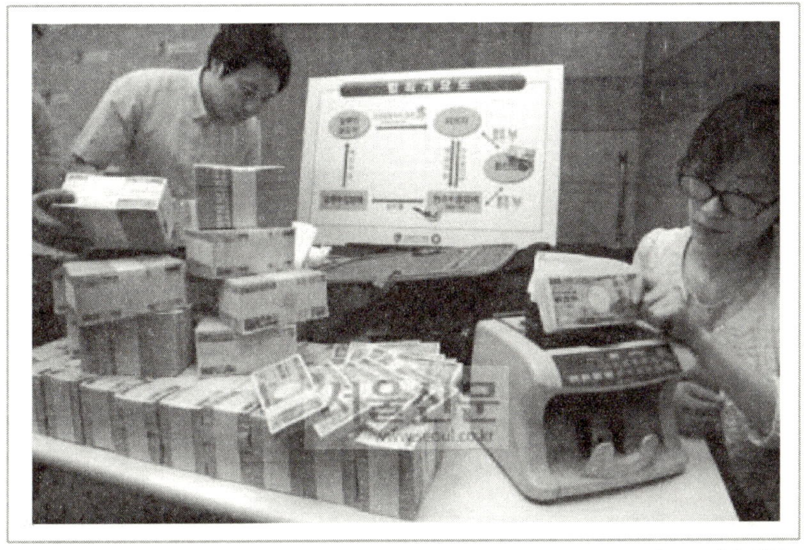

<자료: 서울신문>

Chapter 3

외국환거래법규의 개관

외국환거래법규의 개관[1)]

제 1 절 외국환거래법의 개념

1. 개요

외국환거래법은 외국환관리의 기본이 되는 법으로 외국환거래의 자유를 보장하고 시장기능을 활성화하여 국제수지의 균형과 통화가치의 안정을 위하여 제정한 법률이다.

우리경제에 필요한 외자를 원활히 유치할 수 있도록 외국인의 국내 투자환경을 개선하고 금융기관과 기업의 국내외 외환거래를 단계적으로 전면 자유화함으로써 국가경쟁력을 강화하는 한편, 이에 따른 부작용을 최소화하기 위하여 외자를 취급하는 금융기관에 대한 건전성 감독을 강화하고, 평상시 외자 유출입 현황의 지속적인 동향점검과 국내외 경제현황의 급격한 변동 시에 효과적으로 대처할 수 있는 각종 안전장치를 강화하기 위하여 제정되었으며, 전문 6장 32조 및 부칙으로 구성되어 있다.

---

1) 이 장은 주로 한국수입업협회, 「외환 · 수입결제」, 2013, CH.3을 참고 · 인용하였음.

이 법은 1998년 9월16일자로 외국환관리법을 대체하여 제정되어 1999년 4월1일 시행되었으며, 현행 외국환거래법은 2012년 3월 21일 법률 제11407호로 개정되어 시행되고 있다.

2. 법의 구성

외국환 거래법	외국환 거래법 시행령	외국환 거래 규정
제1장 총칙 제2장 외국환업무취급기관 제3장 외국환평형기금 제4장 지급과 거래 제5장 보칙 제6장 벌칙 부칙	제1장 총칙 제2장 외국환업무취급기관 제3장 외국환평형기금 제4장 지급과 거래 제5장 보칙 부칙 발표/서식	제1장 총칙 제2장 외국환업무취급기관 제3장 환전영업자/외국환중개회사 제4장 지급과 수령 제5장 지급 등의 방법 제6장 지급수단 등의 수출입 제7장 자본거래 제8장 현지금융 제9장 직접투자 및 부동산 취득 제10장 보칙 및 부칙

3. 목적

외국환거래와 그 밖의 대외거래의 자유를 보장하고 시장기능을 활성화하여 대외거래의 원활화 및 국제수지의 균형과 통화가치의 안정을 도모화함으로써 국민경제의 건전한 발전에 이바지함을 목적으로 하고 있다.

4. 적용대상

이 법은 다음 각 호의 어느 하나에 해당하는 경우에 적용한다.

1) 대한민국에서의 외국환과 대한민국에서 하는 외국환거래 및 그 밖에 이와 관련되는 행위
2) 대한민국과 외국 간의 거래 또는 지급 · 수령, 그 밖에 이와 관련되는 행위(외국에서 하는 행위로서 대한민국에서 그 효과가 발생하는 것을 포함한다.)
3) 외국에 주소 또는 거소를 둔 개인과 외국에 주된 사무소를 둔 법인이 하는 거래로서 대한민국 통화로 표시되거나 지급받을 수 있는 거래와 그 밖에 이와 관련되는 행위
4) 대한민국에 주소 또는 거소를 둔 개인 또는 그 대리인, 사용인, 그 밖의 종업원이 외국에서 그 개인의 재산 또는 업무에 관하여 한 행위
5) 대한민구에 주된 사무소를 둔 법인의 대표자, 대리인, 사용인, 그 밖의 종업원이 외국에서 그 법인의 재산 또는 업무에 관하여 한 행위

위 1) → 3)에서 "그 밖에 이와 관련되는 행위"란 위 1) → 3)까지의 규정에 따른 거래 · 지급 또는 수령과 직접 관련하여 행하여지는 지급수단 · 귀금속 · 증권 등의 취득 · 보유 · 송금 · 추심 · 수출 · 수입 등을 말한다.

5. 특성

1) 원칙자유 · 예외규제(Negative System)

기업 및 금융기관의 대외영업활동과 관련된 대부분의 외환거래를 자유화하고 대외거래에 수반하는 지급 · 영수를 원칙적으로 자유화되었다. 즉, 외국환거래의 확대를 도모하기 위하여 금지 또는 제한사항이 아닌 거래는 모두 자유화하였다.

2) 위임입법주의

기획재정부장관의 권한 일부를 이 법 시행령이 정하는 바에 따라 금융감독위원회 · 증권선물위원회 · 관계행정기과의 장 · 한국은행총재 · 금융감독원장 · 외국환업무취급기관등의 장, 기타 시행령이 정하는 자(관세청장 · 금융감독위원회 · 한국은행총재 · 외국환업무취급기관의 장)에게 위임 또는 위탁 할 수 있다.

3) 속인주의

우리나라에 주된 사무소를 가지고 있는 법인 또는 자연인의 대리인 등이 외국에서 행하는 재산 또는 업무에 관한 행위에도 이 법을 적용함으로써 속인주의를 채택하고 있다.

4) 속지주의

거주자가 외국에서 어떤 행위를 함으로써 거주자와 비거주자간에 채권 · 채무관계가 발생하는 경우에도 외국환거래법을 적용함으로써 속지주의를 채택하고 있다.

5) 국제주의

외국환거래라는 국제거래를 규제대상으로 하는 것이므로, 국제관습을 존중하거나 국제조약을 준수함으로써 국제적으로 통용될 수 있어야 한다. 즉, 우리나라는 1995년 WTO출범과 더 불어 1996년 OECD에 가입하여 외국환거래법이 자유화 · 개방화라는 세계적인 흐름에 부응함으로써 외국환거래의 국제성을 인정하고 있다.

6. 외국환거래법의 관리체계와 관련 법령

외국환거래법시행령은 외국환거래법에서 위임된 사항과 그 시행에 관하여 필요한 사항을 목적으로 하며, 외국환거래규정은 외국환거래법과 동 법 시행령에서 위임된 사항과 그 시행에 필요한 사항을 정함을 목적으로 한다. 또한 외국환거래업무취급세칙은 시행령과 외국환거래규정에 따라 한국은행총재에게 위탁된 외국환거래업무에 관한 사항을 정함을 목적으로 하며, 외국환거래업무 취급절차는 외국환거래업무취급세칙 시행에 필요한 세부사항을 정함을 목적으로 하고 있다.

외국환거래법을 기본법규로 하여 우리나라의 외국환관련법령을 그림으로 나타내면 다음과 같다.

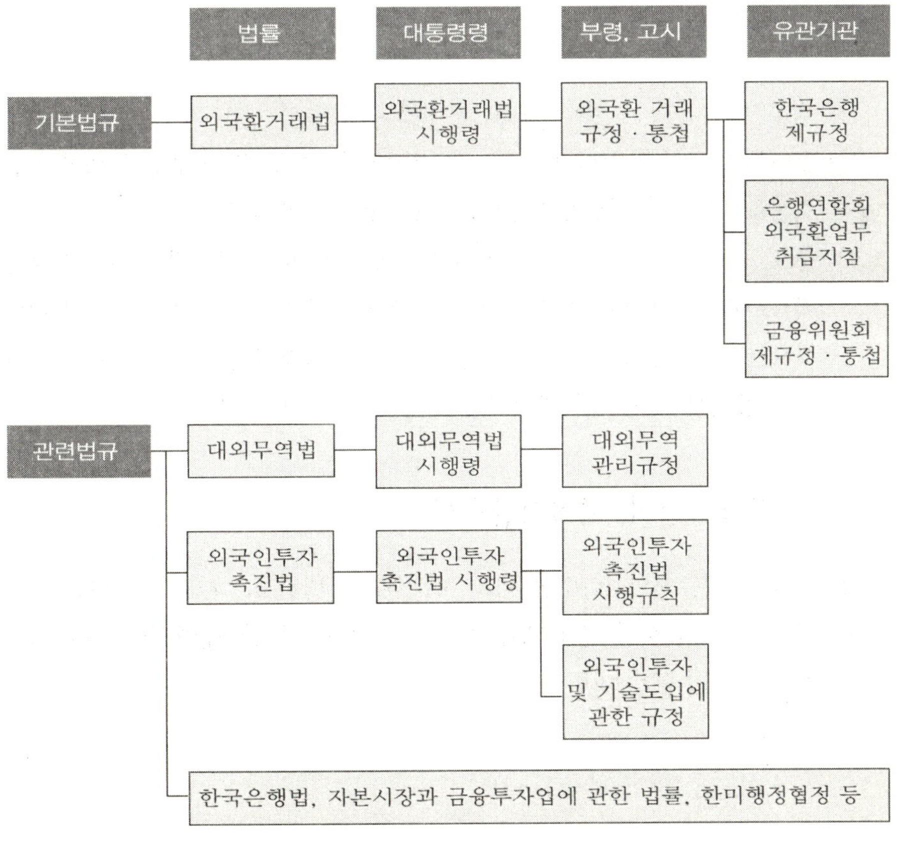

〈그림 3-1〉 외환관련 법령체계

제 2 절 외국환거래법규의 주요 내용

1. 용어의 정의(법 제3조)

1) 내국통화와 외국통화

내국통화는 대한민국의 법정통화인 원화를 말하고, 외국통화는 내국통화 외의 화폐를 말한다.

2) 지급수단

(1) 정부지폐, 은행권, 주화, 수표, 우편환, 신용장

(2) 증권에 해당하지 아니하는 환어음, 약속어음, 우편 또는 전신에 의한 지급지시와 그 밖에 지급을 받을 수 있는 내용이 표시된 것

(3) 증표, 플라스틱카드 또는 그 밖의 물건에 전자 또는 자기적 방법으로 재산적 가치가 입력되어 불특정 다수인 간에 지급을 위하여 통화를 갈음하여 사용할 수 있는 것으로서 대금을 미리 받고 발행하는 선불카드와 그 밖에 이와 유사한 것으로서 기획재정부장관이 인정하는 것

3) 내국지급수단과 대외지급수단

내국지급수단은 대외지급수단 외의 지급수단을 말하고, 대외지급수단은 외국통화, 외국통화로 표시된 지급수단, 그 밖에 표시통화에 관계없이 외국에서 사용할 수 있는 지급수단을 말한다.

4) 증권과 외화증권

증권이란 위 "지급수단"에 해당하지 아니하는 것으로서 「자본시장과 금융투자업에 관한 법률」 제4조에 따른 증권(채무증권, 지분증권, 수익증권, 투자계약증권, 파생결합증권, 증권예탁증권)과 무기명양도성예금증서, 그 밖에 재산적 가치가 있는 권리가 표시된 증권 또는 증서로서 투자의 대상으로 유통될 수 있는 것을 말한다.

외화증권은 외국통화로 표시된 증권 또는 외국에서 지급받을 수 있는 증권을 말한다.

5) 파생상품과 외화파생상품

파생상품이란 다음과 같은 것을 말한다.

첫째, 기초자산이나 기초자산의 가격·이자율·지표·단위 또는 이를 기초로 하는 지수 등에 의하여 산출된 금전 등을 장래의 특성 시점에 인도할 것을 약정하는 계약이다.

둘째 당사자 어느 한쪽의 의사표시에 의하여 기초자산이나 기초자산의 가격·이자율·지표·단위 또는 이를 기초로 하는 지수 등에 의하여 산출된 금전 등을 수수하는 거래를 성립시킬 수 있는 권리 부여를 약정하는 계약이다.

셋째, 장래의 일정기간 동안 미리 정한 가격으로 기초자산이나 기초자산의 가격·이자율·지표·단위 또는 이를 기초로 하는 지수 등에 의하여 산출된 금전 등을 교환할 것을 약정하는 계약이다. 또한, 상품의 구성이 복잡하고 향후 수익을 예측하기 어려워 대규모 외환유출입을 야기할 우려가 있는 금융상품으로서 기획재정부장관이 고시하는 것이다.

한편 외화파생상품이란 외국통화로 표시된 파생상품 또는 외국에서 지급받을 수 있는 파생상품을 말한다.

6) 채권과 외화채권

채권이란 모든 종류의 예금·신탁·보증·대차 등으로 생기는 금전 등의 지급을 청구할 수 있는 권리로서 위 1)부터 5)까지의 규정에 해당되지 아니하는 것을 말하고, 외화 채권은 외국통화로, 표시된 채권 또는 외국에서 지급받을 수 있는 채권을 말한다.

7) 선물환 거래

대외지급수단의 매매계약일의 제3영업일 이후 장래의 약정한 시기에 거래당사자간에 매매 계약 시 미리 약정한 환율에 의하여 대외지급수단을 매매하고 그 대금을 결제하는 거래로서 자본시장과 금융투자업에 관한 법률에 따른 파생상품시장 또는 해외파생상품시장에서 이루어지는 거래를 제외한 거래를 말한다.

8) 외화획득실적

- 대외무역법에서 정하는 바에 의하여 인정된 수출실적
- 주한국제연합군 기타 외국군기관에 대한 물품의 매각, 공사의 수급 및 용역의 제공에 의한 외화획득실적
- 관광 진흥법에서 규정하고 있는 관광 사업으로 인한 외화획득실적
- 해외건설 및 용역사업에 의한 외화획득실적
- 기타 인정된 거래에 의한 외화획득실적

여기에서 인정된 거래란 법규에 따라 신고를 했거나 신고가 필요하지 않는 거래를 말한다.

9) 외환동시결제시스템

매도통화와 매입통화의 동시결제를 통한 외환결제리스크의 감축을 목적으로 설립된 외환결제전문기관인 CLS은행(CLS Bank International)이 운영하는 결제시스템을 말한다.

10) 외국환 업무

(1) 외국환의 발행 또는 매매
(2) 대한민국과 외국 간의 지급·추심 및 수령
(3) 외국통화로 표시되거나 지급되는 거주자와의 예금, 금전의 대차 또는 보증
(4) 비거주자와의 예금, 금전의 대차 또는 보증
(5) 그 밖에 위 업무와 유사한 업무로서 아래의 업무
① 비거주자와의 내국통화로 표시되거나 지급되는 증권 또는 채권의 매매
② 거주자 간의 신탁·보험 및 파생상품거래(외국환과 관련된 경우에 한정) 또는 거주자와 비거주자 간의 신탁·보험 및 파생상품거래
③ 외국통화로 표시된 시설대여
④ 그 밖에 위 업무에 딸린 업무

11) 거주자와 비거주자

거주자란 대한민국에 주소 또는 거소를 둔 개인과 대한민국에 주된 사무소를 둔 법인을 말하고, 비거주자는 거주자 외의 개인 및 법인을 말한다. 다만, 비거주자의 대한민국에 있는 지점, 출장소, 그 밖의 사무소는 법률상 대리권의 유무에 상관없이 거주자로 본다.

▷▶ 거주자와 비거주자의 구분이 명백하지 않은 경우 시행령이 정하는 바에 따른다.

12) 거주자의 해외직접투자

(1) 외국법령에 따라 설립된 법인(설립 중인 법인을 포함)이 발행한 증권을 취득하거나 그 법인에 대한 금전의 대여 등을 통하여 그 법인과 지속적인 경제관계를 맺기 위하여 거래 또는 행위로서 대통령령으로 정하는 것
(2) 외국에서 영업소를 설치·확장·운영하거나 해외사업 활동을 하기 위하여 자금을 지급하는 행위로서 대통령령으로 정하는 것

거주자와 비거주자

1) 개념

외국환거래법과 소득세법 등에서 거주자와 비거주자를 구분하고 있는데, 거주자 · 비거주자의 구분은 국적에 의한 것이 아니고 경제적 활동을 근거로 하고 있다.

거주자 또는 비거주자에 의하여 주로 생계를 유지하는 동거 가족은 해당 거주자 또는 비거주자의 구분에 따라 거주자 또는 비거주자로 구분한다.

소득세법상에서 거주자는 소득세를 납부할 의무가 있는 자로서 국내에 주소를 두거나 1년 이상 거소를 둔 개인을 말하고, 비거주자는 거주자가 아닌 자로서 국내에 원천소득이 있는 개인을 말한다. 거주자에 대하여는 모든 소득에 대하여 소득세가 부과되는 것을 원칙으로 하고 있으나, 비거주자에 대하여는 법정소득에 대해서만 소득세가 부과된다는 차이가 있다.

2) 거주자와 비거주자의 구분

(1) 거주자

- 대한민국 재외공관
- 국내에 주된 사무소가 있는 단체 · 기관, 그 밖에 이에 준하는 조직체
- 다음 어느 하나에 해당하는 대한민국 국민
  - 대한민국 재외공관에서 근무할 목적으로 외국에 파견되어 체재하고 있는 자
  - 비거주자이었던 자로서 입국하여 국내에 3개월 이상 체재하고 있는 자
  - 그 밖에 영업 양태, 주요 체재지 등을 고려하여 거주자로 판단할 필요성이 인정되는 자로서 기획재정부장관이 정하는 자
- 다음 어느 하나에 해당하는 외국인
  - 국내에서 영업활동에 종사하고 있는 자
  - 6개월 이상 국내에서 체재하고 있는 자

*미군 등과 외교관 · 영사 또는 그 수행원이나 사용인은 비거주자임.

(2) 비거주자

• 국내에 있는 외국정부의 공관과 국제기구
• 주한 미군과 국제연합군의 구성원 · 군속 · 초청계약자와 미합중국군대 등의 비세출 자금기관 · 군사우편국 및 군용은행시설
• 외국에 있는 국내법인 등의 영업소 및 그 밖의 사무소
• 외국에 있는 주된 사무소가 있는 단체 · 기관 그 밖에 이에 준하는 조직체
• 다음 각 목의 어느 하나에 해당하는 대한민국 국민
  - 외국에서 영업활동에 종사하고 있는 자
  - 외국에 있는 국제기구에서 근무하고 있는 자
  - 2년 이상 외국에 체재하고 있는 자 , 이 경우 일시 귀국의 목적으로 귀국하여 3개월 이내의 기간 동안 체재한 경우 그 체재기간은 2년에 포함된다.
  - 그 밖에 영업양태, 주요 체재지 등을 고려하여 비거주자로 판단할 필요성이 인정되는 자로서 기획재정부장관이 정하는 자
• 다음 어느 하나에 해당하는 외국인
  - 국내에 주재하면서 근무하는 외교관 · 영사 또는 그 수행원이나 사용인
  - 외국정부 또는 국제기구의 공무로 입국하는 자
  - 거주자였던 외국인으로서 출국하여 외국에서 3개월 이상 체재 중인 자

3. 거주자의 해외직접투자

1) 개념

거주자가 외국법령에 따라 설립된 법인(설립 중인 법인 포함)이 발행한 증권을 취득하거나 그 법인에 대한 금전의 대여 등을 통하여 그 법인과 지속적인 경제관계를 맺기 위하여 하는 거래 또는 행위로서

① 외국 법령에 따라 설립된 법인(설립 중인 법인 포함. “외국법인”)의 경영에

참가하기 위하여 취득한 주식 또는 출자지분이 해당 외국법인의 발행주식 총수 또는 출자총액에서 차지하는 비율(주식 또는 출자지분을 공동으로 취득하는 경우 그 주식 또는 출자 지분 전체의 비율. "투자비율")이 100분의 10 이상인 투자

② 투자비율이 100분의 10 미만인 경우로서 해당 외국법인과 다음 어느 하나에 해당하는 관계를 수립하는 것이며,

- 임원의 파견
- 계약기간이 1년 이상인 원자재 또는 제품의 매매계약의 체결
- 기술의 제공 · 도입 또는 공동연구개발계약의 체결
- 해외건설 및 산업설비공사를 수주하는 계약의 체결

③ 위① 또는 ②에 따라 이미 투자한 외국법인의 주식 또는 출자지분을 추가로 취득하는 것, ④위 ①부터 ③에 따라 외국법인에 투자한 거주자가 해당 외국법인에 대하여 상환기간을 1년 이상으로 하여 금전을 대여하는 것 등을 말한다.

또한, 외국에서 영업소를 설치 · 확장 · 운영하거나 해외사업 활동을 하기 위하여 자금을 지급하는 행위로서 다음의 자금을 지급하는 것을 말한다.

- 지점 또는 사무소의 설치비 및 영업기금
- 거주자가 외국에서 법인 형태가 아닌 기업을 설치 · 운영하기 위한 자금
- 해외자원개발사업 또는 사회간접자본 개발사업을 위한 자금. 다만, 해외자원개발을 위한 조사자금 및 해외자원의 구매자금은 제외한다.

2) 해외직접투자의 신고 등

(1) 거주자

거주자(해외이주 수속중이거나 영주권 등을 취득할 목적으로 지급하고자 하는 개인 또는 개인사업자는 제외)가 해외직접투자(증액투자 포함)를 하고자 하는 경우에는 다음 중 하나에서 정하는 외국환은행의 장에게 신고하여야 한다. 다만, 이미 투자한 외국법인이 자체이익보유금 또는 자본잉여금으로 증액 투자하나는 경우로서 거주자가 최대주주가 아닌 경우에는 사후에 보고 할 수 있다.

- 주 채무계열 소속 기업체인 경우에는 당해 기업의 주채권은행
- 거주자가 주 채무계열 소속 기업체가 아닌 경우에는 여신최다은행
- 위에 해당하지 않는 거주자의 경우 거주자가 지정하는 은행

(2) 신고내용의 변경

거주자가 신고한 내용을 변경하고자 하는 경우 당해 신고기관의 장에게 변경신고를 하여야 한다. 다만, 다음의 경우에는 변경사유가 발생한 후 3개월 이내에 사후 보고할 수 있다.

① 투자의 상호 · 대표자 · 소재지, 현지법인명, 현지법인의 소지재지를 변경한 경우

② 현지의 예상치 못한 사정이나 경영상 급박한 사정 등으로 사전에 제출한 사업계획을 사전신고 후 변경하는 것이 적절치 않은 경우로서 추가 투자금액을 필요로 하지 않는 경우

(3) 신고구비서류

해외직접투자를 하고자 하는 자는 해외직접투자신고서에 다음 서류를 첨부하여 당해 신고기관에 제출하여야 한다.

① 사업계획서(자금조달 및 운용계획 포함)

② 주식을 통한 해외직접투자인 경우에는 회계법인의 주식평가에 관한 의견서

③ 금융거래등 상거래에 있어서 약정한 기일 내에 채무를 변제하지 아니한 자

로서 종합신용정보 집중기관에 등록되어 있지 않음을 입증하는 서류, 다만, 회사정리법 또는 회의법에 의하여 정리절차가 진행되고 있는 기업체가 기존의 유휴설비나 보유기술을 투자하거나 관련 법령이 정한 법원 또는 채권관리단의 결정에 의한 경우에는 그러하지 아니하다.

④ 조세체납이 없음을 입증하는 서류

⑤ 기타 신고기관의 장이 필요하다고 인정하는 서류

 해외지사 및 국내지사

1) 국내기업의 해외지사

(1) 개념 및 범위

거주자가 외국에 거주자의 지점이나 사무소(해외지사)를 설치 · 운용하기 위하여 필요한 경비나 경상적 거래와 관련된 자금의 수수(자본거래)하는 것을 대상으로 한다. 다만, 집기구매대금, 사무실 임대비용 등 사무소를 유지하는 데에 직접 필요한 경비의 지급 또는 수령과 물품의 수출입대금과 이에 직접 딸린 운임 · 보험료, 그 밖의 비용이 지급 또는 수령 및 용역거래의 대가와 이에 직접 딸린 비용의 지급 또는 수령 등은 제외한다.

또한, 개인이 국내에 있는 영업소 및 그 밖의 사무소와 외국에 있는 영업소 및 그 밖의 사무소 간의 행위와 자금의 수수 등을 대상으로 한다.

(2) 해외지사의 구분

① 독립채산제 원칙으로 외국에 영업활동을 영위하고자 설치하는 "해외지점"

② 외국에서 영업활동을 영위하지 아니하고 업무연락, 시장조사, 연구개발활동 등의 비 영업적 기능만을 수행하거나 비영리단체(종교단체 포함)가 국외에서 당해 단체의 설립목적에 부합하는 활동을 수행하기 위하여 설치하는 "해외사무소"

(3) 설치신고

비 금융기관이 해외지사 또는 해외사무소를 설치하는 경우 지정거래 외국환은행장에게 신고하여야 한다.

① 해외지점을 설치하는 경우

가. 과거 1년간의 외화획득실적이 미화 1백만 불 이상인 자
나. 기타 주무부장관 또는 한국무역협회장이 외화획득의 전망 등을 고려하여 해외지점의 설치가 필요하다고 인정한 자

② 해외사무소를 설치하는 경우

가. 공공기관
나. 금융감독원
다. 과거 1년간 외화획득실적이 미화 30만 불 이상인 자
라. 과거 1년간 유치한 관광객 수가 8천명 이상인 국제여행 알선업자
마. 외화획득실적에 미달하는 자로서 2인 이상이 공동으로 하나의 해외사무소를 설치하고자 하는 자
바. 외화획득이나 수출품/군납품 생산업자로 구성된 협회/조합 등의 법인
사. 중소기업협동조합
아. 국내의 신문사·통신사 및 방송국
자. 기술개발촉진법령에 의하여 교육과학기술부장관으로부터 국외에 기업부설연구소의 설치가 필요하다고 인정받은 자
차. 무역업을 영위하는 법인으로서 설립 후 1년을 경과한 자
카. 기타 주무부장관 또는 한국무역협회장이 해외사무소의 설치가 불가피하다고 인정한 자(비영리단체 포함)

2) 외국기업의 국내지사

① 개념/범위

비거주자가 국내에 지점 및 사무소(국내지사)를 설치 · 운영하기 위하여 자금의 수수를 하고자 하는 경우를 대상으로 한다. 다만, 외국은행 국내지점 및 사무소는 제2장(외국환업무취급기관)에서 정하는 바에 의한다.

② 비거주자의 국내지사의 구분

가. 국내에서 수익을 발생시키는 영업활동을 영위하는 '지점'
나. 국내에서 수익을 발생시키는 영업활동을 영위하지 아니하고 업무연락, 시장조사, 연구개발활동 등 비 영업적 기능만을 수행하는 '사무소'

③ 영업자금 등의 도입

국내지사가 외국의 본사로부터 영업자금을 도입하고 하는 경우 지정거래외국환은행을 통하여 도입하여야 하며, 지정거래외국환은행의 장은 도입된 영업자금을 매연도별로 다음 연도 2월말까지 한국은행총재에게 보고하여야 하며, 한국은행총재는 이를 금융 감독원장에게 통보하여야 한다.

④ 결산순이익금의 대외송금

설치신고를 한 지점이 결산순이익금을 외국에 송금하고자 하는 경우에는 지정거래외국환은행을 통하여 송금하여 하며, 송금을 하고자 하는 자는 소정의 외국기업국내지사결산순이익금송금신청서에 당해 지점의 대차대조표 및 손익계산서, 납세증명서, 당해 회계기간의 순이익금의 영업자금도입액에 대한 비율이 100분의 100 이상이거나 순이익금이 1억 원을 초과할 경우에는 공인회계사의 감사증명서 등의 서류를 첨부하여 지정거래외국환은행의 장에게 제출하여야 한다.

다만, 기획재정부장관에게 설치신고를 한 지점의 경우에는 결산수이익금 대외처분에 관한 관계법령에 의한 허가서 등으로 이를 갈음할 수 있다.

5. 현지금융

1) 개념

현지금융은 거주자, 거주자의 현지법인 등이 외국에서 사용하기 위해 외국에서 자금을 차입하거나 지급보증을 받는 것을 말한다..

2) 적용범위

(1) 금융기관과 그 금융기관의 현지법인 및 비금융기관이 설립한 현지법인금융기관을 제외하고 다음 하나에 해당하는 자가 현지금융을 받고자 하는 경우에는 이 장에서 정하는 바에 의한다.

1. 거주자(개인의 경우에는 제외)
2. 거주자의 해외지점(독립채산제의 예외적용을 받는 해외지점을 제외)
3. 거주자의 현지법인(거주자의 현지법인이 100분의 50 이상 출자한 자회사를 포함한다.)

(2) 현지법인등이 역외금융대출을 받는 경우에도 이 규정을 적용한다.

(3) 현지금융으로 조달한 자금은 현지법인 등과 국내 거주자간의 인정된 경상거래에 따른 결제자금의 국내 유입의 경우를 제외하고는 국내에 예치하거나 국내로 유입할 수 없다.

3) 신고 등

거주자 또는 현지법인등이 현지금융을 받고자 하는 경우에는 규정 제 8-2조의 구분에 따라 신고하여야 한다. 이 경우 주채무계열 소속 기업체의 경우에는 부득이한 경우를 제외하고 주채권은행을 현지금융관련 거래외국환은행으로 지정하여야 한다.

 외국환평형기금

1) 개념

국가재정법 제5조에서 "기금은 국가가 특정한 목적을 위하여 특정한 자금을 신축적으로 운용할 필요가 있을 때에 한하여 법률로써 설치하되, 정부의 출연금 또는 법률에 따른 민간부담금을 재원으로 하는 기금은 법률에 의하지 아니하고는 이를 설치할 수 없다"고 한 바에 따라 외국환거래를 원활하게 하기 위하여 외국환평형기금을 설치하며, 이 기금은 세입세출예산에 의하지 아니하고 운용이 된다.

2) 기금의 운용

외국환평형기금은 다음과 같이 운용한다. 다만, 외환건전성부담금 및 가산금으로 조성된 외국환평형기금의 경우에는 아래 (2) 또는 (4)의 방법 중 금융회사 등에 대한 외화유동성 공급을 위한 거래에 한하여 운용한다.

(1) 외국환의 매매

(2) 한국은행 · 외국정부 · 외국중앙은행 또는 국내의 금융회사 등에서의 예치 · 예탁 또는 대여

(3) 외국환업무취급기관의 외화채무로서 국가가 보증한 채무를 상환하기 위하여 국가가 예비비 또는 추가경정예산으로 지급하기 전까지 국가 대신으로 일시적으로 하는 지급

(4) 이 외 외국환거래의 원활화를 위하여 필요하다고 인정되어 대통령령으로 정하는 방법[2)]

2) 영 제25조 2항 : 한국은행 · 외국환업무취급기관 또는 외국금융기관의 외국환거래에 따른 채무의 보증, 파생상품에 대한 거래 및 외국환업무취급기관 등에 대한 위탁을 통한 운용

7. 외환시장 안정협의회

기획재정부장관은 외환제도 선진화 및 외환시장 발전 방안 논의, 외환거래정보의 상시 모니터링, 외환거래에 대한 사후관리 및 외환거래에 대한 정보교환 등을 위해 운영한다.

8. 벌칙

1) 징역 또는 벌금

(1) 3년 이하의 징역 또는 3억원 이하의 벌금. 다만, 위반행위의 목적물 가액의 3배가 3억 원을 초과하는 경우에는 그 벌금을 목적물 가액의 3배 이하로 한다.

① 기준 환율 등에 따르지 아니하고 거래한 자

② 외국환거래의 정지 조치를 위반하여 지급 또는 수령이나 거래를 한 자

③ 지급수단이나 귀금속에 대한 조치(보관 · 예치 또는 매각) 의무를 위반한 자

④ 자본거래 시 허가를 받도록 의무가 부과된 경우 또는 지급수단 등을 예치하도록 한 조치에 따른 허가를 받지 아니하거나, 거짓이나 그 밖의 부정한 방법으로 허가를 받고 자본거래를 한 자 또는 예치의무를 위반한 자

⑤ 외국환업무의 등록을 하지 아니하거나, 거짓이나 그 밖의 부정한 방법으로 등록을 하고 외국환업무를 한 자

⑥ 환전업무의 등록을 하지 아니하거나, 거짓이나 그 밖의 부정한 방법으로 등록을 하고 환전 업무를 한 자

⑦ 외국환중개업무 인가를 받지 않거나, 거짓이나 부정한 방법으로 인가받고 영업한 자

⑧ 대외 지급 또는 수령에 허가를 받아야 하는 경우 허가를 받지 아니하거나, 거짓이나 그 밖의 부정한 방법으로 허가를 받고 지급 또는 수령을 한 자

(2) 2년 이하의 징역 또는 2억 원 이하의 벌금
외국환거래의 비밀 보장을 위반하여 정보를 법에서 정한 용도가 아닌 용도로 사용하거나 다른 사람에게 누설한 자(징역과 벌금은 병과 할 수 있다).

(3) 1년 이하의 징역 또는 1억 원 이하의 벌금. 다만, 위반행위의 목적물 가액의 3배가 1억 원을 초과하는 경우 그 벌금을 목적물 가액의 3배 이하로 한다.

① 채권의 회수명령을 위반하여 채권을 국내로 회수하지 아니한 자
② 외국환업무와 환전업무 등록자가 변경신고를 하지 아니하거나 거짓으로 변경신고를 하고 외국환업무 또는 환전 업무를 한 자
③ 외국환취급기관이 외국금융기관과 인가를 받지 아니하거나, 거짓이나 그 밖의 부정한 방법으로 인가를 받고 계약을 체결한 자
④ 외국환중개업무자가 인가사항의 변경신고를 하지 아니하거나 거짓으로 변경신고를 하고 외국환중개 업무를 한 자 또는 정당한 상대방이 아닌 자와 거래한 자
⑤ 외국환취급기관 등이 확인업무를 위반하여 확인하지 아니한 자
⑥ 지급수단 등의 수출입 신고를 하지 아니하거나 거짓으로 신고를 하고 지급수단 또는 증권을 수출하거나 수입한 자(미수범도 처벌)
⑦ 지급수단 등의 수출입 신고를 하지 아니하거나 거짓으로 신고를 하고 지급수단 또는 증권을 수출하거나 수입한 자(미수범도 처벌)
⑧ 기재부장관이 취한 거래 또는 행위의 정지 · 제한을 위반하여 거래 또는 행위를 한 자
⑨ 최근 2년 이내에 과태료 처분을 받은 자가 다시 같은 항에 따른 위반행위를 한 경우

2) 양벌 규정

법인의 대표자나 법인 또는 개인의 대리인, 사용인, 그 밖의 종업원이 그 법인 또는 개인의 재산 또는 업무에 관하여 상기 벌칙에 해당하는 위반행위를 하면 그 행위자는 물론 그 법인 또는 개인에게도 벌금형을 과한다. 다만, 법인·개인이 그 위반행위방지를 위하여 상당한 주의와 감독을 게을리 하지 아니한 경우에는 그러하지 아니한다.

3rd Floor, San Do Building 1-170, Soon Hwa-Dong, Chung-ku, Seoul, Korea. C.P.O. Box 1224

American BANK

This Credit is sent to the advising bank by courier.

ORIGINAL

L/C/Centre
P.O.Box 6811
Dubai, UAE
Date: 29SEP2005

IRREVOCABLE DOCUMENTARY CREDIT	CREDIT NUMBER 03002-080	EXPIRY DATE 05NOV2005	PLACE OF EXPIRY KOREA
UMESH ENTERPRISES P.O. BOX 12853 DUBAI U.A.E.	M/S SOGANG CORPORATION C.P.O. BOX: 1726 SEOUL KOREA		
ADVISING BANK U.B.A.F. SAMDO BUILDING, 3RD, FLOOR, 1-170, SOONHWA-DONG, CHUNG-KU, C.P.O. BOX 1224, SEOUL, KOREA.	USD 51,700.00 CFR USD Fifty One Thousand Seven Hundred Only		
PART SHIPMENTS Allowed / TRANSHIPMENT Not Allowed Transportation From : KOREA To : PORT RASHID DUBAI By : SEA Not Later Than : 27 OCT 2005	CREDIT AVAILABLE WITH U.B.A.F. KOREA By NEGOTIATION against presentation of documents detailed Herein and your draft(s) at sight Drawn on UNION NATIONAL BANK and marked "Drawn under UNION NATIONAL BANK Credit Number 03002-080 Dated 29SEP2005"		

Dear Sir,
We hereby issue in your favour this Irrevocable Documentary Credit as per details stated.

DESCRIPTION OF MERCHANDISE: NOT EXCEEDING 22000 YARDS PLAIN DYED FANCY SPANDAX JACQUARD 44 INCHES X ABOUT 25 YARDS AT THE RATE OF USD 2.35 PER YARD CFR DUBAI.

DOCUMENTS:
01. Manually signed commercial invoice in 4 copies certifying goods as per merchandise description and to be of KOREAN origin.
[illegible]

CONTINUED ON PAGE ... 2 WHICH IS AN INTEGRAL PART OF THIS CREDIT

Documents to be presented within to 10days after issuance of the transport document but within the validity of the credit. All charges of ADV/NEG and of reimbursement are to be borne by the beneficiary

This credit is subject to the uniform customs and practice for Documentary Credits 1993 (Revision) ICC Publication 500. All negotiations under this credit must be endorsed on the reverse hereof.

Yours faithfully,
For UNION NATIONAL BANK

Authorised Signature　　Authorised Signature

Chapter 4

신용장방식의 결제

4 Chapter 신용장방식의 결제

제 1 절 신용장의 개요

1. 신용장의 기본 원리

무역거래에서 당사자들은 여러 가지 위험에 직면하는데 대표적으로 수출업자에게는 대금회수불능의 위험(credit risk)이고 수입업자에게는 상품입수불능의 위험(mercantile risk)이라 할 수 있다. 이런 위험에서 벗어나기 위해 수출업자는 먼저 대금을 확보한 후 물품을 인도하려고 할 것이고, 수입업자는 그와 반대로 물품을 입수한 후 대금을 지급하려고 한다. 만약 당사자들이 서로 자기의 입장만 주장하게 되면 거래는 성사될 수 없으며, 나아가 오늘날과 같은 국제무역은 불가능하게 된다.

이에 따라 거래당사자들 사이에 공신력이 높은 은행이 관여하여 대금결제를 원활히 하고자 하는 것이 신용장이다. 즉 은행이 수출업자에게 수입업자를 대신해서 수출대금을 확실히 지급할 것을 약속하면, 수출업자는 이런 은행의 약속을 믿고 물품을 선적해 보내게 된다. 이와 같이 은행이 수출대금의 지급을 확약하는 편지를 수출업자에게 보내는데 이를 은행의 신용이 담긴 편지라는 의미에서 신용장(letter of credit : banker's commercial credits)[1]이라 한다.

신용장의 기본원리는 <그림 4-1>에 잘 나타나 있는데, 이 그림에서 보듯이 수출업자는 수입업자의 신용을 근거로 하는 것이 아니라 은행의 신용, 다시 말해서 은행의 대금지급확약을 토대로 계약물품을 선적하게 된다. 이와 같이 신용장은 매매당사자들의 신용을 보다 공신력이 높은 은행의 신용으로 전환시켜 수출업자에게는 대금 지급을 보장하고, 수입업자에게는 상품입수를 원활히 해주는 수단을 말한다.[2]

무역거래에서 언제부터 신용장이 사용되었는지는 확실하지 않지만 널리 이용되기 시작한 것은 제1차 세계 대전 이후부터이다. 전후의 경제체제는 혼란스러워서 전쟁 전에 이루어졌던 많은 계약이 전쟁과 함께 파기되고 거래이행도 불확실해지는 경우가 많았었다. 이러한 혼란스러운 거래환경에서 물품을 판매하는 상인은 좀 더 확실한 대금지급을 보장받고 싶어 했기 때문에 신용장의 이용이 급속하게 확대되었다.

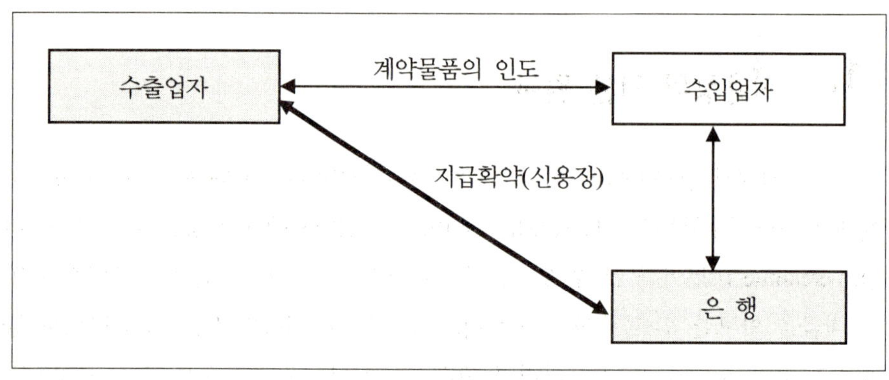

〈그림 4-1〉 신용장의 기본 원리

1) Leo D'arcy, *et al., Schmitthoff's Export Trade*(London : Sweet & Maxwell, 2000), p.166.
2) 구종순, 「무역실무」(제2개정판)(박영사, 2005), p.251.

신용장의 정의

신용장은 무역거래에서 대금결제를 원활히 하기 위해 은행이 수출업자에게 발행하는 대금결제 확약증서이다. 현행 신용장통일규칙(Uniform Customs and Practices for Documentary Credits : ICC Publication No. 600) 제2조에서 신용장은 그 명칭이나 표현에 상관없이 취소불능적인 약정(arrangement)으로서 신용장의 조건과 일치하는 제시에 대해 결제하겠다는 개설은행의 확정적인 약속(undertaking)을 말한다고 정의하고 있는데 그 의미를 보다 구체적으로 살펴보면 다음과 같다.

Article 2 Definitions

For the purpose of these rules, Credit means any arrangement, however named or described, that is irrevocable and thereby constitutes a definite undertaking of the issuing bank to honour a complying presentation.

제2조 정의

본 규칙에서 의미하는 신용장은 그 명칭이나 표현에 상관없이 취소불능적인 약정으로서 신용장의 조건과 일치하는 제시에 대해서 결제하겠다는 개설은행의 확정적인 약속을 의미한다.

첫째, 무역거래에서 이용되는 신용장은 그 용도에 따라 여러 가지로 구분되고, 사용되는 명칭도 다양하지만 그러한 명칭이나 표현이 신용장의 본질에는 영향을 미치지 않는다는 것이다.

둘째, 신용장상의 은행의 지급약속은 취소불능이라는 점이다. 은행이 신용장을 개설한 후 임의로 내용을 변경한다든지 취소할 수 있게 되면 이런 신용장을 받아보는 수출업자는 불안하기 때문에 은행의 지급약속은 취소불능한 것으로 규정하고 있다.

셋째, 수출업자의 모든 행위는 신용장의 조건과 일치해야 한다는 점이다. 은행이 지급확약을 하지만 이런 지급확약은 수출업자가 제시하는 서류가 신용장 상에 규정되어 있는 모든 조건과 일치할 경우에만 은행은 그 약속에 대해서 책임을 진다는 것이다.

따라서 신용장은 명칭이나 표현에 상관없이 신용장 상에 규정되어 있는 조건과 일치하는 제시(presentation)에 대해서 확실히 지급할 것을 약속하는 은행의 취소불능 약정이라고 정의할 수 있다.

3. 신용장에 의한 결제과정

신용장 방식에 의한 대금결제는 보통 <그림 4-2>의 절차에 따라 이루어지는데 단계별로 살펴보면 다음과 같다.

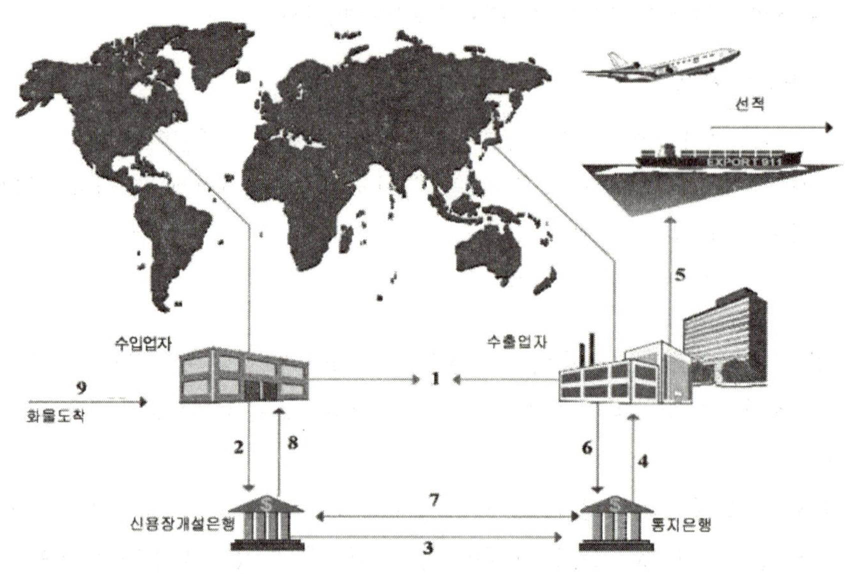

자료 : www.export911.com에서 저자 일부 수정

〈그림 4-2〉 신용장에 의한 결제과정

(1) 매매계약에서 신용장 방식에 의한 결제 약정

수출업자와 수입업자가 매매계약을 체결하면서 대금결제를 신용장 방식에 의하기로 합의한다. 이와 같이 신용장 거래는 매매계약을 체결하는 당사자들의 약정에 의해서 생성되는데 만약 이번 거래에서 수입업자가 일정 기일 후 송금하기로 하기로 약정했으면 신용장 거래는 등장하지 않게 된다.

(2) 신용장의 개설 신청

수입업자는 매매계약의 약정에 따라 통상 자기가 거래해 오던 외국환은행(신용장 개설은행)으로 하여금 수출업자 앞으로 신용장을 개설해 줄 것을 의뢰한다. 이 때 수입업자는 신용장 개설의뢰서에 매매계약에서 합의한 내용대로 신용장의 내용을 기재하여 개설담보금과 함께 개설은행에 제출한다. 신용장은 일단 개설되면 모든 책임이 개설은행에 있기 때문에 개설은행은 신용장 금액에 상응하는 담보를 요구한다. 개설의뢰서의 내용은 곧 신용장의 조건이 되므로 그 기재내용은 완전하고 정확해야 한다.

(3) 신용장의 개설과 통지

신용장 개설은행은 자기 고객의 요청과 지시에 따라 신용장을 개설하고 통상 수출업자가 소재하는 지역에 있는 자기의 본·지점이나 환거래은행(correspondent bank)으로 하여금 수출업자에게 신용장을 통지해 주도록 요청한다. 신용장은 우편 또는 전송으로 통지되는데, 우편을 이용할 경우에는 개설은행이 신용장을 통지은행 앞으로 우송한다. 반면에 수출업자가 신용장을 급히 필요로 하는 경우에는 전신, 스위프트(SWIFT) 등으로 전송된다.

전송은 신용장 내용 모두를 전송하는 경우도 있지만, 신용장의 주요 내용만 간결하게 전송하는 경우도 있다. 최근에는 신용장이 스위프트 방식으로 많이 개설되고 있는데 이 방식은 국제은행간 정보통신망(Society for Worldwide Interbank Financial Telecommunication)을 이용하여 컴퓨터로 처리하는 것을 말한다. 이 시스템에 가입한 은행들은 주로 암호로 신용장의 내용을 주고받기 때문에 신용장의 위조, 분실 등을 방지할 수 있다.

(4),(5) 계약물품의 선적과 운송서류의 입수

통지은행으로부터 신용장을 접수한 수출업자는 신용장에 명시된 조건에 따라 계약물품을 선적한 후 선박회사로부터 선하증권(Bill of Lading)을 입수한다. 만약 항공운송을 이용하게 되면 항공사로부터 항공화물운송장(Air Waybill)을 발급받고, 복합운송의 경우에는 운송인으로부터 복합운송증권(Combined Transport Document) 등을 발급받는다.

(6) 서류제시와 수출대금의 회수

수출업자는 선하증권을 비롯한 운송서류를 신용장의 조건에 따라 구비하고, 경우에 따라서는 환어음을 발행하여 자기가 거래하는 은행에 가서 수출대금을 회수한다. 수출업자에게 수출대금을 결제하는 은행을 신용장의 종류에 따라 지급, 연지급, 인수 또는 매입은행이라 하는데 통상적으로 매입은행인 경우가 많다.

(7) 개설은행의 상환

수출업자에게 수출대금을 결제한 지급, 연지급, 인수 또는 매입은행은 관련 운송서류를 개설은행 앞으로 송부하여, 개설은행으로부터 그 대금을 돌려받는다.

(8) 개설은행의 서류제시

개설은행은 송부되어 온 운송서류를 수입업자에게 제시하고, 수입업자는 이에 대해 수입대금을 지급한다. 만약 신용장 개설시 담보가 예치되어 있으면 그 차액만 지급한다.

(9) 계약물품의 입수

은행을 통해서 서류가 전달되어 오는 동안, 수출항을 출발한 선박은 수입항에 도착하게 된다. 수입업자는 개설은행에서 찾은 서류 중 선하증권을 선박회사에 제시하고 계약물품을 입수한다.

4. 신용장 거래의 당사자

신용장 거래에 관계되는 주요 당사자를 <그림 5-2>를 중심으로 살펴보면 다음과 같다.

(1) 수익자 : 수출업자

수익자(beneficiary)는 신용장이 발행되는 상대방 즉 수출업자를 말하는데 신용장 거래에서 혜택을 받는 당사자라고 하여 수익자로 표현한다. 수출업자는 매매계약에 약정된 물품을 수입업자에게 공급해야 할 의무가 있는 당사자이며 신용장조건에 의해서 환어음을 발행하거나 지급을 청구할 수 있는 자이다. 이 외에도 수익자는 수출대금을 찾기 위해 환어음을 발행한다고 하여 발행인, 신용장을 받아 보는 당사자(addressee), 신용장을 사용하는 자(user) 등으로 불린다. 신용장 거래에서는 통상 수익자로 통용되고 있다.

(2) 개설의뢰인 : 수입업자

개설의뢰인(applicant)은 자신의 거래은행에 신용장의 개설을 요청하고, 그 내용을 지시하는 수입업자를 말한다. 수입업자는 매매계약에 따라서 수출업자 앞으로 신용장을 개설하고 최종적으로 수입대금을 부담해야 할 의무가 있는 채무자(accountee)이며, 대부분의 경우 물품을 받아보는 수화인(consignee)이 된다.

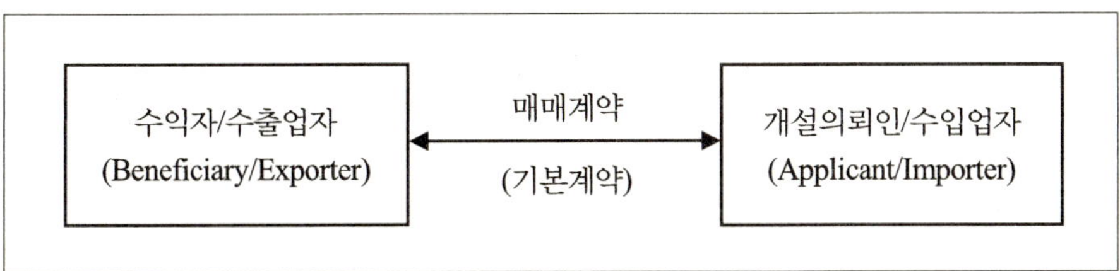

〈그림 4-3〉 수익자와 개설의뢰인

(3) 개설은행

자기 고객인 개설의뢰인의 요청과 지시에 따라 혹은 자신을 위해 수출업자 앞으로 신용장을 발행하는 은행을 개설은행(issuing bank)이라 한다. 개설은행은 신용장의 지시에 따라 발행된 환어음이나 운송서류에 대해서 지급, 연지급, 인수 또는 매입할 것을 수익자나 그 밖의 당사자에게 약정한다. 신용장거래는 개설은행의 신용을 토대로 모든 거래가 이루어지기 때문에 개설은행의 역할이 아주 중요하다.

개설은행을 나타내는 표현으로는“issuing bank”, “opening bank”, “credit writing bank”, “grantor”, “opener” 등이 있지만 신용장통일규칙에서는 “issuing bank”를 사용하고 있다.

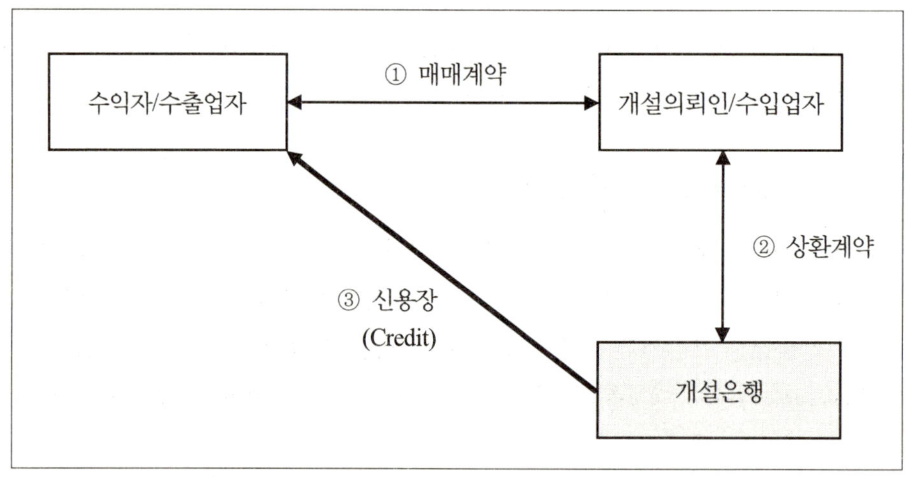

〈그림 4-4〉 수익자 · 개설의뢰인 · 개설은행의 관계

(4) 통지은행

통지은행(advising bank)은 <그림 5-5>에서 보듯이 개설은행이 발행한 신용장을 수출업자에게 전달해 주는 은행이다. 개설은행은 관례적으로 수출업자가 소재하는 곳에 있는 은행을 통지은행으로 선정하여 이를 통하여 수출업자에게 신용장을 전달해 준다. 통지은행의 지정에 대한 특별한 요청이나 지시가 없으면

개설은행은 본 · 지점이나 환거래 관계를 맺고 있는 은행을 선택한다.

통지은행은 "notifying bank", "transmitting bank"로도 불리며, 단순히 신용장을 수익자에게 전달해 주는 중간은행의 입장에 있어 신용장 거래 당사자 중 가장 가벼운 책임을 지고 있다. 그러나 통지은행은 통지하고자 하는 신용장이 외관상으로 진짜인지 가짜인지를 상당한 주의를 기울여 확인해야 한다. 만일 이러한 외관상의 진정성을 확인할 수 없으면 통지은행은 이 사실을 개설은행에게 알려야 한다.

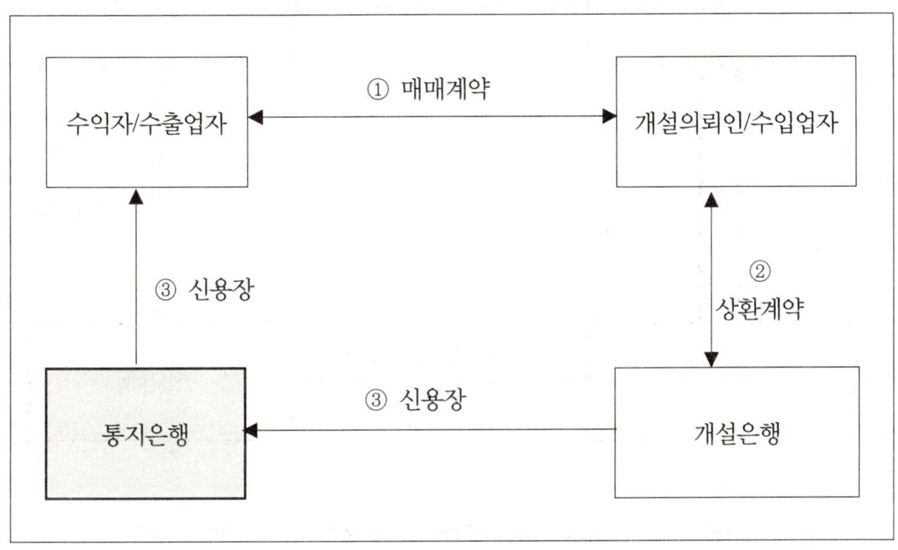

〈그림 4-5〉 수익자 · 개설의뢰인 · 개설은행 · 통지은행의 관계

(5) 확인은행

확인은행(confirming bank)은 신용장 거래에서 간혹 등장하는 당사자이다. 이 은행은 제2의 개설은행이라고 할 수 있는데, 그 의무는 개설은행이 하는 신용장상의 지급확약을 다시 한 번 확약하는 것이다. 즉, 확인은행은 개설은행의 확약과는 별도로 신용장에 의해 발행된 환어음이나 운송서류에 대해서 지급, 연지급, 인수 또는 매입할 것을 추가로 확약한다. 이와 같이 확인은행이 개입된 신용장을 확인신용장(confirmed credit)이라 한다.

신용장 거래에서는 개설은행의 지급확약을 토대로 모든 거래가 일어나고 있다. 그런데 개설은행의 지급확약능력이 미흡할 경우 공신력이 더 높은 은행을 확인은행으로 지정하여 개설은행의 지급확약을 이중으로 하게 된다. 만약 개설은행이 지급확약을 이행할 수 없게 되면, 확인은행이 개설은행을 대신하여 수출업자나 그 밖의 당사자에게 지급을 이행해야 한다.

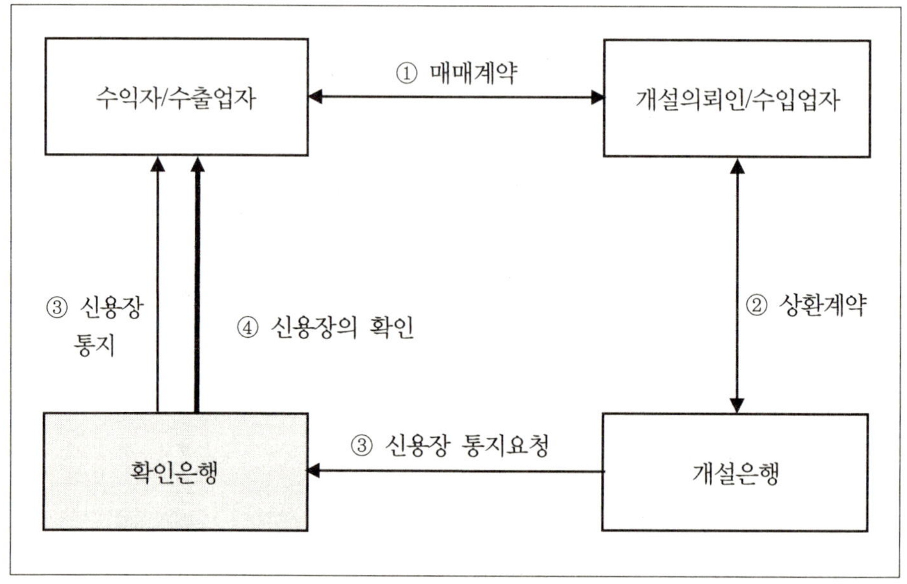

〈그림 4-6〉 수익자 · 개설의뢰인 · 개설은행 · 확인은행의 관계

신용장의 확인이 필요한 경우 개설은행은 공신력이 높은 일류은행(prime bank)이나 수출업자가 소재하는 지역의 은행에 확인을 요청하는데 보통 통지은행을 확인은행으로 한다. 따라서 신용장을 통지할 때 통지은행의 확인을 추가하여 수익자에게 통지해 주도록 요청한다. 이런 요청을 받은 확인은행은 일정한 확인수수료(confirming fee)를 받고 확인 · 통지해 주거나 또는 확인 요청을 거절한다. 만약 통지은행이 신용장을 확인해 줄 의사가 없을 때는 이러한 사실을 즉시 개설은행에게 통지해 주어야 한다.

(6) 지급은행

지급은행(paying bank)은 개설은행을 대신해서 수출업자에게 대금을 지급해 주는 은행을 말하는데 이런 경우 사용되는 신용장을 지급신용장(straight credit)이라 한다. 이 신용장을 이용할 경우에는 개설은행이 수출국의 특정 은행을 지급은행으로 지정해 준다.

지급은행과 개설은행은 예치환거래은행(depositary correspondent bank)인 경우가 많은데 이는 서로 상대방의 예금계정을 갖고 있어 신용장의 통지 등 기본적인 환거래 외에 서로 자금을 이체할 수 있는 은행을 말한다. 따라서 개설은행은 지급은행에 있는 자기의 예금계정에 신용장대금을 미리 예치해 둔다. 그러면 지급은행은 신용장 조건에 따라서 제시된 서류와 상환하여 대금을 지급해 주고 해당 금액을 개설은행의 예금계정에서 차감한다.

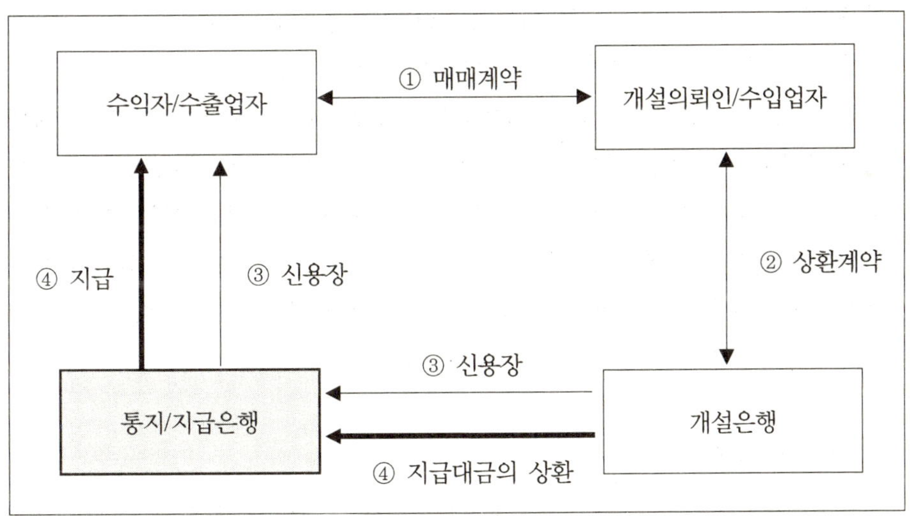

〈그림 4-7〉 수익자 · 개설의뢰인 · 개설은행 · 지급은행의 관계

(7) 연지급은행

기한부조건의 거래에서 수출업자가 어음을 발행하지 않는 연지급신용장(deferred payment credit)이 사용되는 경우가 있다. 이 신용장이 사용될 경우, 수출업자가 신용장조건에 일치하는 서류를 은행에 제시하면 은행은 서류 심사 후 수출업자에게 연지급 확약서(deferred payment undertaking)를 교부해 주고, 연지급 만료일에 수출대금을 수출업자에게 지급하는데 이런 역할을 하는 은행을 연지급은행(deferred paying bank)이라 한다. 연지급은행은 주로 개설은행의 본·지점 또는 예치환거래은행으로서 만기일에 개설은행의 구좌에서 직접 차기(借記)하여 신용장대금을 지급하도록 사전에 위임되어 있다.

(8) 인수은행

기한부조건으로 매매계약이 체결되면 기한부신용장(usance credit)이 개설되고 수익자는 일정 기간 후 수출대금을 찾을 수 있는 기한부환어음(usance draft)을 발행한다. 기한부환어음의 경우 지급에 앞서 지급인이 만기일에 결제할 것을 약속하는 서명행위 즉 인수(acceptance)가 필요한데, 이와 같이 신용장거래에서 기한부환어음을 인수하는 은행을 인수은행(accepting bank)이라 한다. 인수은행은 기한부환어음을 지급보증하고 만기일에 지급인이 된다.

인수은행은 개설은행 혹은 개설은행이 지정한 제3의 은행이 되는데 전자의 경우 수출업자는 개설은행을 지급인으로 하는 기한부환어음을 발행하여 이를 운송서류와 함께 개설은행에 제시하고 인수를 요청한다. 반면 개설은행이 인수은행을 지정한 경우에는 수출업자는 지정 인수은행을 지급인으로 하는 기한부환어음을 발행하여 이를 운송서류와 함께 제시하여 인수를 요청한다. 보통 통지은행이 인수은행으로 지정되는 경우가 많다.

(9) 매입은행

매입은행(negotiating bank)은 수출업자가 수출대금을 찾기 위해 발행한 환어음과 운송서류를 자기 자금으로 매입해 준 은행을 말하는데 보통 수출업자의 거래은행이다. 매입은행은 환어음과 관련 서류를 개설은행으로 송부하여 대금을 다시 돌려받는다.

신용장 거래에서 매입은행은 환어음을 표면상 완전하며 정상적인 것으로 간주하고 선의로 취득하여 소지하게 되는 선의의 소지자(bona-fide holder)로서 개설은행으로부터 수익자와 더불어 지급보증을 확약 받고 있다. 이러한 신용장을 매입신용장(negotiation credit)이라 하며 무역거래에서는 대부분 매입신용장이 사용되고 있다.

신용장 상에 매입은행이 지정되어 있으면 수익자는 반드시 지정은행에 가서 환어음의 매입을 의뢰해야 한다. 그런데 만약 이 지정은행이 수출업자와 전혀 거래관계가 없었던 은행이면 환어음의 매입에 상당한 어려움이 따른다. 왜냐하면 수출업자들은 거래은행과 환어음 거래약정을 체결하면서 환어음의 매입을 거래은행으로 한정하는 경우가 많기 때문이다. 따라서 매입은행이 제한된 신용장에서는 수출업자는 먼저 지정은행에 매입을 의뢰하고, 수출업자의 거래은행이 지정은행으로부터 재매입(renegotiation)을 한다. 이때의 매입은행을 재매입은행이라 한다.

만일 매입은행이 지정되어 있지 않으면 수익자는 통지은행에 가서 환어음의 매입을 의뢰하는 경우가 많다. 왜냐하면 통지은행은 자신이 신용장을 통지해 주었으므로 신용장 원본의 진위 여부를 쉽게 파악할 수 있기 때문이다. 만약 통지은행이 신용장을 확인하고, 그 후 환어음 매입까지 하게 되면 이 은행은 통지·확인·매입은행이 된다.

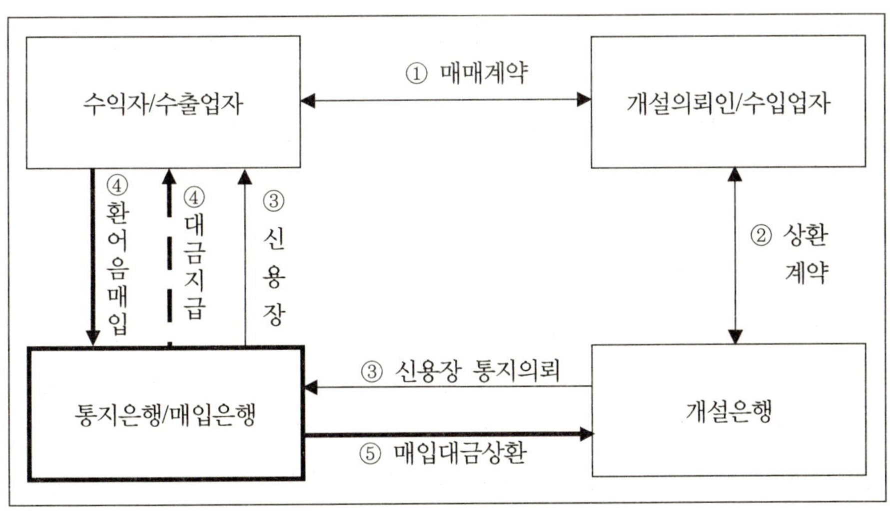

〈그림 4-8〉 수익자 · 개설의뢰인 · 개설은행 · 매입은행의 관계

(10) 상환은행

대부분의 신용장거래에서는 매입은행이 수익자로부터 환어음과 운송서류를 매입하면 이를 개설은행으로 송부하고 대금의 상환을 요청한다. 개설은행은 송부되어 온 서류가 신용장조건과 일치하면 결제자금을 매입은행 앞으로 상환해준다. 그러나 매입은행이 운송서류는 개설은행 앞으로 송부하지만 환어음은 제3의 은행으로 보내 상환 받는 경우가 있는데, 이와 같이 매입은행에게 자금을 상환해 주는 제3의 은행을 상환은행(reimbursing bank) 또는 결제은행이라 한다.

수출국의 매입은행과 수입국의 개설은행이 서로 예치환거래 관계가 없을 경우, 양국의 은행 모두와 예치환거래를 맺고 있는 제3의 은행을 상환은행으로 개입시켜 매입은행은 상환은행에 예치되어 있는 개설은행의 구좌로부터 대금을 상환 받을 수 있다. 상환은행은 단지 개설은행의 자금을 매입은행의 계정으로 이체시켜 주는 역할만 한다.

5. 신용장의 독립성과 추상성

신용장 거래는 매매 당사자들 간의 대금회수와 상품입수를 원활히 하기 위하여 은행이 개입된 거래이기 때문에, 신용장에는 독립성과 추상성이라는 고유한 특성이 있다. 신용장의 독립성과 추상성이 보장되지 않으면 신용장은 그 기능을 발휘할 수 없게 된다.

(1) 신용장의 독립성

신용장의 독립성이란 매매계약과 신용장거래와는 아무런 상관이 없다는 것이다. 신용장은 대금결제의 수단으로서 매도인과 매수인이 매매계약을 체결할 때 결제방법을 신용장으로 할 것을 약정함으로써 생성된다. 그러나 일단 신용장이 개설되면 이 신용장은 그 근거가 되는 매매계약과는 완전히 독립적이며, 매매계약의 내용이 신용장에 하등의 영향을 주지 못하고, 신용장은 어디까지나 독자적인 법률적 성질을 갖게 되는 것이 신용장의 독립성이다.

이러한 독립성이 신용장거래에서 보장되어야 하는 이유는 매매계약은 수출업자와 수입업자 사이에 체결되는 것이지만, 신용장은 매매계약의 당사자와 은행 간에 체결되는 계약이기 때문이다. 이에 따라 신용장통일규칙 제4조에서도 신용장이 매매계약이나 다른 계약에 근거를 두고 있다 하더라도 성질상 이러한 계약과는 별개의 거래이며, 비록 이러한 계약에 대한 참조사항이 신용장에 포함되어 있어도 그러한 계약과는 하등의 관계도 없으며 또한 구속당하지 않는다고 규정하여 신용장의 독립성을 명백히 인정하고 있다.

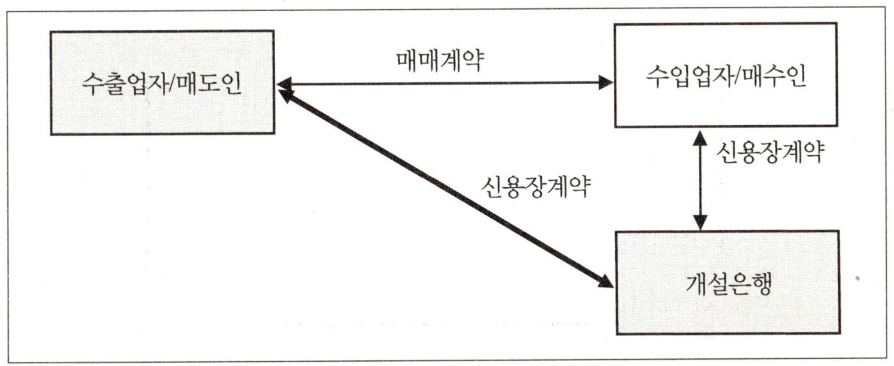

〈그림 4-9〉 신용장과 매매계약

신용장의 독립성으로 인하여 가장 혜택을 누리는 당사자는 수출업자인 수익자이다. 수출업자의 입장에서는 매매계약이 체결되었다고 해서 곧 수출이행까지 보장된 것이라고는 볼 수 없다. 수입업자가 일방적으로 계약을 파기하거나, 계약이행을 지연시킬 수 있기 때문이다. 그러나 신용장이 개설되면 독립성으로 인하여 매매계약이 설령 파기가 되더라도, 개설된 신용장은 유효하기 때문에 수출업자는 확실하게 수출을 이행할 수 있게 된다. 이런 이유로 수출업자가 가장 선호하는 대금결제방법이 선불방식조건 다음으로 신용장인 것이다.

(2) 신용장의 추상성

신용장의 추상성은 신용장의 당사자들이 서류로 거래를 한다는 것이다. <그림 4-10>에서처럼 수출업자와 수입업자는 구체적인 상품을 거래하는 것이지만 은행은 상품을 대표하는 서류만 가지고 모든 판단을 한다는 것이 신용장의 추상성이다. 은행은 상인들 간에 거래되는 상품에 대해서는 전문적인 지식이 없을 뿐만 아니라, 또한 은행이 직접 상품을 확인하고 계약의 이행 여부를 판단하려면 많은 시간과 비용이 들기 때문 신용장에는 추상성이라는 독특한 성질을 인정해주고 있다.

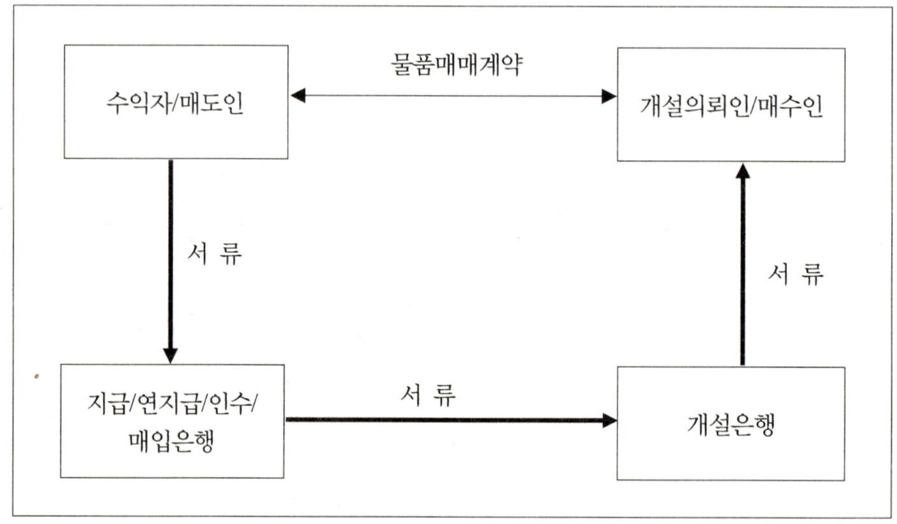

〈그림 4-10〉 신용장의 추상성

신용장통일규칙 제5조에서는 신용장의 추상성에 대하여 다음과 같이 규정하고 있다.

이에 따라 수출업자가 제시한 환어음이나 운송서류에 대해서 지급, 연지급, 인수 또는 매입하는 은행은 어디까지나 제시된 서류가 신용장의 요건을 충족시켰는가를 서류상으로만 확인하고 수출대금을 결제해야 한다. 마찬가지로 개설은행도 서류상 아무런 하자가 없으면 대금을 상환해야 할 의무가 있다.

수입업자도 신용장의 추상성에 따라 서류만 확인하고 수입대금을 개설은행에 지급해야 한다. 만약 거래물품을 직접 확인한 후 서류를 인수하겠다고 주장하게 되면, 이것은 명백히 신용장의 추상성에 위배된다. 또한 수출업자는 아무리 계약물품을 정확히 선적했다 하더라도 서류를 잘 못 갖추면 대금결제를 받을 수 없게 된다. 따라서 신용장 거래에서는 서류의 일치성(consistency)과 정확성(accuracy)은 아주 중요하다.3)

 신용장의 효용

신용장은 무역거래에서 많이 이용되고 있는 결제수단인데 수출입업자에게 유리한 점들을 각각 살펴보면 다음과 같다.

(1) 수출업자에게 유리한 점

가) 수출대금 회수불능 위험의 제거

신용장은 은행의 지급확약서이기 때문에 수출업자가 신용장을 받는다는 것은 곧 개설은행으로부터 수출대금의 지급을 보장 받는 것이나 마찬가지이다. 더구나 이런 은행의 지급확약은 수입업자의 재정능력에 상관없이 이행되는 것이므로 수출업자는 개설은행이 파산하거나, 불가항력의 경우를 제외하고는 반드시 수출대금을 회수할 수 있다. 나아가 이러한 위험까지도 확인신용장을 이용하여 제거할 수 있기 때문에 수출업자는 신용장만 받게 되면 수출대금을 확실하게 회수할 수 있는 것이다.

나) 매매계약 불이행 위험의 제거

신용장은 당사자 간의 매매계약에 의해서 생성되지만 일단 신용장이 개설되면 신용장은 매매계약하고는 전혀 상관없는 독립성을 갖게 된다. 매매계약이 체결된 후 경기변동이나 재정상태의 악화로 수입업자가 일방적으로 매매계약을 취소하더라도 신용장은 법적으로 아무런 변동이 없다. 매매계약이 체결되었다고 해서 반드시 계약이 이행되리라고는 장담 할 수 없지만 신용장이 개설되면 수입업자가 일방적으로 계약을 파기하지 못하고 매매계약은 반드시 이행될 수 있다.

---

3) Edward G. Hinkelman, International Payment(San Rafael, Cal. : World Trade Press, 1999), p.13.

다) 수출대금의 원활한 회수

수출업자는 신용장상의 요구사항만 갖추게 되면 선적이 끝나는 즉시 수출대금을 회수할 수 있으며, 또한 신용장상에 대금의 일부를 유보한다는 문언이 없는 한 100% 수출대금을 찾을 수 있어 선적시기를 예상한 자금의 유통계획을 세울 수 있다. 그리고 신용장하에서 발행되는 기한부 환어음은 국제금융시장에서 유리한 조건으로 할인될 수 있어, 설령 기한부 조건으로 수출하더라도 수출대금은 일람불 조건과 마찬가지로 즉시 회수될 수 있다.

라) 무역금융의 활용

신용장을 입수하면 신용장을 담보로 은행으로부터 무역금융을 수혜할 수 있다. 선적을 이행하기 위해선 상당한 자금이 소요되는데, 수출업자는 이 금융으로 수출물품을 제조 · 가공하는데 필요한 원자재를 조달할 수 있어 자기 자금이 없더라도 수출이 가능하게 된다.

(2) 수입업자에게 유리한 점

가) 상품입수불능 위험의 제거

무역거래에서 수입업자가 갖는 가장 큰 불안은 과연 물품을 제때에 입수할 수 있는가의 여부이다. 신용장을 이용하게 되면 물품의 선적을 증명하는 선하증권과 상환으로 수입대금을 지급하기 때문에 수출업자가 선하증권을 위조하는 사기(fraud)를 하지 않는 한 수입업자는 수입물품을 찾을 수 있어 상품입수불능의 위험이 제거된다.

나) 상품입수시기의 예측

신용장상에는 유효기일과 최종선적일이 명시되어 있어 수입업자는 물품을 찾을 수 있는 시기를 예측할 수 있고 이에 따른 판매계획을 세울 수 있다. 신용장의 유효기일과 최종선적일은 개설은행의 동의 없이는 연장될 수 없으며 또한 유효기일이나 최종선적일이 지나게 되면 은행에서 결제되지 않기 때문에 수출업자는 명시된 기일 내에 반드시 선적하게 된다.

다) 신용의 강화

수입업자는 신용장을 이용하여 자신의 신용을 강화할 수 있다. 신용장이 개설되면 수입업자의 신용은 곧 개설은행의 신용으로 승격되어 수입업자는 물품의 가격, 선적시기 등 매매계약상의 여러 조건들을 자기에게 유리하도록 체결할 수 있다.

라) 금융의 수혜

수입업자는 은행의 신용을 이용하여 자기 자금 없이도 수입이 가능하다. 기한부 조건으로 물품을 수입하면 환어음에 대한 인수와 함께 선적서류를 찾을 수 있어 해당 수입상품을 판매한 후 만기일에 수입대금을 갚는다. 이렇게 기한부 조건으로 수입하더라도 신용장이 따르게 되면 수출업자가 일방적으로 불리한 거래조건을 제시할 수 없다.

(3) 독립 · 추상성의 악 이용 사례

신용장은 서류거래이기 때문에 서류만 완벽하면 대금지급이 이루어진다. 바로 이런 특성을 악용한 사기가 종종 발생한다. 신용장 사기는 관련 당사자 중 누구라도 할 수 있지만 가장 일반적인 사기유형은 수출업자가 계약물품을 전혀 선적하지 않고 서류를 위조하여 은행에 제출하는 경우이다. 이 경우 매입은행이나 개설은행은 서류만 완전하면 지급이나 상환을 하기 때문에 최종 피해를 보는 당사자는 수입업자이다.

가) 사례 1

의류전문업체인 신한 서울 본사는 1991년 3월 자사의 홍콩 현지 법인인 뉴 루츠 사와 미리 공모하고 수차에 걸쳐 국내 한일은행 등 6개 시중은행을 통해 의류원자재수입 신용장을 신한의 홍콩지사 앞으로 개설하였다. 1992년 3월 동 지사는 가짜 선하증권 5장으로 홍콩 소재 거래은행인 프랑스계 소시에테 제너럴 등 3개 외국계 은행으로부터 27차례에 걸쳐 모두 미화 29,193,000달러에 달하는 금액을 신용장 매입을 통해 회수한 후 회사대표 등은 미국으로 도피하였다.

매입은행으로부터 대금지급청구를 받은 국내 6개의 개설은행은 개설의뢰인인 신한 측에 연락하였으나 중역진들은 이미 해외로 도피한 상태였고 선박회사에 선하증권의 진위여부를 알아보니 모두 위조임이 밝혀졌다. 상품이 선적되지 않아 선적물품에 대한 담보권도 행사할 수가 없어 큰 손해를 보게 된 신용장개설은행들은 선하증권의 서명인에 대한 진위를 확인하지 않고 수출대금을 지급한 것은 분명한 매입은행의 과실이라고 지적하고, 이러한 가짜 선적서류를 매입해 준 것은 홍콩 소재 신한의 현지법인과 매입은행의 실무자가 연계되어 만들어낸 사기일 가능성도 배제할 수 없다고 주장하며, 관계당국에 수사를 의뢰하였다.

그러자 매입은행들도 이에 맞서 개설은행이 발급한 신용장에 신용장과 선하증권의 내용이 같지 않아도 수리가능하다고 되어 있는 조항 등을 내세워 대금지급의 책임을 진 개설은행들을 상대로 법정 소송을 제기하였다. 소시에테 제너럴은행이 국내 은행들을 상대로 한 대부분의 소송에서 법원은 매입은행이 정당한 주의의무를 다하지 않은 점이 인정된다면서 패소 혹은 50대 50의 화해판결을 내렸다.

이 사건이 주는 교훈은 신용장의 독립 · 추상성을 매매당사자들이 악용하게 되면 신용장업무를 취급하는 외국환은행이 선의의 피해자가 될 수 있다는 점이다. 신용장업무를 취급하는 외국환은행들은 자신들이 부담하고 있는 이러한 위험성을 충분히 인식하고 있어야 한다(대법원 2002. 8.23 선고 2000다 66133 판결).

나) 사례 2

국방부는 프랑스의 에피코 사와 1990년 11월에 포탄 약 5백 2십만 달러, 에프이씨 사와 포탄 약 백 88만 달러의 구매계약을 체결하였다. 이 계약을 이행하기 위해 국방부는 외환은행본점을 통해 외환은행 파리지점에 신용장을 개설하였다. 그 후 두 회사는 1992년 11월에 선하증권을 위조하여 파리지점에 제시하였는데 동 은행은 한국의 본점(개설은행)지시에 따라 1992년 12월에 에피코 사와 에프이씨 사에 각각 39억 2천만 원과 13억 3천만 원을 지급했다.

그 후 1993년 6월에 화물이 선적되지 않았음이 발견되었다. 두 회사가 위조한 선하증권을 보면 에피코 사의 경우 “GUNNERS BURY”라는 선박회사를 운송대리인으로 내세웠으나 유령회사인 것으로 드러났으며 에프이씨 사의 경우도 마찬가지였다.

국방부 측이 선하증권이 허위라는 사실을 알게 된 것은 90년 1월 6일 선하증권을 외환은행을 통해 받은 지 거의 6개월이 경과한 시점이었던 것으로 밝혀졌다. 그러나 이미 무기대금은 지급된 뒤였고, 파리에 상주하고 있는 상무관을 통해 두 무기상의 소재를 확인했으나 이들은 물론 이들 프랑스 무기상의 국내 중개상 역할을 했던 국내 오퍼상인 광진교역도 자취를 감춘 뒤였다.

이에 대하여 국방부는 신용장 개설은행인 외환은행을 상대로 신용장대금 예금반환청구소송을 제기했고 소송에서 최종 승소했다. 대법원은 판결문에서 "신용장 개설은행은 선적서류가 문면 상 신용장 조건과 일치하는지 여부를 조사해 불일치하면 신용장대금을 지급하지 말아야 하는데도 대금이 지급되도록 해 계약을 위반한 점이 인정된다."면서 개설은행의 패소판결을 내렸다(대법원 전원합의체 2002.02.21 선고, 99다49750 판결).

7. 신용장의 종류

신용장은 신용장의 내용, 사용방법 등에 따라 한 개의 신용장이 여러 가지 명칭을 가질 수 있다. 따라서 다음에서 분류하는 신용장도 신용장 자체에 그러한 명칭이 표현되어 있기보다는 신용장의 성격에 따라 개념적으로 분류한 것으로 보통 하나의 신용장이 여러 개의 속성과 명칭을 갖는다.

1) 화환신용장과 무담보신용장

신용장은 운송서류의 첨부 여부에 따라 화환신용장과 무담보신용장으로 구분되는데 무역거래에서 시용되는 신용장은 대부분 화환신용장이다.

(1) 화환신용장(Documentary Credit)

화환신용장은 물품 대금을 지급하기 위해서 사용되는 신용장으로 무역거래에 사용되는 신용장이 여기에 해당된다. 이 신용장에는 수입업자가 물품을 정확하게 입수하기 위해 요구하는 선하증권 등의 운송서류가 구체적으로 명시되어 있다. 그리고 개설은행은 신용장에 명시된 운송서류가 첨부된 환어음을 지급, 연지급, 인수 또는 매입할 것을 약정한다.

(2) 무담보신용장(Clean Credit)

무담보신용장 또는 무화환신용장은 운송서류가 첨부될 필요 없이 수출업자가 발행한 환어음만으로 지급이 이루어지는 신용장을 말한다. 이 신용장은 그 성격상 운송서류가 전혀 필요 없는 운임, 보험료, 수수료 등의 용역에 대한 결제용으로 사용된다. 그리고 입찰보증(bid bond), 계약이행보증(performance bond), 보증신용장(standby credit)과 같이 은행이 단순히 지급만 보증하는 것도 무담보신용장에 속한다.

(3) Documentary Clean Credit

무담보신용장은 거래의 성질상 원래부터 운송서류가 필요 없는 신용장이지만, "documentary clean credit"는 운송서류가 필요한 거래이나, 수입업자가 운송서류의 제시를 면제해 준 신용장이다.[4] 해외 본 · 지점간이나 믿을 만한 거래선 간에는 수입업자가 화물을 빨리 찾을 수 있도록 하기 위해 선하증권이 발급되는 즉시 이를 수입업자에게 송부한다. 그 후 수출업자는 환어음만 발행하여 수출대금을 찾기 때문에 이 환어음은 운송서류가 첨부되지 않은 무담보어음이 된다.

2) 취소가능신용장과 취소불능신용장

모든 신용장은 개설은행이 언제든지 신용장 개설을 취소하거나 내용을 변경할 구 있는 취소가능신용장과 그렇지 못한 취소불능신용장으로 구분되며, 신용장상에는 취소가능 혹은 취소불능 여부가 명시되어야 하는데 만약 이에 대한 언급이 없으면 취소불능신용장으로 간주된다.

---

4) 박대위, 신용장(제3전정판)(법문사, 1997), p.105.

(1) 취소가능신용장(Revocable Credit)

취소가능신용장은 개설은행이 수익자에게 사전 통지 없이 신용장의 내용을 변경하거나 취소할 수 있는 신용장을 말한다. 그러나 취소가능신용장이라고 하더라도, 개설은행으로부터 내용변경이나 취소의 통지를 접하기 전에 신용장조건과 일치하게 지급, 연지급, 인수 혹은 매입을 한 은행에 대해서는 개설은행이 상환할 의무가 있다. 즉, 취소가능신용장도 취소되기 전에는 신용장상으로서의 모든 기능을 발휘하게 된다는 것이다.

취소가능신용장은 주로 취소불능신용장이 개설되기 전 수출업자가 준비해야 할 운송서류나 기타 사항을 사전에 알려주기 위한 지침서로 사용되어 왔는데 점차 그 사용빈도는 떨어지고 있다. 그리고 우리나라에서는 취소가능신용장은 신용장으로서 인정되지 않고 있다.

(2) 취소불능신용장(Irrevocable Credit)

신용장이 일단 개설되면 그 유효기간 내에는 수익자와 개설은행(만약 신용장이 확인은행에 의해 확인되었으면 확인은행 포함)의 합의가 없이는 내용변경이나 취소가 불가능한 신용장을 취소불능신용장이라 한다. 따라서 개설은행은 유효기간 내에 수익자가 신용장에서 요구하고 있는 운송서류를 갖추어 환어음을 발행하게 되면 이를 지급, 인수 또는 매입할 의무가 있다. 무역거래에서 이용되는 신용장은 대부분 취소불능신용장이다.

Article 3 Interpretation

A credit is irrevocable even if there is no indication to that effect.

제3조 해석

신용장은 취소불능이라는 표시가 없을 때에도 취소 불능한 신용장이다.

3) 상환청구가능신용장과 상환청구불능신용장

상환청구권 혹은 소구권(recourse)은 환어음이 지급인에 의해 지급거절 되는 경우 선의의 소지인이 발행인 또는 배서인(endorser)에게 대금을 반환받을 수 있는 권리를 말하는데 이런 권리의 행사 여부에 따라 신용장은 상환청구가능신용장과 상환청구불능신용장으로 구분된다.

(1) 상환청구가능 신용장(With Recourse Credit)

매입신용장을 사용할 경우 수출업자는 신용장의 요건에 따라 운송서류를 갖추고 환어음을 발행하여 이를 거래은행(매입은행)에 매입을 의뢰함으로써 수출대금을 찾아간다. 매입은행은 환어음과 운송서류를 개설은행에 송부하고 수출업자에게 미리 지불한 매입대금을 돌려받는다.

만약 개설은행이 서류상의 하자로 인하여 대금상환을 거절하게 되면 환어음과 운송서류를 다시 매입은행에게 반송하는데 이 때 매입은행이 수출업자에게 이미 지급한 수출대금을 되돌려 줄 것을 법적으로 요청할 수 있는 경우를 상환청구가능 신용장이라 한다. 신용장상에 “with recourse”의 표시가 있거나 또는 아무런 표시가 없을 경우에는 상환청구가능 신용장으로 간주된다.

(2) 상환청구불능신용장(Without Recourse Credit)

만약 신용장상에 “without recourse” 라는 표시가 있게 되면 상환청구불능 신용장이 되어, 매입은행과 같은 환어음의 선의의 소지인은 일단 매입한 환어음에 대해서는 상환청구를 할 수 없게 된다. 그러나 우리나라에서는 어음법상 모든 환어음에 대해서는 상환청구가 가능하기 때문에 상환청구불능 신용장은 그 효력을 발휘할 수 없게 된다.

4) 확인신용장(Confirmed Credit)

확인신용장은 개설은행 이외의 은행이 수출업자가 발행한 환어음의 지급, 연지급, 인수 또는 매입을 다시 한 번 확약하고 있는 신용장을 말한다. 신용장의 확인은 주로 개설은행의 신용도가 낮을 경우 수출업자가 요구하는데, 확인은행(confirming bank)은 주로 통지은행이 되는 경우가 많다. 개설은행이 신용장을 통지하면서 통지은행에게 확인할 것을 요구하는데, 이러한 요청을 받은 통지은행이 일단 확인하게 되면 이 은행은 개설은행과 똑같은 의무를 지면서 통지은행 겸 확인은행의 역할을 하게 된다.

신용장상의 확인문구는 다음과 같이 나타난다.

We confirm the credit and thereby undertake that all drafts drawn and presented as above specified will be duly honored by us.

(당 은행은 본 신용장을 확인하며, 상기에 명시된 대로 환어음이 발행・제시된다면 정히 지급할 것임을 약정함)

At the request of our correspondent, we confirm their credit and engage with the drawers, endorsers, and bona-fide holders of draft drawn in conformity with the conditions of this credit that these drafts will be duly honored.

(환거래은행의 요청에 따라 당 은행은 환거래은행이 발행한 신용장을 확인하며 본 신용장의 제 조건과 일치하게 발행된 환어음의 발행인, 배서인, 선의의 소지인에게 이들 환어음이 정히 지급될 것임을 약정함)

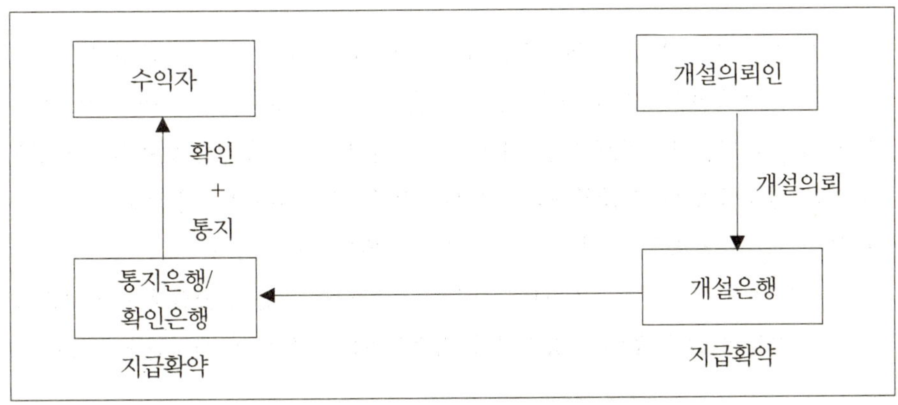

〈그림 4-11〉 신용장의 확인

5) 신용장 결제방식에 따른 종류

신용장은 앞서 살펴본 바와 같이 결제방식에 따라 지급, 연지급, 인수 및 매입 신용장으로 구분된다.

(1) 지급신용장(Straight Credit)

지급신용장은 개설은행이 수출업자에게 신용장에 명시된 운송서류를 개설은행 또는 동 은행이 지정하는 은행(지급은행) 앞으로 제시할 경우 지급할 것을 약속한 신용장을 말하는데, 수출업자가 개설은행에 직접 운송서류를 제출할 수 없기 때문에 대부분 수출국에 소재하는 지급은행에 제시하고 수출대금을 찾아간다. 지급은행은 개설은행을 대신하여 미리 송금되어 있거나 지급 후 즉시 상환될 개설은행의 자금으로 수출업자에게 지급하고 운송서류는 개설은행으로 송부한다.

이 신용장 거래에서는 개설은행 혹은 지급은행이 직접 수출업자에게 수출대금을 지급하기 때문에 환어음이 사용되지 않는다. 따라서 신용장 상에 환어음에 대한 언급 없이 신용장에서 요구하는 서류를 제시하면 지급하겠다는 확약만 있다. 개설은행의 지급확약은 수출업자 한 사람에게만 국한된다(<서식 6-1 취소불능화환 지급신용장> 참조).[5)]

(2) 연지급신용장(Deferred Payment Credit)

연지급신용장은 개설은행이 수출업자에게 개설은행 혹은 동 은행이 지정한 은행(연지급은행)에 신용장 상에 명시된 운송서류를 제시하면 일정 기간 후 수출대금을 지급할 것을 약속하는 신용장을 말한다. 이 신용장은 환어음이 사용되지 않는 점에서 앞의 지급신용장과 유사하지만, 운송서류와 상환으로 즉시 수출대금이 지급되자 않고 일정 기간 후 지급이 되는 점이 다르다.

이 신용장은 기한부조건의 외상 거래에서 사용되는데, 수출업자가 선적을 끝낸 후 환어음의 발행 없이 운송서류를 지정된 연지급은행에 제시하면 은행은 수

---

5) <서식 6-1>은 취소불능 화환 지급신용장인데 이런 표준 서식 형태의 신용장은 오늘날 잘 사용되지 않지만 신용장에 대한 이해를 돕기 위해 인용한 것이다.

출대금을 즉시 지급하는 것이 아니라 일정 기간 후 지급한다는 약정이 담긴 "연지급약정서"를 발행해 준다. 수출업자는 이 약정서를 가지고 있다가 만기일에 수출대금을 찾는다. 물론 수출업자는 만기일까지의 이자를 공제하고 즉시 수출대금을 찾을 수도 있다.

그 동안의 기한부거래에서는 통상 수출업자가 기한부환어음을 발행하고 이를 은행이 인수하는 형식을 취했는데, 환어음의 유통에 따른 규제가 많고 환어음에 붙는 인지세가 높아 기한부환어음 대신 연지급약정서를 사용하는 것이다. 이 신용장은 주로 유럽 등지에서 많이 사용되고 있다.

(3) 인수신용장(Acceptance Credit)

인수신용장은 수출업자가 개설은행 혹은 동 은행이 지정한 은행(인수은행) 앞으로 기한부환어음을 발행하면 이를 인수할 것을 약속한 신용장이다. 이 신용장은 앞의 연지급신용장과 마찬가지로 기한부조건의 거래에서 사용되는데 수출업자가 기한부환어음을 발행하는 점에서 차이가 난다.

수출업자는 선적 후 운송서류와 함께 기한부환어음을 발행하여 지정된 은행에 가서 인수를 요청한다. 인수은행은 신용장 상의 요건에 일치하면 기한부환어음에 대해 만기일에 지급할 것을 약속한다는 의미로 인수(accepted)라는 표시를 하고 서명을 한 후 이를 수출업자에게 되돌려준다. 수출업자는 인수 기한부환어음을 가지고 있다가 만기일에 수출대금을 찾든지 할인을 통해 수출대금을 미리 찾을 수도 있다. 특히 신용장 하에서 발행된 은행인수어음은 신용도가 높아 금융시장에서 할인율도 좋고 유통도 잘되는 편이다.

신용장 거래에서 인수는 두 가지 형태가 있는데, 하나는 환어음의 지급인이 개설은행으로 되어 있어 개설은행이 직접 인수하는 경우이고, 또 다른 경우는 환어음의 지급인을 개설은행이 아닌 다른 은행으로 하여 그 은행이 인수하는 경우이다. 인수은행은 만기일에 가서 환어음의 지급인이 되는데, 만일 인수를 거절하거나 인수 후 만기일에 지급을 거절하면 최종적인 지급 책임은 개설은행이 진다.

(4) 매입신용장(Negotiation Credit)

매입신용장은 신용장 하에서 발행되는 환어음이 매입될 것을 예상하고 개설은행이 환어음의 발행인(수출업자)을 비롯하여 배서인, 선의의 소지인에게 지급을 약속하는 신용장이다. 따라서 수출업자는 환어음과 운송서류를 제3자에게 매각할 수 있는데, 이 당사자는 환어음의 선의의 소지인으로서 매입은행이 된다. 매입은행은 수출업자가 발행한 환어음을 자기 자금으로 매입하고, 이를 지급인(통상적으로 개설은행)에게 제시하여 환어음의 지급을 받게 된다.

매입신용장에서 매입은행이 신용장상에 특정 은행으로 지정되어 있는 경우를 제한신용장(restricted credit)이라 하며, 그렇지 않고 어떠한 은행도 매입을 할 수 있는 신용장을 보통신용장(general/open credit) 또는 자유매입신용장(freely negotiable credit)이라 한다. 대부분의 신용장은 매입은행을 지정하지 않고 수익자로 하여금 선적 후 자신의 거래은행, 혹은 어느 은행에서든 자유롭게 매입할 수 있도록 허용하고 있는 자유매입신용장이다.

제한신용장의 경우 매입허용문구는 다음과 같이 나타난다.

Negotiations under this credit is restricted to ××× Bank, Seoul.

〈서식 4-1〉 표준 서식의 취소불능화환 지급신용장

Korea Exchange Bank

Seoul

<table>
<tr><td>Irrevocable Documentary Credit</td><td colspan="2">Credit Number
of Issuing Bank/of Advising Bank
M0604-005ES-15312</td></tr>
<tr><td>Advising Bank
Bank of American New York, U.S.A</td><td colspan="2">Applicant
JSK Co., Ltd.
C.P.O Box 789 Seoul, Korea</td></tr>
<tr><td rowspan="2">Beneficiary
Base Line Inc.
310, Fifth Ave. New York
N.Y.10001, U.S.A.</td><td colspan="2">Amount
U.S. Dollars One Hundred Thousand
Only(US$100,000)</td></tr>
<tr><td colspan="2">Expiry date
July 31, 2007 at the counters of the Advising Bank</td></tr>
<tr><td colspan="3">Dear Sir(s),
We hereby issue in your favor this documentary credit which is available by payment against presentation of the following documents.
☒ Full set of clean on board ocean bills of lading issued to the order of Korea Exchange Bank marked "Freight Collect" and "Notify Accountee."
☒ Commercial invoices in triplicate
☒ Packing lists in duplicate
☐ Other documents required:
covering 5,000 pcs. of Electronic Zipper U.S.A Origin @US$20 FOB New York.
Each presentation of documents must indicate the credit number of the issuing bank and the advice number of the advising bank.</td></tr>
<tr><td colspan="3">Documents must be presented within 3 days after the date of issuance of the bill of lading or other documents.</td></tr>
<tr><td>Shipment from New York, U.S.A. to Busan, Korea latest July 20, 2007</td><td>Partial shipments
allowed</td><td>Transhipments
prohibited</td></tr>
<tr><td colspan="3">Special Conditions : All banking charges including postage outside Korea are for account of beneficiary.</td></tr>
<tr><td>We hereby engage that payment will be duly made against documents presented in conformity with the terms of this credit.
Except so far as otherwise expressly stated, this documentary credit is subject to the "Uniform Customs and Practice for Documentary Credit"(2007 Revision) International Chamber of Commerce, Publication No. 600.
Your faithfully,
Korea Exchange Bank
Authorized Signature</td><td colspan="2">Advising Bank's Notification

Place, Date, Name and Signature of the Advising Bank</td></tr>
</table>

〈서식 4-2〉 표준 서식의 취소불능화환 기한부 인수신용장

Place and date of issue. Amsterdam

Irrevocable Documentary Letter of Credit No. 51700 Sent (and preadvised by short cable) through	2nd May, 2007 Applicant
Korea Exchange Bank, SEOUL/Korea.	Handelmaatschappij Mac Ternbach B. V THE HAGUE.
Beneficiary	Amount
Pan Korea Products CO., LTD., I.P.O. Box 2237, SEOUL/Korea.	US $ 250,000–C. & F. –value Expiry Valid for negotiation not later than: 15 days after B/L date

Dear Sirs,

We hereby establish this irrevocable Letter of Credit in your favour authorizing you to draw on our Amsterdam Office for a sum or sums not exceeding the aforesaid amount by draft(s) at 90 days sight for 100% of invoice value which draft(s) must by accompanied by:

Signed invoice in 6 fold in the name of the applicant

Packing list in 5-fold

Full set of clean on board ocean bills of lading made out to order and blank endorsed, marked; "freight prepaid" and "notify: Handelmaatschappij Max Ternbach B. V., The Hague"

Certificate of Origin, Form A.

COVERING : shipment per steamer from South Korea to Amsterdam of:

4900 dozen sets of training suits, Art. no. PKE 9303; as per our principal's order-specifications MT 20785 and MT 20723

Terms of delivery: C. & F. AMSTERDAM. Insurance will be covered here.

Partial shipments are permitted/Shipment(s) to be effected not later than 31st July 1994.

Each draft drawn under this Credit must be marked "Drawn under Letter of Credit No.51700"

Unless otherwise stated draft(s) and documents as specified in this Letter of Credit must be forwarded to our issuing office direct by the negotiating bank by two successive registered airmails.

We hereby engage with drawers and/or bona fide holders that draft(s) drawn and negotiated in conformity with the terms of this credit will be duly honoured on presentation and surrender of the relative documents and that draft(s) accepted within the terms of this credit will be honoured at maturity.

This credit is governed by the Uniform Customs and Practice for Documentary Credits (2007 revision), adopted by the Council of the International Chamber of Commerce.

Yours truly,

H. ALBERT DE BARY & CO. N. V.

Amsterdam-Office

〈서식 4-3〉 표준 서식의 취소불능 매입 신용장

<table>
<tr><td colspan="3">THE KYOWA BANK, LIMITED
Higashi-ku, Osaka, Japan 06-08-07
PLACE AND DATE OF ISSUE(MONTH · DAY · YEAR</td></tr>
<tr><td>IRREVOCABLE DOCUMENTARY CREDIT</td><td>ISSUING BANK'S NO.
460018</td><td>ADVISING BANK'S
NO.</td></tr>
<tr><td>ADVISING BANK Bank of Seoul LTD., SEOUL</td><td colspan="2">APPLICANT Japan Steel Co., Ltd.
Osaka,</td></tr>
<tr><td>BENEFICIARY
ABC Co.</td><td colspan="2">EXPIRY DATE(MONTH · DAY · YEAR)
FOR NEGOTIATION 07-31-07</td></tr>
<tr><td colspan="3">AMOUNT US$108,749.00(SAY U.S. Dollars One Hundred Eight Thousand Seven Hundred and Forty Nine Only.)</td></tr>
<tr><td colspan="3">We hereby issue this irrevocable documentary credit which is available against beneficiary's draft(s) drawn on The Detroit Bank and Trust Co., Head Office, Detroit at......sight for full invoice cost accompanied by
Signed Commercial invoice in 8 copies, indicating License No. ID(3) AF(46)-00036.
Full set of clean on board ocean bill of lading made out to order and blank endorsed and marked "Freight Prepaid" and "Notify the above mentioned applicant."
Other documents:-Packing list in 3 copies
-Certificate of origin in 2 copies indicating HS No. 7321.
evidencing shipment of 113, 630 meters of Oiled Bleach Steel, Pipe, plain end, square cut, for structural purpose, no painting, no stencil
21.7mmx1.8mmx4,500mm@US$ 160.50 per 100 meters C&F.
Insurance to be effected by buyer.</td></tr>
<tr><td>SHIPMENT LATEST DATE(MONTH · DAY · YEAR)
FROM Inchon. 07-20-07
TO Osaka.</td><td>PARTIAL SHIPMENT
prohibited.</td><td>TRANSSHIPMENT
prohibited.</td></tr>
<tr><td colspan="3">All drafts drawn hereunder must indicate the number, date of issue and name of issuing bank of this credit.
We hereby engage with the drawers, endorsers and bona-fide holders of drafts drawn under and in compliance with the terms of this credit that such drafts will be duly honored upon presentation to the drawee bank.
Except so far as otherwise expressly stated, this documentary credit is subject to the "Uniform Customs and Practice for Documentary Credit"(2007 Revision) International Chamber of Commerce, Publication No. 600.
Yours faithfully,
THE KYOWA BANK, LIMITED
Osaka Branch.
AUTHORIZED SIGNATURE</td></tr>
</table>

6) 일람불신용장과 기한부신용장

신용장 하에서 수출업자가 환어음을 발행할 경우 이 환어음이 지급인에게 제시되었을 때 대금을 즉시 지급하느냐 그렇지 않으면 일정 기간 후에 지급하는가에 따라 일람불신용장과 기한부신용장으로 나누어진다.

(1) 일람불신용장(Sight Credit)

보통의 무역거래에서는 일람불신용장이 사용되는데 이 경우 수출업자는 선적 후 개설은행을 지급인으로 하는 일람(at sight)조건의 환어음을 발행하고 지급인은 이 환어음을 일람하는 즉시 대금을 지급한다. 매입신용장 하에서 발행되는 환어음은 대부분 일람불환어음이다.

신용장에서 환어음이 일람불로 지급되도록 된 경우의 문구는 다음과 같이 나타난다.

Available by your drafts at sight on us (당행 앞으로 발행된 귀사의 일람불환어음에 의해 이용할 수 있음)

(2) 기한부신용장(Usance Credit)

기한부신용장은 수출업자가 매매계약에서 약정된 기간 후에 지급을 받을 수 있는 기한부환어음을 발행하는 신용장이다. 기한부환어음에서는 약정된 만기일 후에 지급할 것을 약속하는 지급인의 서명 행위 즉 인수가 따른다. 이 신용장은 수입업자가 기한부조건으로 수입할 경우 이용된다.

신용장에서 환어음이 기한부로 지급되도록 지시하는 문구는 다음과 같다.

Available by your drafts <u>At 60 days after</u> sight on ABC Bank (ABC 은행 앞으로 발행되는 일람 후 60일의 기한부환어음에 의해 이용할 수 있음)

7) 양도가능신용장(Transferable Credit)

양도가능신용장은 수익자가 신용장 금액의 전부 또는 일부를 제2수익자에게 양도할 수 있는 신용장을 의미하는데 반드시 신용장 상에 "transferable"이라는 문구가 기재되어야 한다. 이런 표시가 없는 신용장은 양도불능신용장(non-transferable credit)이다. 신용장을 양도할 경우에는 원 신용장 그 자체를 양도하는 것이 아니라, 원신용장을 근거로 새로운 양도신용장을 제2수익자에게 개설한다. 보통 통지은행이 새로운 양도신용장을 개설하는 양도은행 역할을 하고 양도에 따른 수수료는 제1수익자가 부담한다.

신용장의 양도는 제1수익자가 생산시설을 갖추지 않은 중개업자일 경우 많이 이용되는데 수출업자(중개업자)가 외국으로부터 양도가능신용장을 받아 이를 완제품 공급업자에게 양도할 경우의 대금결제과정을 살펴보면 <그림 6-6>과 같다.

① 수입업자는 거래은행에 양도가능신용장의 개설을 의뢰한다.

② 개설은행은 수출지의 은행에 양도가능신용장의 통지를 의뢰한다.

③ 수출지의 은행은 수출업자에게 양도가능신용장을 통지한다.

④ 수출업자는 제1수익자로서 완제품 공급업자 앞으로 신용장을 양도하기 위해 통지은행에 신용장의 양도를 요청한다.

⑤ 통지은행은 신용장양도은행으로서 공급업자에게 신용장의 양도통지를 한다.

⑥ 제2수익자인 완제품 공급업자는 수출업자와의 공급계약내용에 따라 수입업자 앞으로 선적을 하고 선하증권 등 운송서류를 입수한다.

⑦ 완제품 공급업자는 환어음을 발행하여 운송서류와 함께 양도은행에 제출한다.

⑧ 양도은행은 서류가 신용장조건과 일치하면 서류를 인수하고 대금을 완제품 공급업자에게 지급한다.

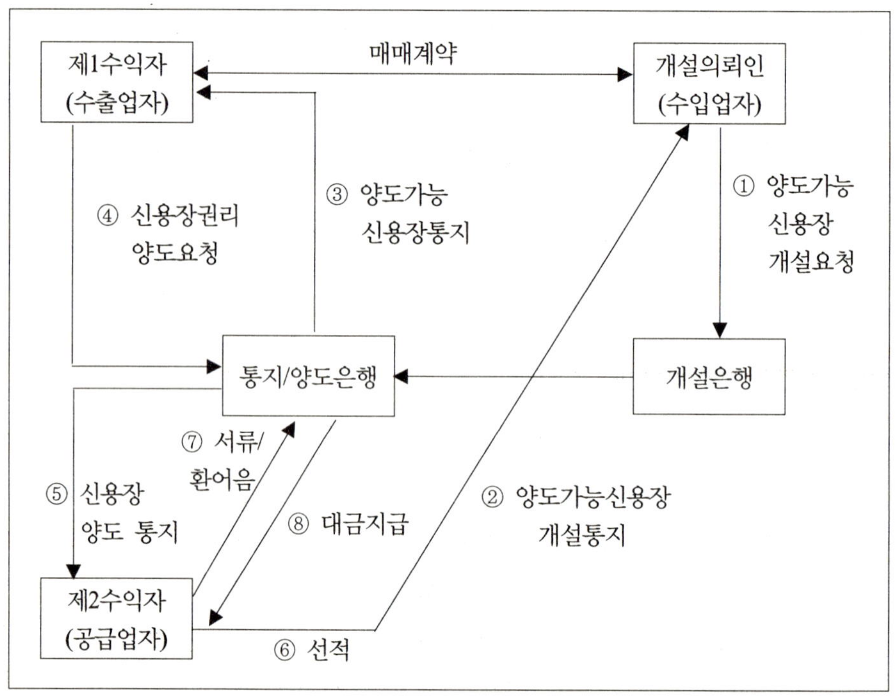

〈그림 4-12〉 양도가능신용장에 의한 결제

8) 내국신용장(Local Credit)

(1) 내국신용장의 의의

내국신용장은 수출신용장을 가진 수출업자가 국내에서 수출용원자재나 완제품을 조달하고자 할 때 사용되는 신용장으로 이미 도착한 수출신용장을 근거로 하여 국내에서 개설된다고 하여 내국신용장이라 한다. 그리고 내국신용장의 발급근거가 되는 일반 신용장을 원신용장(master credit)이라 한다.

내국신용장의 개설의뢰인은 수출신용장을 국내에서 수출용원자재 또는 완제품을 구매하는 수출업자이다. 내국신용장의 개설은행은 통상 수출업자의 거래은행으로서 원수출업자의 요청과 지시에 따라 해외로부터 온 원 신용장을 담보로 내국신용장을 개설하고 내국신용장의 수익자에 대해서 지급을 확약한다.

수익자는 신용장에 명시된 기일내 원 수출업자에게 계약된 원자재나 완제품을 공급하고 영수증을 교부받아 이를 내국신용장의 개설은행에 가서 매입을 의뢰하면 대금지급이 이루어진다. 만일 수익자가 내국신용장의 개설은행이 아닌 은행에 가서 서류의 매입을 의뢰하면 그 서류는 개설은행으로 추심되어 재매입(renegotiation) 된 후 대금지급이 이루어진다. 신용장의 독립·추상성에 따라서 수익자는 원수출업자의 수출이행여부나 원신용장에 의한 매입여부에 상관없이 대금결제를 받을 수 있다.

(2) 내국신용장의 결제과정

우리나라에서는 수출물품을 가능한 한 국내에서 구매하도록 유도하기 위해서 내국신용장을 이용한 거래가 국내거래임에도 불구하고 이를 수출로 인정하여 외화표시로 거래할 수 있도록 하며 무역금융도 제공하는 등 여러 가지 혜택을 부여하고 있다.[6] 내국신용장을 이용한 결제과정을 살펴보면 <그림 4-13>과 같다.

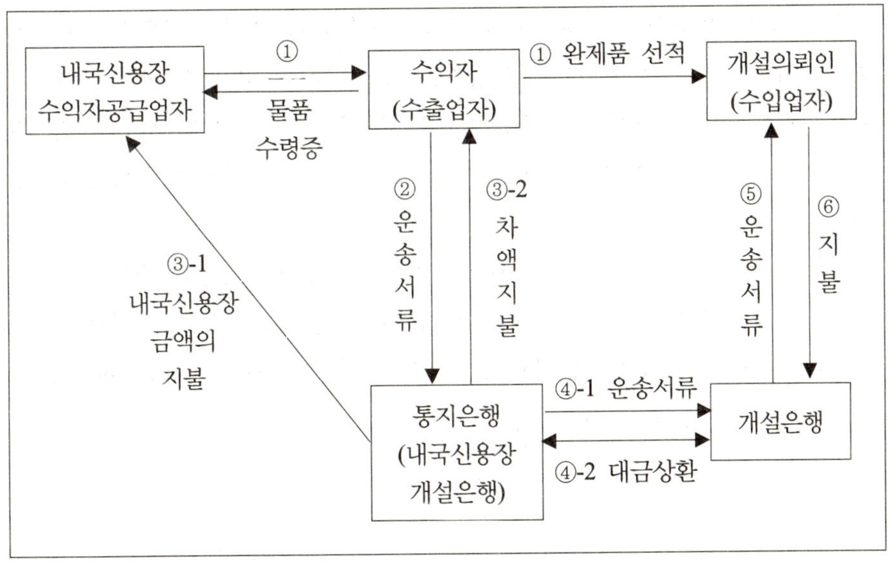

〈그림 4-13〉 내국신용장의 결제과정

6) 구종순, 전게서, p.333.

① 물품공급자는 물품을 공급하고 수출업자에게 송장을 보낸다. 수출업자도 수입업자에게 물품을 선적한다.

② 수출업자는 통지은행에 서류를 송부한다.

③-1 통지은행은 공급업자에게 수출업자가 지시한 금액을 지불한다.

③-2 통지은행은 수출업자에게 원 신용장금액과 공급업자에게 지급한 금액간의 차액을 지불한다.

④-1 통지은행은 개설은행에게 서류를 송부한다.

④-2 개설은행은 통지은행에게 대금을 상환한다.

⑤ 개설은행은 수입업자(원신용장 개설의뢰인)에게 서류를 송부한다.

⑥ 수입업자는 개설은행에게 대금을 상환한다.

(3) 내국신용장과 양도가능신용장의 차이점

두 신용장은 수출업자가 물품을 조달하기 위해 이용한다는 점에서는 유사하지만 근본적으로 지급확약의 주체와 신용장의 발행근거에 있어 다음과 같은 차이가 있다.

우선 내국신용장에서는 수출국의 내국신용장개설은행이 지급확약을 하는데 이러한 확약은 원 신용장의 개설은행과는 아무 상관이 없다. 또한 원 신용장의 개설은행은 자신이 개설한 신용장이 내국신용장의 담보가 된 사실을 알지도 못할 뿐더러 안다고 하더라도 내국신용장과는 아무런 의무관계가 성립되지 않는다.

신용장의 발행근거에 있어서도 내국신용장은 원래의 신용장과 별도로 수출국의 무역금융규정에 따라 개설된다. 반면에 양도가능신용장은 해외로부터 온 원 신용장자체가 제2수익자에게 양도되는 것으로 원 신용장에 "transferable"이라는 양도허용문구가 있어야 한다.

〈서식 4-5〉 내국신용장

한국외환은행

<table>
<tr><td colspan="2">취소불능내국신용장</td><td colspan="3">신용장번호</td></tr>
<tr><td colspan="2">발행신청인(상호 • 주소 • 대표자 • 전화)</td><td colspan="3" rowspan="2">결제통화 및 금액
□ 원 화 ₩
(외화금액 US$ @US$)
다만, 환어음 매입 시 대고객 전신환매입률이 발행 시와 다를 경우 원화금액을 동 매입률로 환산한 금액으로 함.
□ 외 화
다만, 발행신청인명의 거주자계정으로부터 수익자명의 거주자계정에 이체 지급할 것을 조건으로 함.</td></tr>
<tr><td colspan="2" rowspan="2">수익자(상호 • 주소 • 대표자 • 전화)</td></tr>
<tr><td colspan="2">물품인도기일
Oct. 20, 20××</td><td>유효기일
Oct. 25, 20××</td></tr>
<tr><td colspan="5">당행은 귀하(사)가 금액의 범위 내에서 다음의 서류를 첨부하여 당행을 지급장소로 하고 신청인을 지급인으로 한 송장금액 100% 해당액의 일람출급환어음을 발행할 수 있는 취소불능내국신용장을 발행합니다. 이 신용장에 의하여 발행된 환어음 “20××년 8월 20일 한국외환은행 내국신용장번호에 의함”이라고 표시하여야 합니다.
제출서류 :
□ 물품수령증명서 1통
□ 공급자발행 세금계산서 사본 1통
□ 기 타</td></tr>
<tr><td colspan="5">공급물품명세</td></tr>
<tr><td>HS 부호</td><td>품명 및 규격</td><td>단위 및 수량</td><td>단가</td><td>금액</td></tr>
<tr><td></td><td></td><td></td><td></td><td></td></tr>
<tr><td colspan="2">분할인도
□ 허용함 □ 불허함</td><td colspan="3">서류제시기간
물품수령증명서 발급일로부터 3영업일 이내</td></tr>
<tr><td colspan="2">기타</td><td colspan="3">용도</td></tr>
<tr><td colspan="5">원수출신용장 등의 내용</td></tr>
<tr><td colspan="5">종류 □ 수출L/C □ D/A, □ D/P, □ 외화표시 물품공급계약서,
□ 내국신용장, □ 외화표시 건설 • 용역공급계약서</td></tr>
<tr><td colspan="5">신용장(계약서)번호</td></tr>
<tr><td colspan="2">1. 이 신용장에 의하여 발행된 환어음을 매입한 은행은 반드시 매입일자와 동 금액을 이 신용장 뒷면에 기재하여야 합니다.
2. 물품수령증명서상의 수령인의 서명 또는 인감은 이 신용장 뒷면에 표시(첨부)된 물품매도확약서상의 것과 일치하여야 합니다.
3. 이 신용장에 관한 사항은 다른 특별한 규정이 없는 한 국제상업회의소 제정 화환신용장통일 규칙 및 관례에 따릅니다.</td><td colspan="3">당행은 이 신용장에 의하여 발행되고 또한 이 신용장조건에 일치하는 환어음이 당행에 제시된 때에는 이를 이의 없이 지급할 것을 환어음의 발행인·배서인 기타 정당한 소지인에 확약합니다.

책임자 서명날인

한국외환은행 ××지점</td></tr>
</table>

9) 전대신용장(Red Clause Credit)

일반 신용장의 경우 대개 수출업자는 계약물품을 선적하여 선하증권이 발급된 후 이를 매입은행에 매입을 의뢰함으로써 수출대금을 찾을 수 있게 된다. 그러나 수출업자가 수출을 이행하기까지에는 해당 상품의 생산 · 가공 · 집하 · 선적 등에 많은 자금이 필요하다. 이런 사정을 감안하여 수입업자가 개설은행을 통하여 수출대전의 선불을 허용하는데 이런 신용장을 전대신용장 또는 "수출선수금" 신용장이라 한다. 그리고 역사적으로 수출업자가 수입업자의 자금으로 계약물품을 한 곳으로 모아 선적한다는 의미에서 "Packing L/C", 수출대금을 선적전에 찾을 수 있다는 신용장상의 문구가 전통적으로 붉은 색으로 인쇄한다고 하여 ""Red Clause L/C" 라고도 한다.[7]

전대신용장의 유래

전대신용장은 미국 상인들이 중국으로부터 모피를 구입하는데 필요한 매집자금을 조달하기 위해 고안된 금융수단이다. 즉 미국구매인의 중국 내 대리인인 현지 중국인들이 산간벽지에 다니며 모피를 수집하여 일정물량이 되면 선적하였는데 이처럼 모피 수집을 하러 다니려면 현금이 필요했다. 이에 수집자가 물품수집자금을 조달할 수 있도록 선적이 끝나면 모든 선적서류를 전대은행에 제시하겠다는 단순한 각서(statement)나 영수증(receipt)을 받고 사전에 자금을 융통해 주도록 허용했다. 이러한 전대 지시 문구가 빨간색으로 되어 있어 "Red Clause" 신용장이란 명칭이 된 것이다.

전대신용장을 취급하는 은행으로서는 수익자에게 미리 자금을 전대 해주어도 신용장 개설은행이 지급을 보장하고 있을 뿐 아니라 전대금융에 따르는 이자수입도 있게 되므로 누이 좋고 매부 좋은 격이라 할 수 있다. 그러나 이것은 자칫 신용장을 개설하는 수입국과 수출국간의 금리차이를 노리고 악 이용될 수도 있기 때문에 필요에 따라서는 제도적으로 선수금 비율을 일정 한도 이내로 제한하기도 한다.

---

7) Edward G. Hinkelman, *op.cit.*, p. 89.

전대신용장은 수입업자가 수출업자에게 미리 대금을 주는 것이기 때문에 전적으로 믿을 수 있는 수출업자에게만 개설된다. 혹은 수입업자의 구매대리인이 수출지역에 파견되어 있을 경우 전대신용장을 이용해서 구매자금으로 활용하기도 한다. 전대신용장을 받은 수출업자는 선적이 끝나고 매입할 때에 선불금과 이자를 공제한 잔액에 대해서만 어음을 발행하여 매입은행에 제시하게 된다.

전대신용장에 나타나는 전대허용문구는 다음과 같다.

> Red clause : Bank of ABC, Seoul, Korea is hereby authorized to make advances to the beneficiary up to the aggregate amount of 100% of this letter of credit at the request of and against the beneficiary's receipt stating that the advances are to be used to pay for the purchase and shipment of the merchandise covered by this credit and beneficiary's undertaking to deliver to Bank of America ABC, Seoul, Korea, the documents as outlined in this credit.
>
> (전대허용조항 : ABC은행은 본 신용장의 100%금액까지 수익자에 대한 전불을 허용함, 이 전불은 수익자의 요청에 따라 이루어지며 전불금이 본 신용장이 담보하는 상품의 구입 및 선적을 위한 자금으로 사용될 것임을 나타내는 수익자의 영수증 및 본 신용장에 명시된 서류들을 ABC은행에 제출하겠다는 수익자의 약정서와 상환으로 이루어짐.)

10) 회전신용장(Revolving Credit)

회전신용장은 일정 기간 동안, 일정한 금액의 범위 내에서 신용장이 자동적으로 갱신되는 신용장을 말한다. 보통의 신용장에서는 수출업자가 환어음을 발행하여 수출대금을 회수하게 되면 신용장은 그 효력을 상실하게 되는데, 회전신용장은 이 순간부터 다시 새로운 신용장으로 효력을 나타낸다.

동일 거래선 간에 동일 물품을 계속적으로 거래하는 단골이나 독점판매계약을 맺은 거래처간에, 매 거래 시마다 비슷한 내용의 신용장을 개설하려면 많은 시간과 비용이 필요하게 되고, 또 일정기간 예상되는 물품의 금액을 일시에 개설하게 되면 자금부담도 따르게 된다. 이런 경우 예상되는 기간 동안 하나의 신용장을 개설하고, 수입대금을 분할하여 지급할 수 있는 회전신용장이 이용된다.

신용장이 회전되는 방법으로는 ① 환어음에 대한 지급통지가 있으면 회전되는 방법, ② 환어음이 결제되는 일정 일수를 정하여 그 기간 내 지급거절 통지가 없으면 회전되는 방법, ③ 일정 기간 후에 동일한 금액으로 회전되는 방법이 있다.

그리고 신용장금액은 누적식 방법(cumulative method)과 비누적식 방법(non-cumulative method)으로 갱신되는데 전자는 갱신될 때 미사용 잔액이 있으면 그 잔액이 그대로 누적되는 방식이고 후자는 그 잔액이 누적되지 않는 방식이다.

회전신용장을 개설하는 경우 개설은행은 일정 기간(대개 6~12개월) 대금을 지급하기로 약정한 것이므로 어떤 경우에는 이미 매수인이 파산한 상태에서도 그 신용장하에서 대금을 결제할 의무를 부담할 수 있다. 따라서 회전신용장은 신용이나 재정상태가 매우 확실한 매수인에 대해서만 개설한다.

일반적으로 회전신용장에 사용되는 문언은 다음과 같다.

> This amount of drawing made under this credit becomes automatically reinstated on payment by us. Drafts drawn under this credit must not exceed xxx in any calendar month. (본 신용장 하에서의 환어음발행금액은 당행에 의해 지급될 때 자동적으로 갱신됨. 본 신용장하에서 발행된 환어음금액은 매월 xxx(금액)을 초과해서는 안됨.)

11) 구상무역 신용장

구상무역(compensation trade)은 연계무역의 일종으로서, 양국 간 수출입의 균형을 맞추기 위하여 수출입물품의 대금을 그에 상응하는 수입 또는 수출로 상계

하는 무역을 말한다. 이와 같은 특수한 무역거래에서는 다음과 같은 신용장이 이용된다.

(1) 동시개설 신용장(Back to Back Credit)

동시개설신용장은 수출업자와 수입업자가 동시에 신용장을 개설함으로써 양국간 수출입의 균형을 이루게 하는 신용장인데, 이런 성격으로 인해 "countervailing credit"라고도 한다.[8] 동시개설신용장에는 한 나라에서 일정액의 수입신용장을 발행할 경우 그 신용장은 수출국에서도 같은 금액의 수입신용장을 개설해 줄 경우에만 유효하다는 조건이 따른다.

(2) 기탁 신용장(Escrow Credit)

기탁신용장은 수출업자가 수출대금을 반드시 새로운 수익자 명의의 기탁계정(escrow account)에 입금해 두었다가, 수출한 지역으로부터 수입할 경우 이 입금액으로 지급할 것을 조건으로 하는 신용장이다. 수익자명의의 기탁계정은 개설은행, 매입은행 또는 제3국의 환거래은행에 개설된다. 이 기탁신용장은 동시개설신용장처럼 동일한 금액으로 동시에 개설되는 조건이 아니기 때문에 물품의 선택과 기일 등에서 자유롭다.

(3) 토마스 신용장(TOMAS L/C)

수출업자가 운송서류를 매입할 때 수입업자 앞으로 일정기일까지 대응수입을 위한 수입신용장을 개설하겠다는 보증서(각서)를 제출하도록 요구하고 있는 신용장을 말한다. 이 신용장은 과거 중국과 일본이 처음 교역할 때 사용되었던 것으로, 수출국에서 수출할 물품은 확정되었는데 그 대가로 수입할 물품이 결정되지 않았을 경우 보증서를 이용하여 먼저 수출하게 된다. 이러한 각서무역(memorandum trade)을 처음 시작한 일본 기업의 전신약어를 모방하여 "TOMAS L/C" 라 한다.

---

8) Leo D'Arcy, *op.cit.*, p. 202.

12) 보증신용장(Standby Credit)

보증신용장은 상품의 대금을 결제하기 위해서가 아니라 단순히 보증용으로 사용되는 신용장이다. 지금까지 언급된 신용장은 모두 상품대금을 결제하기 위해 개설은행이 수입업자를 대신하여 지급을 확약하는 것이지만 보증신용장은 개설은행이 보증을 하기 위해서 개설하는 신용장이다. 따라서 보증신용장의 거래에서는 선하증권 등과 같은 운송서류가 필요 없기 때문에 보증신용장은 무담보신용장에 해당된다. 현행 신용장통일규칙에서는 보증신용장이 국제거래에서 널리 이용되고 있는 점을 감안하여, 비록 무담보신용장이지만 화환신용장통일규칙의 적용을 받도록 규정하고 있다.

보증신용장은 주로 미국에서 발전했는데 미국에서는 일찍이 연방은행법(National Bank Act, 1864)에 의해 은행의 활동이 규정되었고, 이 규정에 의하면 국립은행이 타인의 채무를 보증하는 것은 은행에게 주어진 권한을 남용하는 월권행위라 하여 금지되었다. 따라서 보증이 필요한 상황에서 은행들은 신용장의 형식을 빌어서 일반적인 보증서보다 훨씬 강력한 지급보증 기능을 갖는 보증신용장을 고안하여 담보수단으로 국제거래에 이용해 왔다.

보증신용장은 여러 가지 상황에 따라 사용되었기 때문에 그 명칭도 “Performance Bond”, “Letter of Guarantee”, “Standby Credit” 등과 같이 아주 다양하다. 그리고 화환신용장이 기본계약의 이행을 전제로 대금지급을 약정하는데 반해, 보증신용장은 기본계약의 불이행이 대금지급의 사유가 된다는 점에서 서로 대조를 이룬다. 따라서 보증신용장을 “불이행신용장”(non-performing letter of credit)이라 부르기도 한다.

보증신용장이 이용되는 방식은 다음의 몇 가지 유형이 있다.

(1) 현지금융을 위한 보증신용장

본사의 해외지점이 현지에서 금융을 일으킬 경우, 본국의 은행이 개설해 주는 보증신용장을 담보제공용으로 이용할 수 있는데 <그림 4-14>에서와 같이 현지의 은행은 상환에 대한 모든 책임을 지겠다는 지급확약서인 보증신용장을 토대로 금융을 제공한다. 현지은행은 보증신용장의 수익자가 되며, 본국은행은 신용장 개설은행 그리고 본사는 보증신용장의 개설의뢰인이 된다.

만약 해외지점이 금융을 기한 내에 상환하지 않게 되면 현지은행은 모든 책임을 보증신용장의 개설은행에 부담시킨다. 따라서 본국은행은 보증신용장을 개설할 때 이에 상응하는 담보를 확보한다. 보증신용장의 개설의뢰인인 본사는 국내의 부동산을 담보로 해외에서 금융을 일으키는 결과가 된다.

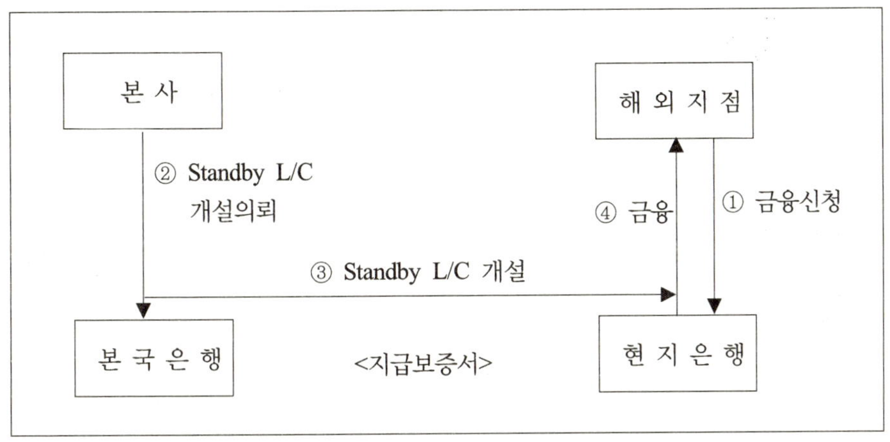

〈그림 4-14〉 현지금융 보증신용장의 원리

(2) 계약이행보증서(Performance Bond)

국제적인 건설공사계약 등 대형거래에서 계약이행에 대한 보장을 받고 계약조건대로 이행되지 않을 경우 이로 인한 손해를 보상받기 위해서 보증신용장이 이용된다.

예컨대 중동 국가의 한 정부가 우리나라 건설회사에게 대형 수로건설공사를 의뢰하였다 하자. 국제적인 대형 건설공사계약에서 발주자측은 계약이 제대로 이행되지 않을 경우에 대비해 계약이행보증서를 요구한다. 이 경우에도 공사를 수주한 우리나라의 건설회사는 계약서의 일정과 내용대로 공사가 이행되지 않을 경우 불이행했다는 진술서를 중동 정부 측이 제시하면 은행이 지급하겠다는 내용의 계약이행 보증신용장을 중동 정부 측에 제공한다. 이 경우 한국의 건설사는 보증신용장의 개설의뢰인, 중동 정부는 수익자, 신용장을 개설한 은행은 보증신용장의 개설은행이 된다.

그 후 어떤 사정에 의해 예정된 기간에 공사를 못 마치게 되어 계약 불이행이 되었다고 하자. 그러면 중동정부는 보증신용장 조건대로 불이행진술서(statement of default)를 작성하여 은행에 제시하고 신용장에서 약정한 대금을 지급받을 수 있다.

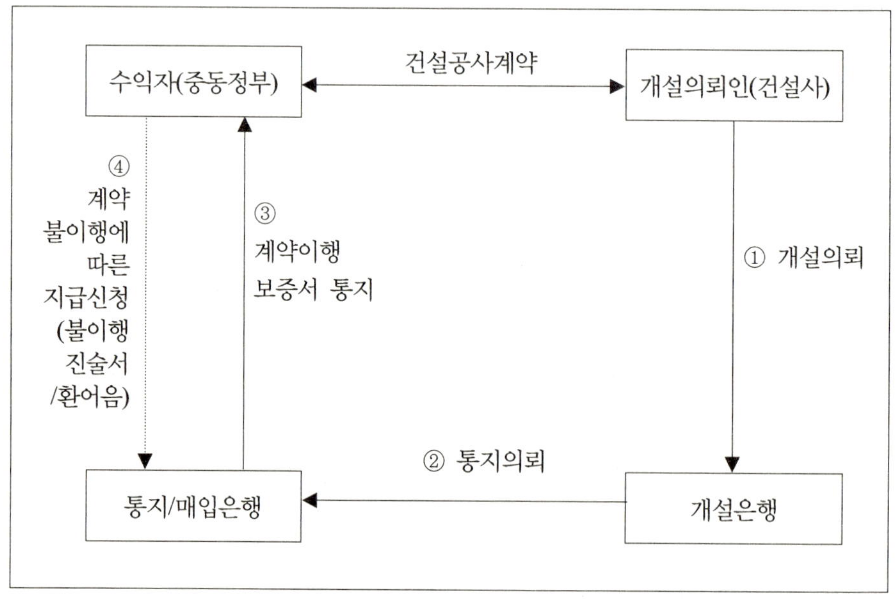

〈그림 4-15〉 계약이행보증서의 사용 예

이 이외에도 큰 규모의 물자구입계약 등에는 계약이행보증서가 제공된다. 이들의 공통점은 기본계약의 불이행이 발생할 경우 보증서 발행은행이 손해액에 해당하는 일정금액의 대금지급을 보장하는 것이다.

(3) 입찰보증서(Bid Bond)

국영기관에서의 대량의 물자도입이나 건설 공사 등 거래규모가 큰 계약은 대개 국제입찰을 통해 이루어진다. 이 경우 발주자 측에서는 낙찰자가 취소해버리면 다시 재공고를 해야 하는 등 시간, 비용 등 손실이 커진다. 따라서 발주자는 응찰자가 공급자나 건설계약자로 선정된 후 실제 본 계약의 체결을 포기하는 경우의 손해를 방지하기 위하여 예상입찰금액의 5~10% 정도의 금액을 보증금성격으로 발주자에게 기탁해두게 한다.

만일 낙찰자가 본 계약을 포기하면 이 보증금을 몰수하여 손실을 만회하는데 공사규모가 크기 때문에 이 입찰보증금도 상당히 큰 액수인 경우가 많다. 이 입찰보증금은 현금대신으로 납부할 수도 있으나 자금 부담이 크기 때문에 대부분 이에 갈음하여 거래은행이 발행하는 입찰보증서로 대체하게 된다.

(4) 무신용장방식에서의 보증신용장

신용장개설은 수입업자에게 신용장의 개설에 따른 담보를 요구하기 때문에 중소기업들은 이러한 부담을 피해서 송금 방식을 택하기도 한다. 그러나 후불송금의 경우 대금회수의 불안이 있기 때문에 이 경우 수출업자는 보증신용장을 요구할 수 있다.

예컨대 후불송금조건으로 수출하면서 보증신용장을 수취한 수출업자는 만일 수입대전이 약정기일까지 송금되지 않으면 수입업자가 대금을 송금하지 않았다는 계약불이행진술서를 첨부하여 보증신용장을 제시함으로써 개설은행으로부터 대금을 지급받을 수 있다. 이 신용장은 일반 신용장에 비해 개설이 용이하며 개설수수료도 저렴하다는 장점이 있다. 또한 본 거래가 정상적으로 이행되면 사용할 필요가 없으므로 수입업자 편에서도 비교적 용이하게 제공할 수 있다.

신용장이 이용되지 않고 환어음을 발행하여 대금을 결제하는 일반 외상조건의 거래에서도 보증신용장을 이용할 수 있다.

예를 들어 국내의 A상사가 일본의 B상사에게 매월 5만 불의 의류를 수출하고 환어음을 발행하여 대금을 회수하는 조건으로 계약했다면 A상사는 B상사로부터 물품대금을 받을 수 있는 특별한 안전장치가 없기 때문에 불안할 것이다. 그러나 이 경우 A상사는 B상사가 자신의 거래은행에 의뢰하여 발행한 5만 달러짜리 보증신용장을 가지고 있다면 안심하고 선적할 수 있다. 만약 B상사가 결제를 하지 않는 경우에는 보증신용장을 발행한 은행이 지급책임을 지게 되기 때문이다. 이 때 A상사는 B상사의 채무불이행을 증명할 수 있는 서류를 은행에 제시하면 대금을 받을 수 있다.

13) 스위프트 신용장

스위프트 신용장은 신용장의 종류라기보다는 전자통신시스템을 이용하여 신용장을 개설하는 방식에 따라 붙여진 명칭이다. 스위프트(SWIFT)는 국가 간의 대금결제 등 은행 간 업무를 데이터 통신망으로 연결하기 위해 1973년에 설립된 세계은행간 금융데이터통신협회(Society for Worldwide Interbank Financial Telecommunication: SWIFT)를 말한다. 이 시스템은 기존의 은행간 통신보다 효율성이 높기 때문에 국가 간 은행업무가 신속 정확하게 처리될 수 있다.

정보통신이 발달하기 전에는 우편을 이용해서 신용장을 개설 · 통지해 주었는데 시간이 많이 소요되고 도중에 분실되는 경우도 종종 발생하였으며 심지어 신용장을 위조하는 경우도 많아서 선의의 피해자가 생기기도 하였다. 그 후 통신기술이 발달함에 따라 전신으로 신용장을 개설하기 시작했는데 전신수수료가 많이 들어 신용장의 주요 내용만 전신으로 보내고 전체 신용장은 우편으로 별도 보내기도 하였다.

그러나 오늘날에는 정보통신기술이 발달하여 과거에 비해 비용과 시간이 많이 절약되어 대부분의 신용장은 전신으로 개설되고 있다. 스위프트가 설립되면서부터는 주요 은행들이 이 협회에 가입함으로써 은행 간 통신 업무는 이 시스템에 의해 처리되고 있고 국제적인 은행 간의 신용장관련 업무도 자연히 이 시스템에 의하고 있다.

14) 유사 신용장

은행의 지급확약이 없기 때문에 엄밀한 의미에서 신용장은 아니지만 신용장과 유사한 기능을 가지고 있는 결제수단으로는 다음과 같은 것이 있다.

(1) 어음매입수권서(Authority to Purchase: A/P)

어음매입수권서는 수입업자의 거래은행이 수입업자의 요청에 따라 수출국에 있는 자행의 본 · 지점 또는 환거래은행에 대해서 일정 조건의 운송서류와 함께 수입업자 앞으로 발행된 환어음을 제시하면 이를 매입하도록 지시한 통지서를 말한다.

여기서 은행은 지급확약을 하지 않고 단지 수입대금을 수출업자에게 전달해 주는 역할만 한다. 그리고 수출업자는 수입업자 앞으로 환어음을 발행하기 때문에 어음상의 지급인은 수입업자이다. 만약 관계 운송서류와 환어음이 수입업자에 의해서 지급거절이 되면 수출업자는 이미 받은 수출대금을 다시 되돌려 주어야 할 의무가 있다. 그리고 동일은행의 본 · 지점 간에는 어음매입수권서 대신 이와 똑같은 기능을 가진 어음매입지시서가 사용된다. 동일은행의 본 · 지점 간에는 환어음을 매입해 주도록 지시할 수 있기 때문이다.

어음매입수권서에는 다음과 같은 내용의 지시 문언이 나타난다.

> We hereby authorize you to purchase for our account draft(s) drawn by Korea Company C.P.O.Box 123, Seoul, Korea(당행은 귀사에게 Korea 사에 의해 발행된 환어음을 당행의 계산으로 매입할 권한을 위임함).

(2) 어음지급수권서(Authority to Pay ; A/P)

어음지급수권서는 수입국의 은행이 수입업자의 요청에 따라 수출국에 있는 자행의 본 · 지점이나 환거래은행에 대하여 수출업자가 발행한 일람출급환어음을 지급하도록 지시하는 통지서이다. 발행은행이 어음의 인수와 지급을 보증하고 있지 않다는 점에서는 어음매입수권서와 같으나 다른 점은 환어음이 수입업자 앞으로 발행되는 것이 아니라 통지은행 앞으로 발행되는 일람불 은행어음이라는 점이다.

어음매입수권서와 어음지급수권서는 미국에서 취소가능신용장을 대신하여 널리 이용되고 있다. 다만 일반적으로 취소가능하고 또 신용장과 달리 은행의 지급보증이 뒷받침되고 있지 않아 신용장에 비해 담보능력은 약하지만 수권서를 발행했다는 자체가 은행발행의 양호한 신용보고서 정도의 의미를 지니기 때문에 수출업자의 어음할인을 용이하게 해주는 효과가 있다.

어음지급수권서에는 다음과 같은 내용의 지시 문언이 나타난다.

> We are informed by (개설은행) that you will draw on us at (환어음의 기한) to the extent of (환어음금액) for account of (수입업자).

제 2 절 신용장의 개설과 통지

1. 신용장의 개설

매매계약을 체결할 때 대금을 신용장 방식으로 결제할 것을 약정한 경우에는 수입업자는 먼저 거래은행에 수출업자 앞으로 신용장을 개설해 줄 것을 요청한다.

(1) 외국환거래의 약정

수입업자는 신용장 개설에 앞서 신용장 거래에 따른 약정을 개설은행과 체결해야 한다. 현재 우리나라에서는 전국은행연합회가 작성한 "외국환거래약정서"가 사용되고 있는데, 인쇄된 약정서의 내용에 대해 개설의뢰인이 서명 · 날인함으로써 동의하는 형식을 취한다.

신용장 개설에 따른 약정내용은 주로 수입업자와 개설은행 간의 채권 및 채무 관계인데, 수입업자의 입장에서 주의해야 할 사항은 다음과 같다.

① 수입업자는 수입물품 및 관련 운송서류를 개설은행에 지급해야 하는 모든 채무, 수수료 등을 위한 담보로서 은행에 양도한다.

② 수입업자는 신용장 개설에 따른 수수료, 이자, 할인료, 지연배당금, 손해배상금 등을 부담한다.
③ 개설은행은 채권보전을 위해 필요한 경우 신용장 조건과 불일치하는 어음에 대해서 수입업자의 동의 없이 지급 또는 인수를 거절할 수 있다.
④ 개설은행은 채권보전을 위해 필요한 경우 신용장 조건과 불일치하는 어음에 대해서 수입업자의 동의 없이 지급 또는 인수를 거절할 수 있다.

(2) 신용장개설신청서의 작성

수입업자는 신용장 개설은행과의 총괄적인 약정으로 외국환거래약정을 체결한 후 거래 시마다 신용장개설신청서(L/C Application)를 제출하여 신용장 개설을 의뢰한다. 신용장개설신청서에 기재된 사항은 그대로 신용장 조건이 되므로 모든 사항을 간단명료하고 정확하게 기재해야 한다.

신용장 개설에 필요한 서류는 외국환은행마다 다를 수도 있지만 일반적으로 다음과 같다.

가) 신용장개설신청서

신용장개설신청서를 바탕으로 신용장의 내용이 규정되므로 매우 신중하게 작성해야 한다. 특히 표현이나 용어를 정확히 사용해야 신용장을 받아보게 되는 수출업자나 대금결제를 위해 서류를 검토하게 될 은행에게 혼란을 주지 않을 수 있다(<서식 9-1> 취소불능화환신용장발행신청서 참조).

나) 물품매도확약서 또는 계약서

물품매도확약서(offer)[9]나 계약서는 매매계약의 내용을 그대로 담고 있는 문서로서, 특히 신용장 상에 상품의 명세를 “As per our Offer Sheet(Contract) No.123”과 같이 표시한 경우에는 중요한 참고서류가 된다.

---

9) 물품매도확약서 즉 오퍼장(offer sheet)에는 거래조건이 기재되어 있기 때문에 별도의 계약서를 작성하지 않고 오퍼장을 그대로 계약서로서 이용하기도 한다.

다) 보험서류

수입업자가 적하보험계약을 체결하는 경우에는 보험서류를 제출해야 한다. 신용장이 개설되면 화물에 대해서 개설은행이 담보권을 행사할 수도 있으므로 이에 대한 대비를 하는 것이다.

라) 수입승인서

수출입공고나 통합공고에 따라 일정한 수입요령이 필요한 품목을 수입할 경우에는 해당 품목에 대해 관련 기관으로부터 발급된 수입승인(추천)서 등을 제출한다.[10)]

마) 담보제공증서 등의 기타 문서

이 외에도 해당 은행에서 요구하는 담보제공증서 등을 제출한다.

(3) 인터넷 뱅킹을 이용한 신용장개설

우리나라의 수입업자들은 은행들이 제공하는 인터넷 뱅킹을 이용하여 수입신용장을 개설하거나 조건을 변경할 수 있다. 수입업자가 인터넷 뱅킹을 통해 수입신용장 개설을 신청하면 개설은행은 개설신청전문을 발송하고 발신전문사본은 수입업자에게 팩스로 전송한다. 그리고 수입업자는 인터넷 뱅킹을 통해 처리결과를 조회할 수 있다.

인터넷 뱅킹을 이용하면 수입업무가 경감되고 수작업에 따른 오류를 방지할 수 있다. 개설신청서를 제출하기 위해 은행을 방문할 필요가 없으며 인터넷 뱅킹 이용에 따른 추가수수료를 부담할 필요도 없어 시간과 비용을 절약할 수 있다. 그리고 신용장의 개설, 처리결과 등을 인터넷으로 조회할 수 있고 기존의 자료를 저장하거나 복사할 수도 있기 때문에 최근 인터넷 뱅킹을 이용해서 신용장이 많이 개설되고 있다.

---

10) 대외무역법의 개정(2007년 4월)에 따라 전략물자의 수출입시에는 해당 기관으로부터 수출허가서를 발급받아야 한다.

〈서식 4-6〉 취소불능화환신용장발행신청서

고 객 용

취소불능화환신용장발행신청서

(APPLICATION FOR IRREVOCABLE DOCUMENTARY CREDIT)

(Reopen 구분 : □ 1차발행 □ 2차발행)

To : WOORI BANK 1. DATE:

※ Advising Bank : (BIC CODE :

※ 2. Credit No. : 용도구분 : (예시 : NS,ES,NU등)

3. Applicant :

4. Beneficiary :

5. Amount : 통화 금액 (Tolerance : /)

6. Expiry Date : 7. Latest date of shipment :

8. Tenor of Draft □At Sight (□Reimburse □Remittance)

□Usance days

9. For % of the invoice value (Usance L/C only : □ Banker's □ □ Domestic) Shipper's

DOCUMENTS REQUIRED (46A :)

10. □ Full set of clean on board ocean bills of lading made out to the order of WOORI BANK mal "Freight________and notify (□Accountee, □Other : ________
Air Waybills consigned to WOORI BANK marked "Freight ________ and "notify Accountee"

11. □ Insurance Policy or certificate in duplicate endorsed in blank for 110% of the invoice value, stipulating that claims are payble in the currency of the draft and also indicating a claim setting agent in Korea. Insurance must include : the institute Cargo Clause

12. □ Signed commercial invoice in________ 13. □ Certificate of analysis in________

14. □ Packing list in 15. □Certificate of weight in________

16. □ Certificate of origirn in issued by

17. □ Inspection certificate in issued by

18. □ Other documents(if any)

19. Description of goods and/or services(45A :) (Price Term)

Commodity Description		Quantity	Unit Price	Amount
(H.S CODE :)				
Country of Origin			Total	

20. Shipment From : Shipment To :

21. Partial Shipment : □Allowed □Prohibited 22. Transhipment : □Allowed □Prohibited

23. Confirmation : □

Confirmation charges : □Beneficiary, □Applicant

24. Transfer : □Allowed(Transfering Bank :)

25. Documents must be presented within days after the date of shipment of B/L or other transportation documents.

Additional Conditions(47A :)

□ All banking charges(including postage, advising and payment commission, negotiation and reimbursement commission) outside Korea are for account of □Beneficiary □Applicant

□ Stale B/L AWB acceptable □Charter Party B/L is acceptable □Third party B/L acceptable

□ Third party document acceptable □Combined shipment B/L is acceptable

□ T/T Reimbursement : □Allowed □Prohibited

□ Bils of lading should be issued by ________

□ (House) Air Waybills should be issued by ________

□ ( ) % More or less in quantity and amount to be acceptable
□ The number of this credit must be indicated in all documents
Other conditions :

※ Drawee Bank (42A) :

※ Reimbursement Bank(53A) :

Except so far as otherwise expressly stated, This Documentary credit is subject to the Uniform Customs and Practice for Documentary Credits (1993 Revision) International Chamber of Commerce Publication No. 500

위와같이 신용장 발행을 신청함에 있어서 따로 제출한 외국환거래약정서의 해당 조항을 따를 것을 확약하며, 아울러 위 수입물품에 관한 모든 권리를 귀행에 양도하겠습니다.

		주 소		인감 및 원본확인
		신 청 인	(인)	

수입(4040031, 210×297) 수입신용장발행신청서 NCR지 2매 1조(2002. 11개정)
상기 □는 선택(V) 표시를 위한 매크로 기능 추가

2. 신용장 개설담보 및 수수료

신용장 개설은행은 수입업자를 대신하여 수출업자, 매입은행 등에게 수입대금의 지급을 확약하므로 수입업자로 하여금 신용장금액에 상응하는 담보를 제공하도록 하고, 수입업자의 담보 제공에 따라 수입업자별로 신용장개설한도액을 설정하고 있다. 외화획득용 원료와 같이 순전히 개설은행의 자금으로 수입되는 경우에는 수입물품 자체를 담보로 개설은행에 양도해야 한다.

그리고 개설은행은 신용장개설수수료, 전신료 등 신용장 개설에 필요한 일체의 비용을 수입업자로부터 징수하는데 현재 신용장개설수수료, 전신료 등의 외국환수수료는 은행별로 자율적으로 결정되고 있다. 신용장 개설수수료의 예를 보면 다음과 같다.[11]

11) 한국외환은행 자료(2007년).

[수입신용장 개설수수료율]

구분	요일(매3개월)	비고
기본요율(일반수입)	당행에서 정한 고객별 신용등급에 따라 0.2%~0.35%	수입신용장 개설수수료 최저 10,000원
수출용(방산용, 시설재 포함)	당행에서 정한 고객별 신용등급에 따라 0.15%~0.3%	
정부, 지방자치단체의 수입	당행에서 정한 고객별 신용등급에 따라 0.13%~0.28%	

[수입신용장 전신료]

구분	기준단어수	기준요금	추가요금
Sight L/C	320단어	20,000원	기준 단어수를 초과하는 경우에는 30단위로 2,500원씩 추가요금 징수
Usance L/C	400단어	25,000원	
L/C Amend 및 사후관리전문	100단어	8,000원	

*전자무역(EDI)에 의한 신용장 개설신청인 경우 : 건당 8,000원(조건변경의 경우 건당 4,000원)
*인터넷뱅킹에 의한 신용장 개설신청인 경우 : 건당 10,000원(조건변경의 경우 건당 5,000원)

3. 신용장의 개설방식

신용장은 우편, 전신, 스위프트 방식으로 개설되는데 오늘날은 대부분 스위프트 방식으로 개설되고 있다.

(1) 우편신용장(Mail Credit)

우편신용장은 소정의 양식에 따라 신용장을 개설하여 우편으로 수출업자에게 전달해주는 신용장이다. 개설은행과 통지은행 간에는 서로 서명감을 교환하여 신용장의 진위 여부를 확인한다. 우편신용장은 오늘날에는 잘 사용되지 않고 통신수단이 발달되지 않은 국가와의 거래에서 간혹 사용된다.

(2) 전신신용장(Cable Credit)

전신신용장은 신용장의 내용을 모두 전송하는 "Full Cable(full teletransmission)" 방식과 주요 내용만 간결하게 전송하는 "Short Cable(short teletransmission)" 방식이 있다.

"Full Cable"에는 "This is an operative credit."(이것은 유효한 신용장 증서임)이라는 표시가 있어 전신신용장이 곧 유효한 신용장이 된다. "Short Cable" 방식은 수출업자에게 신용장이 개설되었다는 사실과 주요 내용을 미리 알려주기 위해서 이용된다. 이러한 예비통지 성격의 신용장에는 "full details to follow" (상세한 사항은 추후 통지함)와 같은 표현이 있어 그 자체는 유효한 신용장으로 간주되지 않고 반드시 신용장 원본(mail confirmation)이 다시 수출업자에게 통지된다.

"Short Cable" 방식을 이용하면 전신 및 우편으로 신용장이 두 번 개설되는 번거로움이 있고, 오늘날에는 전신료도 저렴하므로 이 방식보다는 신용장 내용의 전부를 전신으로 보내는 "Full Cable" 방식이 대부분 이용되고 있다. 그리고 전신으로 개설되는 신용장은 사전에 개설은행과 통지은행 간에 암호(test key)가 교환되어 있어 신용장의 위조를 방지한다.

(3) SWIFT신용장

앞에서 설명한 바와 같이 전자문서교환(electronic data interchange: EDI)방식에 의한 신용장을 의미하는데 개설방식은 전신신용장을 암호로 개설하는 것과 비슷하며 신용장의 표준양식이 코드화 되어 있다. SWIFT 신용장은 인증키(authenticator key)로 신용장의 진위 여부를 확인하는데 신용장금액, 통화종류, 거래일자 등 신용장의 주요 조건들이 모두 암호화되어 있어 위조가 불가능하다.

4. 신용장의 통지

무역계약이 체결되면 수입업자는 자신이 거래하는 은행을 통해 수출업자 앞으로 신용장을 개설·통지해 준다. 대개 신용장은 개설은행의 요청에 따라 수출업자 주소지에 소재하는 은행이 통지한다. 신용장 통지은행은 수출업자에게 신용장을 통지할 때 통지번호를 부여하고 신용장 조건이 변경되는 경우에는 통지번호의 맨 끝에 변경되는 누적회수를 표시한다.

통지은행은 상당한 주의를 가지고 신용장의 진위 여부를 검토해야 할 의무가 있다. 만약 진위 여부를 확인할 수 없을 경우에는 그러한 사실을 개설은행 및 수출업자에게 통지해야 한다. 수익자가 신용장의 위조 여부를 판단할 기능이 없기 때문에 신용장통일규칙(제9조)에서는 통지해주는 은행에게 합리적인 주의를 기울여 신용장의 진위 여부를 가리도록 의무를 부여하고 있다.

신용장의 통지는 개설은행 본·지점 간 또는 환거래은행을 통해서 이루어지는데, 이들 은행 간에는 서로 간에 등록된 서명부와 암호 해독표를 교환해 보유하고 있다. 통지은행은 미리 확보해 둔 개설은행의 서명과 신용장의 서명을 대조하여 우편신용장의 진위 여부를 가릴 수 있고, 전신신용장의 경우에는 암호를 해독표의 지시대로 해독함으로써 위조 여부를 판단할 수 있다.

제 3 절 신용장의 수령 및 검토

1. 신용장수령시의 검토사항

신용장은 개설은행의 조건부 지급확약서이기 때문에 수출업자가 수출대금을 결제받기 위해서는 신용장에서 요구하고 있는 모든 요건을 충족해야 한다. 따라서 수출업자는 신용장을 수취하면 즉시 신용장 상의 제반 요건이 매매계약의 내용과 일치하는지, 각 조건들이 이행 가능한 것인지 등을 면밀히 검토해야 한다.

(1) 신용장의 진위 여부

수출업자는 먼저 통지된 신용장이 진짜인지 가짜인지를 검토해야 한다. 물론 통지은행이 신용장을 통지할 때 그 진위 여부를 확인하고 애매모호한 경우에는 그러한 사실도 통지하지만 수출업자는 신용장을 실제 사용하는 직접적인 당사자로서 그 진위 여부를 다시 한 번 검토해야 한다.

우편신용장은 가짜신용장일 경우가 많으므로 이를 신중히 다루어야 하며 특히 다음 내용의 신용장에 대해서는 주의를 기울여야 한다.

첫째, 개설은행이 환거래약정을 체결하지 않은 은행이고 잘 모르는 은행인 경우이다. 신용장거래에서는 개설은행의 지급확약을 토대로 모든 거래가 일어나므로 개설은행의 신용도는 매우 중요하다. 현재 우리나라의 외국환은행들은 환거래취결을 맺고 있지 않은 은행이 개설한 신용장에 대해서는 매입에 응하지 않는다.

둘째, 신용장이 우편에 의해 수출업자에게 직접 우송된 경우이다. 우편신용장의 개설은행과 통지은행은 사전에 서명감이 교환되어 있어 통지은행을 통할 경우 신용장의 진위 여부가 쉽게 확인되지만 우편신용장이 수출업자에게 직접 전달되면 신용장의 진위 여부를 판단할 수 없게 된다. 우리나라의 무역금융규정에서는 외국환은행들로 하여금 신용장에 반드시 통지번호를 부여하도록 하여 은행경유의 통지를 의무화하고 있다.

셋째, 선하증권 등 운송서류의 수취인이 수입업자로 되어 있는 경우이다. 신용장 거래에서 운송서류는 매입은행을 경유하여 최종 개설은행으로 전달된다. 개설은행은 수입대금과 상환하여 운송서류를 수입업자에게 인도해야 하는데 만약 수입업자가 직접 운송서류를 수취하도록 되어 있으면 개설은행은 매입은행에 지급한 상환대금을 확보할 수 없게 된다.

(2) 개설은행의 신용상태

신용장거래에서 개설은행의 신용도는 아주 중요하므로 신용장 개설은행의 신용상태를 면밀히 분석해야 한다. 신용장을 받는 것에만 급급하여 은행의 신용을 확인하지 않고 수출함으로써 대금을 받지 못하는 경우가 종종 발생한다. 그러나 개설은행도 간혹 파산하는 경우도 있고 개설은행 국가의 외환사정이 악화되어 대외지급이 중지되거나 연기될 수도 있다. 또한 개설은행이 속한 국가의 전쟁으로 인해 운송서류를 송달할 수 없어 결제가 불가능한 경우도 있다.

따라서 수출업자는 신용장을 수취하면 개설은행의 신용상태와 더불어 개설은행국가의 비상위험이 발생할 가능성을 항상 분석해야 한다. 만약 개설은행의 신용에 문제가 있거나 국가의 비상위험이 발생할 가능성이 높으면 확인은행을 개입시켜 확인을 추가로 받거나, 수출보험에 가입한 후 수출을 이행하는 것이 안전하다.

(3) 신용장 형식 요건의 구비 확인

신용장의 형식 요건과 관련해서는 취소불능신용장인지의 여부, 지급확약문언의 존재 여부, 신용장통일규칙 준수문언의 존재 여부 등을 검토한다.

첫째, 우리나라에서 취소가능신용장은 신용장으로서 인정되지 않으므로 무엇보다 이를 먼저 검토해야 한다. 취소가능 여부에 대해서 신용장 상에 아무런 언급이 없으면 취소불능신용장으로 간주되므로 신용장상에 "revocable" 이라는 문언이 있는지를 확인해야 한다.

둘째, 신용장에는 반드시 개설은행의 지급확약문언이 있어야 한다. 신용장이라는 것은 곧 개설은행의 지급확약서를 의미하므로 이 문언이 있어야만 신용장으로서 효력이 발생한다. 특히 개설은행의 지급확약을 받는 당사자가 수출업자로 제한되어 있는지 여부를 검토해야 한다. 만약 수출업자 한 당사자에게만 지급이 확약되어 있으면 지급은행이 지정되어 있어야만 결제가 가능하다.

마지막으로 신용장 상에는 신용장통일규칙의 준수문언이 있어야 한다. 신용장거래는 2개국 이상의 거래이므로 준거법에 대한 분명한 명시가 있어야만 사후분쟁에 대비할 수 있다.

〈표 4-4〉 신용장 특수 조건의 예

• Certificate issued by Owner, Master or Agents stating that the vessel will not call at or pass through any Lebanese port during its voyage to Saudi Arabia.(해당 선박이 사우디아라비아까지 항해하는 도중에 레바논 항을 기항하거나 경유하지 않을 것임을 기재하고 있는 증명서로서 선주, 선장 혹은 그 대리인이 발행한 것) • Certificate issued by Owner, Master or Agents stating that the Shipping Company is the member of Conference Line and evidencing that the carrying vessel is not exceeding 15 years at the date of loading and that its cargo gear are suitable to discharge at Saudi Arabian Ports or OTHERWISE.(해당 선사가 정기선해운동맹의 회원사임을 나타내고 있는 증명서로서 선주, 선장 혹은 그 대리인이 발행한 것. 또한 증명서에는 운항선박이 선적일 현재 선령 15년을 초과하지 않았으며 본선의 화물하역기기가 사우디아라비아의 항구에서 하역작업에 적합하다는 사실을 기재하고 있어야 함) • Shipment must be effected by MAERSK, HAPAG LIOYD, P&O NED LLOYD, NYK, SCANDUTCH, EVERGREEN, OSK, NATIONAL SHIPPING CO., UNITED ARAB SHIPPING CO..(선적은 머스크해운을 비롯해 여기에 명시된 선사들에 의해 이루어져야 함)

(4) 조건부문언의 검토

신용장조건을 이행하는데 지장을 초래할 수 있는 특수한 조건이 있는지를 검토해야 한다. 신용장에 특수한 조건을 붙여 그 조건이 이행되어야만 신용장이 유효하게 되는 조건부신용장이 있는데 이러한 조건부신용장은 조건을 이행하는데 많은 어려움이 있으므로 각별한 주의를 기울여야 한다.

조건부신용장에서 이용되고 있는 대표적인 조건들을 보면 다음과 같다.

① 수출국에 주재하고 있지 않은 수입국 공관장의 확인을 요청하는 경우

② 개설의뢰인이 지정하는 자의 확인서명을 받은 물품검사증명서를 매입서류에 첨부하도록 요구하는 경우

③ 선적 전에 견본에 대해 수입업자의 검사를 받은 후 그 검사증을 매입서류에 첨부하도록 요구하는 경우

④ FOB 거래조건인데도 수출업자에게 해상보험계약의 체결을 요구하거나, 선하증권 상에 운임선불을 요청한 경우

2. 신용장조건의 해석

1) 신용장해석의 우선순위

신용장에 UCP에 따른다고 명시적으로 표시하고 있는 경우 UCP는 화환신용장 및 보증신용 장에 적용되는 규칙이라고 제1조에서 명시하고 있다. 즉 UCP는 당사자간의 합의에 의하여 그 적용, 수 정 또는 배제가 가능하게 되는 규칙이고, 법률이나 조약과 같이 당사자간에 합의가 없었더라도 강제적으로 적용되는 것과는 다르다.

신용장 해석과 관련된 규정적용의 우선 순위는 다음과 같다.

① 매매당사국의 국내 강행법규(어음법 또는 섭외사법 등)

② 당사자간의 특약(신용장상의 기재내용)

③ 신용장통일규칙

④ 국제상관행

2) 신용장의 기간 및 기일

신용장의 유효기일(Expiry Date)과 선적기일(Shipping date)과의 관계는 특별히 주의해야 할 점이다. L/C상에 Expiry Date는 정해져 있으나 Latest Shipping Date는 정해져 있지 않을 경우에는 L/C상의 Expiry Date을 Latest Shipping Date와 같은 날짜로 간주한다.

3) 모호한 표현의 제한

신용장통일규칙은 다음과 같은 애매한 표현은 사용하지 말도록 권고하고 있다.

(1) 서류의 발행인을 뜻하는 용어

저명한(well known), 일류의(first class), 적격의(qualified), 독립된(independent), 공인된(official), 유능한(competent), 국내의(local)(UCP 500 제20조 a항)

(2) 운임지급을 증명하는 용어

운임 선지급 가능(freight prepayable), 운임이 지급될 예정(freight to be paid)

(3) 보험에 관한 용어

통상적 위험(usual risks), 관습적 위험(customary risks)(UCP 500 제35조)

(4) 선적일자의 표시

신속히(prompt), 즉시(immediately), 가능한 빨리(as soon as possible)(UCP 500 제46조 b항)

(5) 양도가능의 표시

분할가능(divisible), 분절가능(fractionable), 할당가능(assignable), 이전가능(transmissible)(UCP 500 제48조 b항)

4) 수량 및 금액의 해석

(1) About, Approximately 등의 해석

신용장에 표시되어 있는 금액, 수량, 단가 등에 위 용어가 사용되었을 때에는 10%의 상하 편차가 허용되는 것으로 해석한다. (신용장통일규칙 제30조 a항). 예를 들면, 신용장 금액을 "about USD100,000" 라고 표시한 때에는 상한차 USD110,000, 하한차 USD 90,000 허용된다.

(2) 상품 수량의 과부족 허용한도

신용장에 상품의 수량 (Quantity)에 관한 과부족 문언 (more or less)이 없고, 분할선적 (Partial Shipment)이 허용되지 않은 경우에 신용장금액 (Amount of Credit)을 초과하지 않은 범위 내에서 About 등의 용어가 사용되지 않더라도 상품의 성질상 정확한 양을 선적하기가 곤란한 경우에는 5%의 상하편차가 허용된다(신용장통일규칙 제30조 c항).

즉, 상품의 명세를 "Chemicals in bulk", "Ore in barrels", "Chemical in cylinders" 또는 "Ore in bulk" 등으로 기재된 경우 5%의 상하 편차가 허용된다 그러나 수량을 포장단위 또는 개개 품목으로 숫자를 명시하고 있는 경우 편차는 허용하지 않는다(예 : pcs, dozens, boxes 등).

(3) 금액의 증가 또는 감소

"Credit amount is increased by ××× to ××××" 로 된 경우 "by" 다음의 금액은 증가 금액, "to" 다음의 금액은 새롭게 증가된 금액을 말하여 준다. "to"를 "making total of" 라고 표시하기도 한다.

4) 기간의 해석

(1) 신용장의 유효기일란에 특정일자가 표시되지 않고 월만 표시되어 있는 경우(예: for one month, for six months)에는 신용장 개설일자를 기산일로 하여 그날부터 계산하여 말일 하루 전까지를 유효기간 만료일로 해석한다(예: 개설일이 7월 6일인 경우 for one month라면 마감일은 8월 5일이 됨. 우리나라는 말일 하루 전을 마감일로 민법에 규정하고 있기 때문임).

(2) 기일과 관련한 특정일자 표시와 함께 to, until, till, from등의 용어가 사용되었을 경우에는 그 특정일자를 포함하여 표시된 당해일부터 기간경과가 시작되는 것으로 해석한다.

(3) after라는 용어와 함께 특정일이 표시되면 표시된 당해일은 제외하고 그 다음날부터 기간계산이 시작되는 것으로 해석한다.

(4) 월의 전, 후반기 표시: 어느 월의 전반기, 후반기는 first half of a month,

second half of a month로 표시하고 어느 월의 초, 중, 하순은 biginning of a month, middle, end...로 표시한다.

(5) 수입화물 선취보증서 (L/G)에 의거, 서류도착전에 화물을 미리 찾은 경우에는 at sight의 기산일이 개설은행에 서류가 도착한 때가 아닌 L/G발급일로 소급된다. 따라서 usance 신용장인 경우에는 외상기간을 L/G 발급일로부터 계산하여야 하고 at sight가 신용장인 경우에는 L/G 발급시에 수입상이 개설은행에 수입대금을 결제하여야 한다.

5) 운송서류발행일자의 계산

(1) 해상운송에서의 선적일-화물을 선적하고 운항할 선박의 적재장소에 화물을 실제로 적재한 날이 선적일로서 선하증권의 발급일자와 같다. 이때 선하증권은 선적선하증권을 말하며 수취선하증권의 경우에는 선장의 선적부기 표시일자가 선적일이 된다.

컨테이너화물의 경우 컨테이너야드(CY)에서 컨테이너운형인이 발급하는 부두수취증(D/R)의 발행일이 본선선적일로 간주된다.

(2) 항공운송 및 우편발송시의 선적일은 수출상이 화물을 운송기관(항공회사, 우체국민간배달업자)에 맡긴 날 Airwaybill이나 Mail Receipt를 받게 되는데 운송서류에 표시된 일자가 선적일로 간주된다.

(3) 복합운송의 선적일은 화물을 컨테이너에 적입한 날(FCL화물)또는 CFS에서 화물을 수취한 날(LCL화물)운송서류가 발급되며 이 발급일자를 운송일자로 취급한다.

6) 분할선적, 환적, 할부선적

(1)신용장에 허용유무에 대한 표시가 없는 경우

수입상측의 요구에 의하여 계약물품을 몇차례로 분할하여 선적하는 것을 말한다. 신용장 거래시 분할선적의 허용여부를 신용장 문면에 지시하게 되어 있는데, 아무런 표시가 없으면 허용되는 것으로 간주한다.

(2) 문면상 선적이 동일한 항로를 따라 동일한 운송수단으로 이루어지고 그 운송서류에 동일한 목적지를 표시하고 있는 경우

이 경우에는 비록 그 운송서류가 다른 선적일자 또는 다른 선적항, 인수지 또는 적송지를 표시하고 있을지라도 분할선적으로 간주하지 않도록 규정하고 있다. 분할선적을 금지하는 목적은 선적할 때 별도로 선적되는 것을 방지하기 위해서가 아니라 상품의 도착이 다른 경우를 방지하기 위한 목적으로 해석하고 있기 때문이다. 따라서, 상기 질문의 경우 선적이 분할 되었다하더라도 선적항을 부산항으로 제한하지 않았다면 동일선박에 선적되었으므로 하자사항에 해당되지 않는다.

(3) 복합운송, 컨테이너운송

L/C에서 환적을 금지 해도 전체 운송이 동일한 복합운송 서류에 커버 되면 환적 되거나, 환적 될 수 있다는 표시 서류 수리 가능하다.

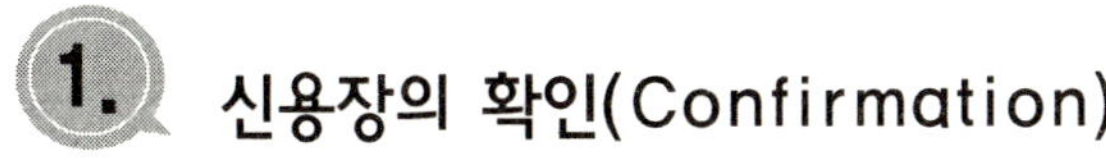

제 4 절 신용장의 확인 및 양도

1. 신용장의 확인(Confirmation)

1) 확인의 의의

발행은행 이외의 은행이 타행발행의 취소 불능신용장에 대해서 그 신용장에 의거한 지급, 인수 또는 매입을 확약하는 것을 확인이라 하고 그러한 확인이 부가된 신용장을 확인신용장이라고 부른다.

2) 신용장확인의 필요성

신용장 확인의 필요성은 발행은행의 자산이나 신용상태가 불안한 은행일 경우, 신용장의 발행국이나 발행은행의 신용이 의심가는 경우와 신용장을 발행한 수입국의 발행은행이 지급확약을 위반하거나 파산 또는 지급불능 등의 사태가 발생하거나 발행은행이 속한 국가가 내란이나 전쟁으로 은행업무가 중단되거나 발행은행 국가의 외환보유상태가 좋지 않아 중앙은행이나 정부가 대외지급을 중지 또는 연기하도록 하는 경우이다.

3) 확인은행의 역할과 의무

(1) 개설은행의 요청에 따라 개설은행의 보증채무와 독립된 확인은행의 별개의 보증채무 및 확인범위내의 책임을 진다.
(2) 개설된 신용장에 대하여 개설은행의 지급확약이외에 추가적으로 수출상에게 이중의 대금지급확약을 한다.
(3) 제시된 서류들이 신용장의 조건에 일치하는 한 환어음의 발행인이나 선의의 소지인에 대하여 소구권(매입대금의 상환청구권)없이 지급, 인수, 매입의 의무를 진다.
(4) 확인신용장에서 확인은행이 개설은행 및 수익자와 더불어 신용장의 당사자가 된다.

4) 확인의 요건 및 절차

(1) 요건

① 취소불능신용장일 것
② 개설은행의 확인요청이 있을 것
③ 확인은행의 지급행위에 소구권이 없을 것

(2) 절차

개설의뢰인이 개설은행에게 확인신용장의 개설을 위탁하고 개설은행이 이를 통지은행에 확인을 부가하도록 의뢰함으로써 성립한다.

5) 신용장확인의 유형

(1) 수익자의 요청에 따른 확인

신용장을 받은 수익자가 확인은행의 추가가 없으면 동의할 수 없다고 확인은행 지정을 요청하는 경우

(2) 대금결제의 편의에 따른 확인

수출지 특정은행이 개설은행의 본지점관계인 경우 이 은행을 통지은행 겸 지급은행으로 삼아 지정신용장을 개설하고 이 은행에게 확인업무까지 맡기는 경우

6) 확인신용장의 유의점

(1) 확인신용장 발행후의 조건변경

확인은행이 신용장에 확인을 추가한 경우 확인을 추가한 시점의 신용장 조건에 대해서만 확인을 한 것으로 확인 후 신용장의 조건변경이 있을 경우 반드시 그 변경에 대해서 확인은행의 동의를 얻어 다시 확인을 추가해야 한다.

(2) 확인은행 이외의 은행에 서류제출의 효력

선적완료 후 네고를 하는 수출상이나 매입은행이 선적서류를 개설은행이나 제3의 지정은행에 제시하면 확인에 따른 권리가 상실되므로 수출상이 확인은행을 통해 대금을 받으려 한다면 반드시 확인은행에 서류를 제출해야 한다.

(3) 기타 조건의 충족

확인은행이 자신의 확인을 추가할 때 확인통지서에 확인에 따른 필요한 조건들을 요구한 경우 수익자는 그 조건들도 신용장원래의 조건과 동등하게 일치시켜야 한다.

2. 신용장의 양도

1) 신용장 양도의 의의

신용장의 양도는 신용장의 전부나 일부를 원래의 수익자가 아닌 제3자에게 양도하는 것을 말한다. 양도가 이루어지기 위해서는 반드시 해외에서 통지되는 원신용장이 양도가능신용장이어야 한다. 즉 신용장 상에 "transferable" 이라는 표현이 있어야 한다. 신용장을 양도하는 수익자를 원수익자 혹은 제1수익자라 하며 양도받는 자를 제2수익자라 한다.

대부분의 신용장은 수출업자인 수익자가 선적을 하고 대금을 회수하는데 오늘날 무역이 다각화하면서 물품 공급업자와 대외적인 수출업자가 다르거나, 해외에서 물품을 조달해야 하는 경우 등이 발생하여 양도가능신용장이 종종 이용되고 있다. 구체적으로 양도가능신용장이 이용되는 경우를 보면 다음과 같다.

첫째, 원수익자가 제조시설을 갖추지 않은 중개업자로서 직접 물품을 공급하지 않고 물품생산자로부터 공급계약을 받아서 수출하는 경우이다. 이 경우 원수익자는 해외로부터 자기가 받은 신용장을 양도하고 수수료를 받거나 원신용장 금액과 양도신용장 금액과의 차액을 수취한다.

둘째, 원수익자가 생산시설을 갖춘 제조업자인 경우라도 원료공급업자에게 원료구입대금을 지불하기 위한 담보물로 이용한다.

셋째, 원수익자가 자신의 명의로 수출하지 않고 제2수익자의 명의를 빌려 수출을 대행하는 경우이다.

그리고 양도가능신용장은 중계무역에서도 많이 이용되고 있다. 예를 들어 우리나라 기업이 물품을 중국에서 조달하여 이를 미국으로 수출하는 경우, 미국의 수입업자가 양도가능신용장을 개설해주면 우리나라 수출업자는 이를 중국의 제조업자에게 양도한다. 중국의 제조업자는 우리나라 수출업자와의 공급계약에 따라 제2수익자가 되어 물품을 수입업자에게 직접 선적하고 현지은행에서 매입을 한다. 중국의 현지은행은 매입한 서류를 한국의 통지은행으로 송부하고 한국의 양도은행은 수익자에게 이 사실을 통보한다. 그러면 우리나라의 원 수출업자는 제1수익자로서 환어음을 자기가 발행한 것과 대체하고 그 차액을 받는다.

2) 신용장 양도의 요건

신용장의 양도는 개설의뢰인의 양도요청에 의해 개설당시부터 양도가능신용장으로 개설되어야 한다. 양도가능신용장이 개설되는 경우 물품의 공급업자와 매매계약 상의 수출업자가 다르기 때문에 일반적으로 수입업자인 개설의뢰인은 향후 물품의 품질 등과 관련하여 분쟁관계가 복잡해질 수 있기 때문에 기피할 수 있다. 따라서 반드시 개설의뢰인의 동의가 전제되어야 한다.

신용장 상에는 분명하게 신용장이 양도 가능함을 의미하는 “transferable”의 문구가 나타나야 한다. 이때 유사한 용어로서 “divisible”, “fractional”, “assignable”, “transmissible” 등의 용어를 사용하면 안 된다. 그런데도 이러한 표현들이 사용되면 은행은 이를 무시한다.

원수익자의 양도요청에 따라 양도를 실행하는 은행을 양도은행이라 한다. 신용장에 의한 대금결제를 특정은행에서 하도록 지정하고 있는 경우에는 그 은행이 양도은행이 되며 일반적인 매입신용장 등의 경우에는 특별히 한정하지 않으므로 매입할 권한이 있는 은행이면 양도은행이 될 수 있으므로 수익자가 선택할 수 있다. 원수익자가 은행에 양도를 요청한 경우 은행은 양도 여부를 선택할 수 있으며 무조건 양도에 응할 의무가 있는 것은 아니다. 양도은행이 확인은행인 경우에도 마찬가지이며 은행은 자신이 명백하게 동의한 한도와 방법에 의해서만 양도하면 된다.

 신용장 양도의 실행

(1) 양도의 횟수와 비용

신용장에 특별히 허용하고 있지 않는 한 원칙적으로 양도는 1회에 한하여 양도할 수 있다. 그러므로 일단 양도된 신용장이 제2수익자의 요청에 따라 제3수익자에게 또 양도될 수는 없다. 다만 제2수익자가 제1수익자에게 재양도하는 것은 허용된다. 만일 당사자들이 2회 이상의 양도를 원할 경우에는 이점을 분명히 신용장에 명시해야 한다.

신용장 양도에 따르는 제반 비용은 신용장에 별도의 지시가 없는 한 원칙적으로 원 수익자가 부담해야 한다.

(2) 전부양도와 분할양도

전부양도(total transfer)는 양도인이 원신용장금액의 전부를 1인의 양수인에게 양도하는 경우로서 양도 이후부터는 양수인이 신용장 상의 모든 권리를 행사하게 된다. 양도은행은 전부양도통지서(advice of total transfer)를 원신용장에 첨부하여 양도인에게 교부해주고 양수인에게는 양도신용장을 발급한다.

분할양도는 양도인이 원신용장금액 중 일부만을 양수인에게 양도해 주고 나머지는 자기가 이행하든가, 원신용장금액을 분할하여 여러 명의 양수인에게 나누어주는 경우를 말한다.

분할양도의 특징은 다음과 같다.

첫째, 분할양도는 원신용장에서 분할선적 및 어음의 분할발행이 허용되어야 가능하다.

둘째, 신용장이 분할 양도되더라도 조건변경의 당사자는 양도인이 되므로 양수인은 자기명의로 조건변경을 신청하거나 승낙할 수 없다.

마지막으로 하나의 신용장이 여러 사람에게 분할 양도된 경우에 신용장의 조건이 변경되면 이를 승낙한 양수인에게는 변경된 신용장의 효력이 발생하지만 거절한 양수인에게는 원신용장의 조건이 그대로 존속하게 된다.

분할양도 시에는 분할양도통지서(advice of partial transfer)에 양도금액, 관계상품 및 수량 등 원신용장조건을 명시한 후 양수인에게 교부하거나 원신용장 중 양수인에게 관계없는 곳을 삭제한 원신용장 사본을 통지서에 첨부하여 교부하기도 한다. 또한 이중 양도를 방지하기 위해 양도금액과 해당 상품명, 수량 등을 원신용장의 이면에 기재하고 원수익자에게 반환한다.

양도의 종류를 요약하여 정리하면 다음 표와 같다.

〈표 4-2〉 양도의 종류

구분		개품운송계약
양도방법	단순양도	제1수익자가 원신용장의 권리를 포기하여 별도 조건변경없이 신용장을 제2수익자에게 양도하는 것
	조건변경양도	제1수익자가 신용장양도에 따른 중계차익확보 등을 목적으로 원 신용장의 금액, 단가, 유효기일 등을 감액 또는 단축하여 제2수익자에게 양도하는 것
양도지역	국내양도	제1수익자 및 제2수익자가 동일한 국가내 소재
	국외양도	제1수익자 및 제2수익자가 다른 국가에 소재 - 단, 국외양도에 대한 금지문언이 없을 것 - 선적항 및 가격조건이 양도되는 국가와 모순되지 않을 것
양도금액	전액양도	원신용장전체금액을 하나의 제2수익자에게 양도
	분할양도	원신용장금액중 일부를 하나의 제2수익자에게 양도하거나, 원신용장전체금액을 다수의 제2수익자에게 양도

4. 양도 시의 조건변경

(1) 신용장 금액과 단가

양도신용장의 금액이나 단가는 원신용장의 금액이나 단가보다 감액할 수 있다.

특히 중개 차익을 목적으로 하는 경우 제1수익자는 신용장의 금액이나 단가를 감액하여 양도하고 그 차액을 이익으로 할 수 있게 되는 것이다. 예를 들어 원신용장에서 개당 10달러로 받았다면 개당 8달러로 양도하여 개당 2달러의 중간 차익을 실현할 수 있다.

(2) 신용장의 유효기일과 선적기일

신용장의 유효기일, 서류제시기간의 최종일 및 선적일은 원신용장에 명시된 기일보다 단축될 수 있다. 제1수익자가 중간 차익을 보기 위해서는 선적기일, 유효기일 및 서류제시기일의 단축이 필요하므로 이를 인정한 것이다.

(3) 보험금액

신용장을 양도하는 경우 금액이 감액되면 신용장에서 지시하는 원래의 비율대로 부보해도 원신용장금액에 해당하는 부보금액이 나오지 않는다. 예를 들어 원신용장금액이 100,000달러이고 부보비율이 110%라면, 90,000달러로 양도한 경우 원신용장에서 요구하는 부보비율대로 하면 900,000달러 × 110%로서 원래 부보 되어야 할 110,000달러가 되지 못한다.

따라서 이 경우에는 약 122.22%의 비율로 부보하면 원신용장에서 부보 할 수 있는 금액만큼 부보가능해지는 것이다. 결국 양도금액과 원신용장금액과의 차이가 클수록 부보비율이 높아져야 할 것이다.

(4) 양도 후의 신용장조건 변경

양도된 신용장의 취소나 조건변경에 대하여는 관계당사자인 개설은행, 수익자 및 확인은행 전원이 동의하면 가능하다고 볼 수 있다. 신용장이 분할 양도된 경우에는 특정의 수익자에 대해서만 조건변경이 가능하다.

5. 양도인의 권리

양도가능신용장이 개설된 경우 원수익자는 양도권한을 갖지만 이를 반드시 행사할 필요는 없고 만약 양도할 의사가 없으면 자신이 수익자로서 신용장을 이용할 수 있다. 그러나 양도가능신용장에서 양도인은 다음과 같은 권리를 가질 수 있다.

(1) 개설의뢰인의 성명 대체권

신용장이 양도될 때 제1수익자는 개설의뢰인의 이름을 자신의 것으로 대체할 수 있다. 왜냐하면 제2수익자가 수입업자의 이름과 주소를 알게 되면 향후 거래에서는 제1수익자를 거치지 않고 직접 거래하려고 하기 때문이다. 그러나 원신용장 상에 반드시 개설의뢰인의 성명을 밝혀야 한다고 명시되어 있으면 송장 이외의 서류에는 반드시 그렇게 해야 한다.

(2) 송장 대체권

양도가능신용장을 양도할 때 제1수익자는 수입업자인 개설의뢰인의 이름을 자신의 이름으로 대체하여 신용장을 양도한 경우 제2수익자는 송장을 제1수익자 앞으로 작성하게 된다. 이 경우 양도인은 자기 앞으로 작성된 송장 및 환어음을 자신이 작성한 송장 및 환어음으로 대체할 수 있다. 만일 신용장금액이나 단가를 낮추어 양도했다면 차액이 생기게 되는데 이 차액에 대하여 양도인은 환어음을 발행하여 양도차익을 가질 수 있다.

(3) 매입은행 등의 제한

양도인은 양도차익을 확실하게 보장받기 위해서 제2수익자인 양수인의 매입은행을 자신이 원하는 특정 은행으로 지정하거나 양도신용장의 매입기간을 제한 또는 사전 통보해 줄 것을 양수인에게 요구할 권리를 가진다. 그리고 양도인은 양도지역에서 환어음의 매입을 요구할 수 있다.

(4) 주요 내용의 은폐

양도인은 신용장의 양도와 관련된 제반 사항을 은폐할 수 있다. 특히 수입업자에게 중요한 양도사항을 알리지 않도록 매입은행 등 관련 은행에 요청할 수 있다. 만약 양수인, 양도금액 등 양도에 관한 사항이 원신용장의 개설의뢰인(수입업자)에게 밝혀지면 양수인과 개설의뢰인이 서로 연락하여 다음 거래 시부터 양도인을 빼고 자기들끼리 직접 거래할 수 있기 때문이다.

6. 신용장대금의 양도

양도가능신용장이 아닌 일반 신용장 하에서도 신용장대금을 제3자에게 양도하는 것은 가능하다. 예를 들어 수출업자가 일정 채무가 있을 경우 수출업자는 자신이 발행한 환어음과 운송서류를 제3자인 채권자에게 양도하고 그로 하여금 매입에 응하도록 하여 채무액을 변제할 수 있다. 제3자는 신용장거래와 무관한 당사자이라도 상관없고 매입은행은 환어음 소지인에게 대금을 지급한다.

〈서식 4-3〉 신용장 전부/분할양도신청서

APPLICATION FOR □Total □Partial Transfer

담당	검토자		결재권자

To : WOORI BANK

Date :

Re : L/C No.
Dated
Issuing Bank
Amount
Beneficiary
Accountee

Gentlemen :

We hereby request you to transfer irrevocably all of our rights of the above mentioned credit to the transferee under the same terms and conditions of the original credit with exceptions indicated hereunder :

Amount to be transferred :

Lastest shipping date :

Expiry date :

Description of commodities and other conditions

Any amendment to the credit hereafter made is to be advised to □ the first beneficiary
□ the second beneficiary

The original credit(including amendments to this date, if any) is attached herewith for your endorsement.

We agree to indemnify and hold you harmless against any and all losses, damages and expenses arising from your actions on this transfer.

This application is subject to the Uniform Customs and Practice for Documentary Credit. 1993 Revision. International Chamber of Commerce Publication No. 500.

Accepted by

Your very truly

______________________ ______________________

Name and Signature of Second Beneficiary

Name and Signature of First Beneficiary

인감 및 원본확인

수출(4030031, 310×297) 수출신용장양도신청서 백상지 80g/㎡ (2002. 11 개정)9

제 5 절 신용장의 매입과 서류인도

1. 운송서류 매입의 의의

수출업자는 환어음과 운송서류의 매입을 거래은행에게 의뢰하여 수출대금을 찾아가는데, 무역거래에서 매입(negotiation)은 수출업자가 발행한 환어음과 운송서류를 은행이 자기자금으로 매수하는 것을 말한다. 이 과정을 수출업자의 입장에서 보면 수출대금을 회수하는 과정이지만, 매입은행의 입장에서는 환어음과 운송서류를 개설은행으로 보내면 대금을 상환 받을 수 있다는 가정 하에 자기자금을 미리 지급하는 것이 된다. 매입은행은 환어음과 운송서류를 신용장 개설은행 혹은 별도의 상환은행에게 송부하여 매입자금을 회수한다.

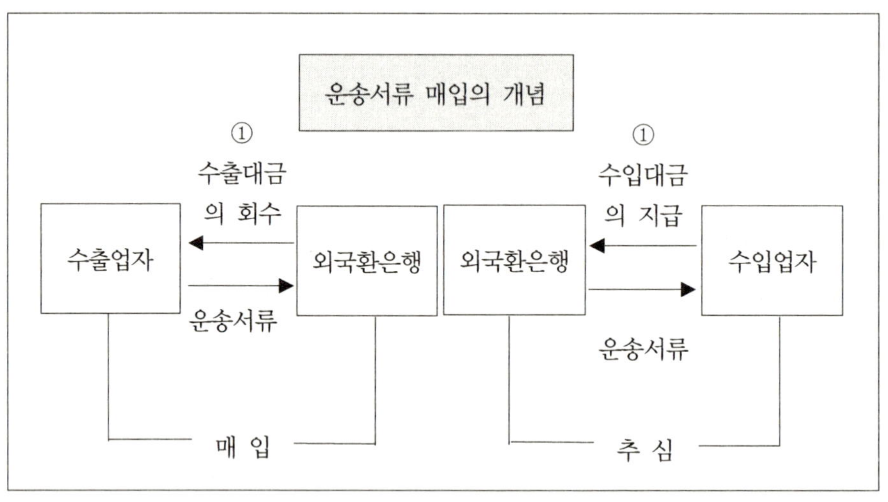

〈그림 4-16〉 운송서류 매입의 개념

 운송서류 매입 의뢰

(1) 외국환거래약정 체결

수출업자가 처음으로 외국환은행과 매입거래를 하려면 먼저 매입은행과 외국환거래약정을 체결해야 한다. 외국환거래약정은 수출업자와 매입은행 간의 계약으로서 매입에 따른 제반 사항을 약정하는 것이지만 수출거래와 관련된 주요 약정사항은 매입은행의 담보확보, 은행의 면책사항 등이다.

외국환거래약정 중 수출거래와 관련된 주요 사항은 다음과 같다.

① 수출업자는 수출물품 및 관련 서류를 매입과 관련된 모든 채무를 위한 담보로서 은행에 양도한다.

② 수출업자는 매입은행의 채권보전을 위해 백지로 된 약속어음을 연대보증인과 공동 발행하여 매입은행에 제공한다.

③ 수출업자는 매입과 관련하여 발생하는 모든 수수료, 이자, 할인료, 지연배상금, 손해배상금 등을 부담한다.

④ 수출업자는 환어음의 지급이 이루어지지 않으면 매입대금의 상환의무를 지고 곧 매입은행에 변제한다.

(2) 운송서류의 구비

매입은행과 외국환거래약정이 이루어지면 수출업자는 운송서류를 매입은행에 제출하고 매입을 의뢰한다. 신용장거래에서는 개설은행이 수출대금의 지급을 확약하고 있으므로, 매입은행은 환어음에 대한 실제 지급이 이루어지기 전에 미리 수출업자의 환어음을 매입하고 수출대금을 결제하는데 이를 "추심 전 매입"이라고 한다. 매입의뢰 시 수출업자가 구비해야 할 서류는 대략 다음과 같다.

① 수출환어음 매입신청서

② 수출신용장 원본

③ 수출환어음

④ 신용장 또는 선수출계약서에서 요구하는 운송서류 전통(full set)

⑤ 수출신고필증(대금결제용), 기타 은행요구서류

3. 운송서류의 매입완료

(1) 일람불 환어음의 매입

매입은행은 수출업자가 제출한 환어음 및 운송서류 등이 신용장조건과 일치하는지, 운송서류 상호간의 모순은 없는지 등의 여부를 면밀히 검토하여 매입을 결정한다. 일단 매입이 결정되면 매입은행은 신용장 뒷면에 매입일자, 매입번호, 금액, 은행명 등을 기재한 후 신용장과 함께 매입대금을 지급한다. 매입대금은 매입당일의 전신환 매입율(T/T buying rate)로 환산한 원화에서 환가료, 대체료, 우편료, 전신료, 무역금융 융자액 등을 공제한 잔액이다.

환가료는 우송기간의 이자를 말하는데 매입은행이 수출업자에게 매입대금을 지급하면 환어음과 운송서류가 개설은행으로 송부되어야 그 대금을 상환 받을 수 있기 때문에 매입시점과 개설은행의 상환시점 사이에는 환어음이 우송되는 기간만큼의 이자인 환가료를 수출대금에서 공제한다.

그리고 대체료는 수출대금을 외화로 인출할 때 매입은행에서 징수하는 수수료를 말하는데, 동종 통화로 매입하면 외화 매매율 차에 따른 수수료가 없기 때문에 대체료를 징수한다.

(2) 기한부환어음의 매입

수출업자가 일정기간 후 수출대금을 받을 경우 기한부환어음을 발행하는데 이때 만기일에 해당하는 이자를 수출업자가 부담하느냐 은행이 부담하느냐에 따라 수출업자의 신용공여와 은행의 신용공여로 나뉜다.

수출업자의 신용공여(shipper's usance) 방식은 외상기간 동안 수출업자가 자금회수를 보류함으로써 신용을 공여하는 방식이다. 기한부환어음 발행을 조건으로 하는 대부분의 매입신용장은 이 방식을 규정하고 있다. 매입은행은 수출업자가 개설은행 앞으로 발행한 기한부환어음을 매입하는데 통상 수출업자는 매입은행이 어음만기일까지의 이자와 수수료를 공제한 후 할인 매입해줄 것을 요청한다.

은행이 신용을 공여하는 은행신용(banker's usance)공여 방식은 신용장개설은행이 제공하는 "내국수입유전스"와 해외의 환거래은행이 제공하는 "해외은행인수"가 있다.

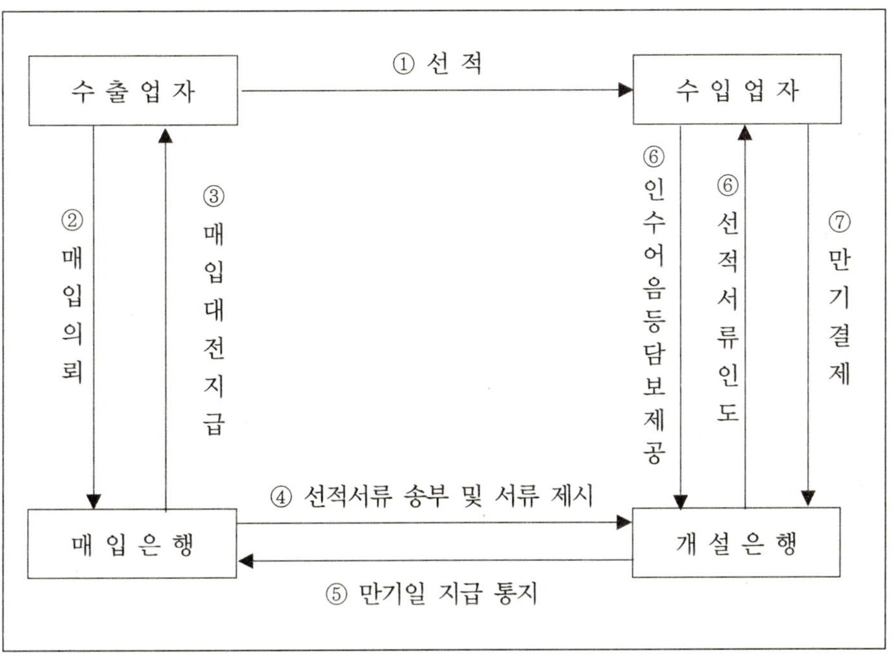

〈그림 4-17〉 기한부환어음의 매입과정

"내국수입유전스"는 외상기한동안의 수입업자에 대한 신용공여를 개설은행이 하고 매입은행은 일람불 조건으로 매입을 하는 것이므로 수출업자로서는 일람불방식의 매입과 똑같다. 개설은행은 서류를 받는 대로 매입은행에게 대금을 즉시 상환하지만 개설의뢰인으로부터는 만기에 대금을 받는다. 이 경우 신용장에는 다음과 같은 문구가 나타난다.

> You must negotiate the drafts on at sight basis since discount charges are for account of buyer.(할인수수료는 매수인의 부담이므로 귀사는 일람불 조건으로 환어음을 매입해야 함.)

"해외은행인수"란 개설은행과 환거래계약이 체결된 외국의 특정 은행이 외상기한 동안의 신용을 공여하는 형태를 말한다. 이 경우 개설은행은 해외의 환거래은행을 화환어음 인수은행으로 지정하고 인수수수료와 할인료를 개설은행이 부담하는 조건으로 매입하게 한다.

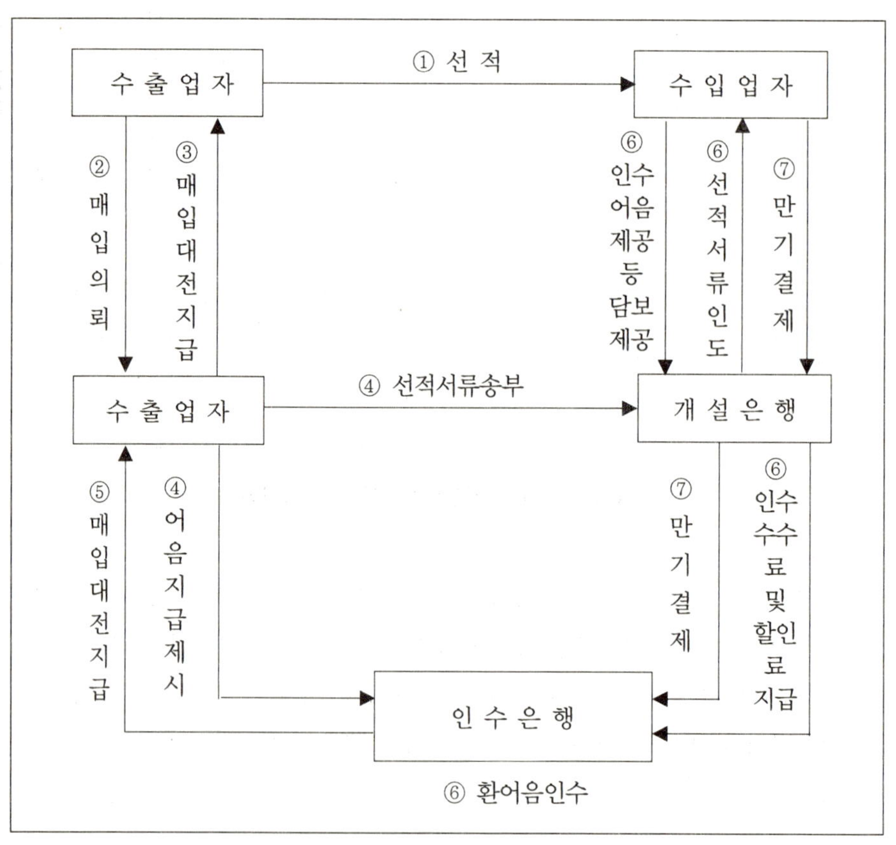

〈그림 4-18〉 해외은행인수 신용장의 매입

이 경우 수출업자로부터 일람불 방식으로 매입한 매입은행이 인수은행에 매입서류를 제시하면 인수은행은 매입대금을 상환해주고 자신은 만기일까지 기다려 개설은행으로부터 돌려받는다. 결국 외상기한(만기일)에 대한 자금부담은 인수은행이 부담하며 개설의뢰인은 외상기한에 대한 이자만 지불하고 수입대금은 만기에 가서 결제하게 되는 것이다.

(3) 불일치 운송서류의 조건부 매입

수출업자가 매입 의뢰한 운송서류에 신용장 조건과의 불일치 사항이 발견되면 매입은행은 원칙적으로 매입을 거절하지만 수출업자의 신용상태, 거래관계 등을 감안하여 일정 조건 하에서 매입을 하기도 한다.

가) 불일치 사항의 정정

이 방법은 매입은행이나 수익자에게는 가장 안전한 방법이나 특히 매입은행은 서류에 불일치가 없어야 개설은행으로부터 상환을 받을 수 있기 때문에 시간적 여유가 있다면 수익자로 하여금 불일치 사항을 정정하도록 하여 매입하는 것이 안전하다.

나) 추심 후 매입

매입은행이 매입을 할 때 대금을 먼저 지급하는 것이 아니라 개설은행에게 일잔 운송서류를 보내고 개설은행으로부터 상환이 이루어지면 수출업자에게 대금을 지급하는 방법이다.

다) 조회 후 매입

매입은행이 개설은행에 전신으로 서류상의 하자사항을 문의한 후 개설은행의 동의가 있을 경우 매입한다.

라) 조건변경 후 매입

신용장의 조건을 준비된 서류에 맞도록 변경하여 매입한다. 이 경우의 매입은 정상적인 매입이므로 시간적인 여유만 있다면 가장 바람직한 방법이다. 개설은행이 수락한다는 회신은 신용장의 조건변경과 동일한 효과를 발휘하기 때문이다. 그러나 이 방법은 조회에 대한 회신을 받기까지 시간이 많이 소요될 수 있다는 것이 단점이다.

마) 하자부 매입

불일치 사항에 대한 모든 책임을 수출업자가 부담한다는 일종의 보증각서(Letter of Indemnity)를 첨부하여 매입하는 방법이다. 하자부 매입에 따른 모든 책임과 비용은 수출업자가 부담한다. 주로 신용장 유효기일이 얼마 남지 않거나 자금이 급히 필요한 경우 이용된다.

4. 운송서류의 발송

매입절차가 끝나면 매입은행은 "Covering Letter"를 작성하여 운송서류 및 환어음과 함께 신용장개설은행으로 신속히 송부하여 매입대금의 상환을 청구한다. "Covering Letter"는 개설은행 앞으로 개설은행의 신용장을 자기 은행에서 매입하였다는 뜻과 발송서류의 명세, 상환에 관한 지시사항 등을 기재하여 작성한다. 그리고 운송서류는 분실에 대비하여 통상 2조(set)로 나누어 송부한다. 개설은행은 운송서류가 신용장요건과 일치하면 상환대금을 개설은행에 예치된 매입은행의 계정으로 입금시켜 준다.

만약 개설은행으로부터 지급거절 통지를 받았거나 상당한 기간이 경과되어도 상환되지 않으면 매입은행은 해당 매입거래를 부도처리하게 된다. 매입은행은 부도등록과 동시에 수출업자에게 부도사실을 통지하고 해당 매입대금과 부도이자를 상환 청구한다. 수출업자가 이를 거부할 경우에는 매입은행은 수출화물에 대한 채권보전절차를 취하여 대출금규정에 따라 처리한다.

 운송서류의 인도

매입은행에서 매입한 선적서류를 개설은행에 송부하면 개설은행은 환어음과 운송서류를 접수하여 자신이 개설한 신용장의 조건들과 일치하는지 심사하고 수입업자로부터 대금을 상환 받은 뒤 수입업자에게 서류를 인도하게 된다.

1) 운송서류의 심사

개설은행은 운송서류가 도착하면 즉시 이 사실을 수입업자에게 알리고 운송서류가 신용장상의 요건과 일치하는가의 여부를 검토하여 이를 수리할 것인지 또는 거절할 것인지를 결정한다. 이 때 개설은행은 운송서류가 문면 상 신용장 조건과 일치하는지 여부에 대해서 상당한 주의를 가지고 심사해야 한다. 그리고 신용장에 명시되지 않은 일반조건은 신용장통일규칙에 따라 심사한다.

개설은행은 은행영업일(banking day)로부터 5일 이내에 수리 여부를 결정해야 하며 만약 모든 운송서류가 신용장조건과 일치하면 즉시 서류를 수리하고 매입은행에 대금을 상환해야 한다. 개설은행은 신용장의 독립・추상성에 따라 신용장조건과 일치하는 서류에 대해서는 무조건 신용장대금을 상환해야 할 의무가 있다.

만약 운송서류를 심사한 결과, 서류 상호간에 모순이 있거나 신용장상의 요건과 일치하지 않을 경우, 개설은행은 전신 또는 신속한 방법으로 운송서류의 수리거절을 매입은행에 통보해야 한다. 개설은행은 독자적 판단에 따라 운송서류의 수리 여부를 결정해야 하지만 일단 수입업자에게 서류상의 하자에도 불구하고 운송서류를 인수할지의 여부를 문의하는 것이 바람직하다. 왜냐하면 수입업자는 시장상황에 따라 꼭 필요한 수입인 경우 서류상의 어느 정도 하자에도 불구하고 인수할 수 있기 때문이다.

일반적으로 개설은행과 수입업자는 환어음 및 운송서류에 대해서 다음과 같은 사항을 검토한다.

- 신용장에서 요구하고 있는 운송서류가 모두 제시되었는지 여부
- 신용장에서 요구하고 있는 통수대로 운송서류가 제시되었는지 여부
- 운송서류가 신용장의 요구사항과 일치하는지 여부
- 운송서류 상호간에 모순이 있는지 여부
- 서류 발행자의 자격이 충족되었는지 여부
- 운송서류가 소정의 형식을 갖추었는지 여부
- 환어음, 선하증권, 보험증권 등 유가증권의 권리가 정당하게 양도되었는지 여부

2) 수입대금의 지급절차

수입업자는 운송서류가 상호 모순이 없고 신용장의 내용과 일치하면 개설은행에 수입대금을 지급하고 운송서류를 인수한다. 만약 신용장조건이 일람불이면 수입업자는 대금을 지급하는 즉시 운송서류를 인수할 수 있다. 그러나 기한부조건으로 수입한 경우에는 수입대금을 당장 지급할 필요가 없기 때문에 운송서류 인수증만 제출하고 운송서류를 인수할 수 있다. 수입업자는 환어음의 만기일에 이자를 추가하여 결제해야 한다.

그러나 수입업자가 정해진 기간 내에 운송서류를 찾아가지 않으면 개설은행은 별도의 이자를 징수한다. 예를 들어 일람불신용장일 경우 수입업자가 운송서류 도착일로부터 3일 이내에 수입대금을 결제하면 추가이자를 부담하지 않지만, 4일 이후 7일 이내에 결제하면 10일간의 환가료를 부담해야 한다. 그리고 수입업자가 이 기간도 초과하면 개설은행은 수입대금의 변제시점까지 외화연체이자를 징수하고 운송서류를 인도하지 않는다.

대부분의 경우 수입업자는 수입대금을 지급하고 운송서류를 찾아가지만, 우리나라에서는 수출용 원자재를 해외에서 수입할 경우에는 수입대금을 지급하지 않고 대도(貸渡 : trust receipt)를 개설은행에 제출하고 운송서류를 찾아가는 제도가 있다. 이 제도는 개설은행이 수입업자(완제품 수출업자)를 지원하기 위해 운송서류를 빌려주고 이 운송서류로서 원자재를 입수하여 완제품을 수출하도록

하기 위한 것이다.

3) 수입결제환율

수입업자가 운송서류를 인수하기 위해 수입대금을 지급할 때 적용하는 환율은 신용장대금의 상환방식에 따라 달라진다.

(1) 송금방식에 의한 상환

송금방식의 상환은 개설은행이 수입업자로부터 수입대금을 결제 받은 후 이 금액을 매입은행에 송금해주는 방식이다. 따라서 개설은행은 자기 자금의 부담이 전혀 따르지 않고 단지 수입업자로부터 수입대금을 받아 이를 매입은행에 상환해주는 결과가 된다. 반면 매입은행은 수출업자에게 수출대금을 지급한 후 일정 기간이 지난 뒤에 대금을 회수하므로 이 기간에 해당하는 이자를 수출업자로부터 징수한다.

따라서 이 방식에서 수입업자가 결제할 때 적용하는 환율은 전신환매도율이 된다. 전신환매도율은 외국환은행이 일반 고객(수입업자)에게 전신환을 매도할 때 적용하는 율을 말한다. 즉 개설은행은 수출지의 매입은행이 송부해 준 외화표시의 수입환어음을 수입업자에게 제시하는 것은 곧 외국환을 매도하는 것과 마찬가지이므로 전신환매도율을 적용하는 것이다.

(2) 차기방식에 의한 상환

차기방식(debit basis)또는 상환방식(reimbursement basis)으로 매입대금을 상환할 경우에는 수출업자가 매입은행으로부터 수출대금을 찾아가면 매입은행은 개설은행의 환거래은행에 예치되어 있는 개설은행의 구좌에서 이 대금을 즉시 인출한다. 최근의 신용장거래에서는 차기방식으로 상환하는 경우가 대부분이다. 그러나 개설은행은 매입은행으로부터 운송서류가 송부되어 와야 수입업자로부터 대금을 받을 수 있으므로 서류운송기간의 이자에 해당하는 환가료를 수입업자로부터 받는다.

기한부 수입신용장일 경우에는 그 기한에 해당하는 이자를 수입업자가 추가로 부담해야 한다. 따라서 이때는 기한부기간이 끝나는 만기일의 전신환매도율에 기한부기간에 해당하는 이자를 추가한 연지급어음결제율이 적용된다.

〈표 4-3〉 수입대금 결제금액 산정방식

① 송금방식인 경우 전신환매도율(T.T Selling Rate) × 수입금액 = 결제금액 ② 차기 또는 상환방식인 경우 전신환매도율 + 환가료(지역일수 / 360 × 연환가료율 × 매매기준율) = 수입어음결제율 ③ 기한부(일람 후 30일 · 60일 · 90일 · 120일 · 150일 등과 같은 환어음의 지급기간)인 경우 물품대금 = 신용장금액 × 유전스(usance) 상환일기준 전신환매도율 유전스이자 = 수입금액 × 유전스이자율 × 유전스기간/360 × 수입어음결제율

4) 수입화물선취보증서의 활용

일반적인 신용장거래는 개설은행이 수출지 매입은행으로부터 송부되어 온 운송서류를 수입업자에게 제시하고 수입대금을 회수함으로써 사실상 종결된다. 그리고 수입업자는 선하증권으로 화물을 찾아 수입통관절차를 필하고 해당 관세 등 세금을 납부하면 수입거래도 끝난다. 이런 일반적 거래가 성사되기 위해서는 수입화물이 수입항에 도착할 때 혹은 그 전에 이미 운송서류가 개설은행에 도착하고 수입업자나 제3자가 선하증권을 소지하고 있어 수입화물을 곧 찾을 수 있어야 한다.

그런데 우리나라와 일본, 우리나라와 중국 간의 거래에서는 항해일수가 너무 짧아 수입화물은 이미 수입항에 도착했는데, 이를 찾을 수 있는 선하증권 등의 운송서류는 아직 목적지 즉 개설은행에 도착하지 않은 경우가 다반사이다. 따라서 수입업자는 수입화물을 찾고 싶어도 선하증권이 없어 못 찾고, 선박회사나 항구 등의 창고는 이런 화물로 포화상태에 이르게 된다. 즉, 항해일수가 짧은 근거리 지역에서나 항공수송인 경우 화물이 먼저 도착해 있지만 관계서류가 없어 화물을 찾지 못하는 것이다.

이런 근거리 무역거래에서 발생하는 화물 선(先) 도착 현상을 해결하기 위해서는 수출지에서 선하증권 등 운송서류를 빨리 보내주거나[12] 수입지에서 선하증권 없이 화물을 찾을 수 있는 방안을 강구해야 하는데 실무에서 많이 사용되는 것이 선하증권 대신 화물을 찾을 수 있는 수입화물선취보증서(letter of guarantee)를 이용하는 것이다. 이 수입화물선취보증서는 선하증권의 원본 대신에 수입업자가 화물을 인수하기 위해 선박회사에 제출하는 일종의 보증장을 말한다.

그런데 선박회사는 법적으로 선하증권과 상환하여 화물을 인도해야 할 의무가 있으며 화물선취보증서와 교환하여 화물을 인도하는 것은 어디까지나 근거리무역에서 화물을 빨리 찾기 위한 편법에 불과하다. 만약 화물선취보증서와 상환으로 화물을 인도한 후, 또다시 동일 화물에 대해 정식으로 선하증권을 제시하고 화물 인도를 요구하면 선박회사는 그에 대한 책임이 있다.

따라서 선박회사는 화물선취보증서와 교환으로 화물을 인도할 때 선하증권이 더 이상 사용되지 않고 여기에 대한 모든 책임을 부담한다는 개설은행의 보증을 요구하므로, 화물선취보증서는 반드시 개설은행이 발행하거나 개설은행의 보증이 첨부되어야 한다. 미국계 은행들은 화물선취보증서를 "Letter of Indemnity", "Steamship Guarantee"라 부르기도 한다.[13]

---

12) 간혹 수출업자가 수출대금을 확보했으면 선하증권 상에 "surrender" 라는 양도 서명을 하고 본선과 함께 수입항구로 전달되기도 한다.

13) 신용이 확실하거나 담보가 충분하면 수입업자는 수입대금을 결제하지 않은 채 화물선취보증서를 이용해서 미리 수입할 수 있다. 특히 외국의 수출업자로 하여금 고의로 운송서류를 늦게 제시하도록 하고 수입업자는 빨리 화물을 찾게 되면 상당 기간 수입자금 없이 국내 영업을 할 수 있다.

외국환거래 약정서

(수출 · 수입 · 내국신용장발행 · 내국신용장환어음매입(추심)거래)

제2장 수출거래에 대한 특약

제9조 환거래은행 및 송달방법의 선정

신용장 또는 계약서, 매입신청서 등에 명시되어 잇지 않은 경우 환거래은행 및 화환어음의 송달방법은 은행이 선정하기로 한다.

제10조 결제기간의 연장

지급의무자가 결제기간의 연장을 요청한 경우 은행은 본인의 동의를 얻어 승낙할 수 있다. 다만 은행이 부득이하다고 인정하는 때는 본인의 동의 없이 승낙할 수 있다. 이 경우 은행은 승낙한 사실을 곧 본인에게 통지한다.

제11조 매입대금상환

① 다음 각 호에서 정한 사유중 하나라도 발생한 경우 본인은 은행으로부터 독촉, 통지 등이 없어도 당연히 다음 각 호에서 정한 화환어음 매입대금의 상환의무를 지고 곧 변제하기로 한다.

1. 본인에 대하여 은행여신거래기본약관 제7조 제①항(당연 기한 전 채무변제의무) 각호에서 정한 사유중 하나라도 발생한 경우에는 모든 화환어음
2. 화환어음의 지급의무자에 대하여 은행여신거래기본약관 제7조 1항(당연 기한 전 채무변제의무) 각호에서 정한 사유중 하나라도 발생한 경우에는 그 자가 지급의무자로 되어 있는 모든 화환어음
3. 은행의 관련규정이 정하는 기간까지 은행의 매입대금이 입금되지 아니하거나 화환어음의 인수가 이루러지지 아니하는 경우와 그 화환어음
4. 환거래은행 등으로부터 지급 또는 인수 거절된 경우의 그 화환어음
5. 본인이 화환어음 만기일 이전에 매입대금을 상환하고자 하는 경우의 그 화환어음

② 본인에 대하여 은행여신거래기본약관 제7조 제④항 및 제⑤항(은행의 서면독촉에 의한 기한 전 채무변제 의무) 각호에서 정한 사유중 하나라도 발생한 경우 본인은 은행의 서면독촉통지 도달일로부터 10일 이상으로 은행이 정한 기간이 경과하면 모든 화환어음 매입대금의 상환의무를 지고 곧 변제하기로 한다.

③ 제①항 및 제②항과 관련하여 본인은 매입당시의 외화여신 연체이율로 매입일로부터 지급일까지 계산한 손해배상금을 지급한다. 이 경우 은행은 매입당시 징수한 환가료를 환급한다.

④ 제①항 및 제②항과 관련하여 본인은 매입신청 시 제출한 화환어음 또는 매입신청서에 근거하여 매입대금을 상환하여 은행은 본인이 매입대금과 이에 부수하는 손해배상금, 수수료, 비용 등을 변제할 때까지 화환어음 및 수출물품에 대하여 모든 권리를 행사한다.

제12조 화환어음 등의 반환

① 이 약정에 의하여 은행에 대한 채무의 변제 또는 은행여신거래기본약관 제9조(은행으로부터의 상계 등)에 의한 상계 등의 경우 은행은 본인에게 화환어음 및 수출물품을 채무변제 등의 시점에 반환하지 아니하여도 된다.

② 본인은 은행이 반환하는 화환어음을 은행에서 수령한다. 다만, 수출물품은 화환어음을 수령함으로써 반환받은 것으로 한다.

③ 은행의 책임 없는 사유로 인하여 화환어음 및 수출물품의 반환이 불가능한 경우 은행의 반환의무는 없는 것으로 한다.

제3장 수입거래에 대한 특약

제13조 신용장의 발행, 통지 및 환거래은행 등의 선정

① 은행은 본인이 제출하는 신용장발생신청서(조건변경신청서 포함) 등의 기재사항에 따라 신용장을 발행, 통지한다.

② 신용장발행신청서에 명시되어 있지 않은 경우 환거래은행(통지은행, 매입은행, 지급은행, 인수은행, 확인은행, 기타 관련은행을 말한다. 이하 같음) 및

통지방법은 은행이 선정하기로 한다.

제14조 대도물품의 처분

① 본인은 대도물품을 입고, 운반, 출고, 가공, 매도 이외의 목적으로 사용하거나 제3자에게 담보로 제공할 수 없으며, 또한 기타 은행의 권리를 해하는 행위도 할 수 없다.

② 본인은 대도물품을 매도할 경우 금액, 물품의 인도, 대금의 영수방법 등에 관하여 미리 은행의 동의를 받는다.

③ 본인은 대도물품의 매도대금 영수 후 곧 은행에 지급하며 매도대금을 어음, 기타 유가증권 등으로 받은 경우에는 이를 곧 은행에 양도한다.

제15조 신용장조건과 불일치하는 화환어음

① 은행이 채권보전을 위하여, 필요하다고 인정하는 경우 은행은 신용장조건과 불일치하는 화환어음에 대하여 본인의 동의 없이 지급 또는 인수를 거절할 수 있다. 이 경우 은행은 본인에게 사후통지 하기로 한다.

② 화환어음이 은행에 도착하기 전 신용장조건과의 불일치를 사유로 환거래은행 등으로부터 지급 또는 인수 등의 동의여부에 대한 조회를 받은 경우에도 제①항과 같다.

③ 은행이 본인에게 신용장조건 불일치에 관한 조회를 하였으나 본인의 회보가 은행의 관련규정이 정한 기간 내에 도착하지 않는 경우 은행은 화환어음의 지급 또는 인수에 대한 동의 또는 거절여부를 결정할 수 있다.

제16조 결제일

본인은 대금의 결제조건이 일람출급인 경우에는 화환어음(차기통지서가 먼저 도착하는 경우에는 그 차기통지서) 도착 후 은행의 관련규정이 정한 기일 이내에 결제하고, 기한부 출급인 경우에는 만기일에 결제한다.

제17조 수입물품선취보증서에 의한 수입물품 인도

① 본인은 화환어음 도착 전에 운송회사로부터 수입물품을 인도받고자 하는 경우 은행에 수입물품 선취보증서(항공화물운송장에 의한 수입물품 인도 승락서를 포함한다. 이하 같음) 발급을 신청하여 은행의 사전승낙을 받아야 한다.

② 본인은 수입물품선취보증서의 발급을 신청하는 경우 은행의 관련 규정이

정하는 바에 따라 수입결제대금을 적립한다.

제18조 신용장의 최소 및 조건변경

① 은행은 본인이 신청한 경우에 한하여 신용장을 취소 또는 조건 변경할 수 있다. 다만, 그 효력은 신용장의 최소 또는 조건변경의 당사자(개설은행, 수익자, 확인신용장의 경우는 확인은행) 전원의 도의가 있어야 비로소 발생한다.

② 제①항 본문에 불구하고 유효기일 경과 등 상당히 사유가 있는 경우 은행은 신용장을 취소할 수 있다. 이때 은행은 본인에게 사후 통지한다.

제19조 제3자 명의의 신용장발행

본인이 제3자 명의의 신용장발행을 은행에 본인명의로 신청한 경우에는 모든 부분에 있어서 이 약정이 적용된다.

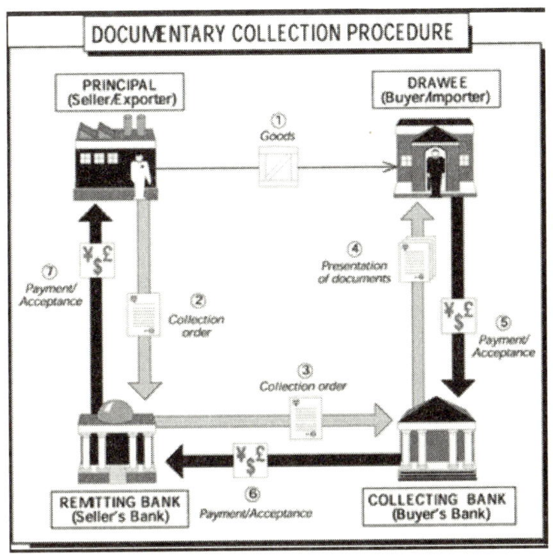

(Edward Hinkelman, International Payments, 2000)

Chapter 5

무신용장 결제방식

무신용장 결제방식

송금방식

1. 송금의 의의

송금(remittance)은 채무자가 채무금액을 채권자에게 송부함으로써 채권 · 채무의 관계를 청산하는 것을 의미한다. 추심의 경우는 채권자가 채무자에게 먼저 채무의 변제를 요청하는 환어음 등을 보내지만 송금은 채무자가 먼저 채무금액을 결제하게 된다. 신용장 방식 및 D/A · D/P 방식의 거래는 채권자인 수출업자가 채무자 앞으로 환어음을 발행하여 수출대금을 회수하는 것이기 때문에 추심방식에 해당된다.

신용장방식의 거래에서는 개설은행의 지급확약 등 여러 가지 은행 업무를 이용하는 데 따라 수수료가 많이 들고 매매당사자와 은행 간의 복잡한 법률관계가 등장하게 된다. 그리고 D/A · D/P 방식의 거래에서도 비록 은행의 지급확약은 없지만 추심의뢰은행이 추심서류를 송부하는 등 일정한 추심절차가 따르며 또한 상당한 추심수수료가 소요된다.

반면 송금방식의 거래에서는 수출업자가 화물을 찾을 수 있는 운송서류를 수입업자에게 직접 송부하고, 수입업자도 수입대금을 수출업자에게 직접 송금하기 때문에 은행의 지급확약이 필요 없을 뿐더러 은행의 서류송부절차 등도 생략된다. 그리고 송금 과정에 관여하는 은행도 송금은행 및 지급은행 뿐이다. 따라서 송금방식은 다른 결제방식에 비해 금융비용이 적게 들며 결제과정이 매우 간단하다.

그러나 송금방식의 거래에서는 은행의 지급확약이 따르지 않기 때문에 대금회수불능의 위험이나 상품입수불능의 위험이 발생할 수 있다. 이는 송금 시기에 따라 달라질 수 있는데 만약 사전에 송금하기로 약정되었다면 수입업자는 계약물품을 정확히 받아볼 수 있을 지 불안하고, 사후에 송금을 하기로 한다면 수출업자가 대금을 받을 수 있을 지 불안하게 된다.

이런 연유로 송금방식은 두 당사자가 서로 믿을만한 관계이거나 본 · 지사 간의 거래인 경우에 많이 활용된다. 특히 본 · 지사 간의 거래는 일정 기간 상호약정에 따라 장부상으로 결제하고 만기일에 그 차액만을 송금함으로써 매번 결제하는데 따른 금융수수료를 절약하고 있다. 최근 우리나라 수출 패턴이 본사와 해외 지사 간의 거래 형태로 바뀜에 따라 송금방식에 의한 결제가 증가하고 있는 실정이다. 또한 통신환경의 발달로 신용조회가 원활해지고 매매당사자간에 실시간 의사교환이 가능해지면서 상대방 신용에 대한 불확실성이 감소한 것도 송금방식이 증가하고 있는 한 배경이 되고 있다.

2. 송금환의 종류

송금거래에서 사용되는 채무자가 채권자에게 보내는 외국환을 송금환이라 하는데 이에는 송금수표, 우편송금환 및 전신송금환이 있다.

(1) 송금수표(Demand Draft)

송금수표는 보통 송금환이라고 하는데 수입업자가 거래은행에 수입대금을 납부하고 송금수표로 교환해 줄 것을 요구하면 외국환은행은 수출업자를 수취인

(payee)으로 하고 수입업자 거래은행의 해외 본·지점 혹은 환거래은행을 지급은행(drawee)으로 하는 송금수표를 교부해 준다. 그런 다음 지급은행에게 송금수표발행통지서(drawing advice)를 송부한다. 수입업자는 송금수표를 수출업자에게 우송함으로써 수입대금을 결제하게 된다. 수출업자는 이 송금수표를 지급은행에 제시하여 수출대금을 회수하게 되는데 지급은행은 송금은행에서 보내온 송금수표 발행통지서와 수취인이 제시한 수표를 대조한 후 수취인에게 지급한다.

송금수표는 발행은행이 지급은행 앞으로 직접 우송하는 것이 아니고 수입업자가 수출업자에게 보내기 때문에 위조나 분실의 우려가 있다. 이에 따라 수입국의 송금수표 발행은행은 수표발행통지서를 수출국의 지급은행 앞으로 보내고 지급은행은 수출업자가 제시한 송금수표와 수표발행통지서를 상호 대조하여 현금을 지급한다. 그리고 송금수표로는 일반적으로 은행이 발행하는 은행수표(banker's check)가 이용된다.

(2) 우편송금환(Mail Transfer)

우편송금환이란 수입업자가 수출업자에게 수입대금을 결제하기 위해 일정 금액을 은행에 위탁할 경우 사용되는 환을 말한다. 수입업자가 거래은행에 수입대금을 위탁하면서 수출업자에게 지급해주도록 요청하면 수입업자 거래은행은 수출업자가 소재하는 외국환은행 앞으로 수출업자에게 일정 금액을 지급해주도록 지급지시서(payment order)를 우편으로 보낸다. 지급지시서를 받은 은행은 수출업자의 신분을 확인한 후 수출대금을 지급하고 이 대금은 지급지시를 한 수입국 은행의 예금계정에서 인출한다.

우편송금환은 수입국 은행이 지급지시서를 우편으로 수출국 은행 앞으로 보내기 때문에 분실위험 및 이자 부담 등이 따르게 된다. 즉 수입업자가 거래은행에 수입대금 지급을 위탁하는 시점과 수출업자가 수출대금을 찾아가는 시점 사이에는 우편일수만큼 차이가 나기 때문에 이 기간 동안 이자를 누가 부담해야 하는가를 사전에 약정해야 한다. 따라서 우편송금환은 소액의 송금 거래 시 주로 이용되고 있다.

(3) 전신송금환(Telegraphic Transfer)

우편송금환과 원리는 동일하지만 단지 지급지시를 전신으로 한다는 점에 차이가 있다. 수입업자가 수입대금을 수출업자에게 지급해 주도록 일정금액을 거래은행에 위탁하면, 거래은행은 이를 전신으로 수출지 외국환은행 앞으로 통지를 하고 수출업자는 즉시 수출대금을 회수할 수 있다.

전신송금환을 이용할 경우에는 전신 그 자체가 지급지시서 역할을 하기 때문에 이를 취급할 때는 기재사항 등을 면밀히 검토해야 한다. 전신송금환은 당일 또는 그 다음 날 결제되기 때문에 이자 문제가 발생하지 않으므로 무역거래에서는 거액의 송금 시 혹은 시급한 경우에 많이 사용된다. 전신송금환은 신속히 결제되고 유리한 환율이 적용되기 때문에 수출업자들은 전신송금환을 선호하지만 수입업자의 경우에는 전신료 부담이 따르게 된다.

3. 전신송금환에 의한 결제과정

송금방식에서도 채무자가 현금을 직접 송금하지 않고 송금수표, 우편송금환, 전신송금환 등 여러 가지 환을 이용하는데 무역거래에서 가장 많이 사용하는 것은 전신송금환이다. 전신송금환을 이용해서 결제하는 경우를 실무상 "T/T base"라 하는데 대금결제과정이 단순하기 때문에 최근 우리나라 수출거래에서 많이 활용되고 있다. 전신송금환에 의한 결제과정을 살펴보면 <그림 5-1>과 같다.

1) 수출업자와 수입업자가 매매계약을 체결하면서 대금은 전신송금환으로 결제하기로 한다.
2) 수입업자가 수입대금을 결제하기 위해 일정 금액을 수출업자에게 송금해 줄 것을 거래은행(송금은행)에 의뢰한다.
3) 송금은행은 수출업자가 소재하는 지역의 환거래은행을 지급은행으로 지정하여 수출업자에게 일정 금액을 지급할 것을 전신으로 지시한다.
4) 지급은행이 수출업자에게 송금도착통지를 하면 수출업자는 이 통지를 받는 즉시 수출대금을 회수할 수 있다.

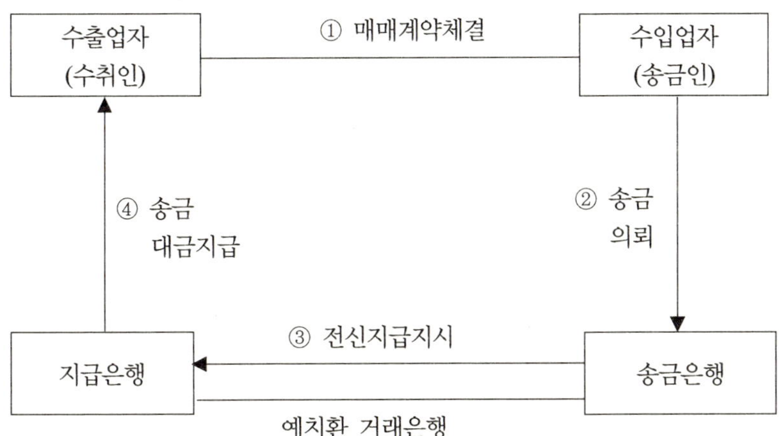

〈그림 5-1〉 전신송금환에 의한 결제과정

4. 송금 시기

송금방식의 결제는 송금시기에 따라 사전송금방식과 사후송금방식으로 구분되는데 된다. 사전송금방식은 수입업자가 선적 전에 수입대금 전액을 수출업자에게 송금하는 선불방식이다. 그리고 사후송금방식은 수입업자가 수입물품의 인도와 동시에 또는 일정 기간이 지난 뒤에 수입대금을 송금하는 방식이며 우리나라에서는 이를 대금교환도 조건이라 한다.

1) 사전송금(Cash with Order: CWO)

사전송금은 수입업자가 물품을 받아보기 전에 미리 대금을 수출업자에게 송금해주는 선불(cash in advance) 방식을 말한다. 따라서 수출업자는 선적 전에 수출대금을 받을 수 있다. 지불수단은 은행어음이나 개인수표, 혹은 수출업자가 지정하는 계정에 대한 전신송금으로 이루어진다. 수표를 받았을 경우에는 선적하기 전에 수표를 추심하여 결제된 것을 확인한 다음 선적하는 것이 안전하다.

대금지불이 선적 전에 이미 이루어지기 때문에 수입업자 입장에서는 선적이 지연된다거나 물품의 품질이 열등한 경우 그 해결을 수출업자의 상도의에 의존할 수밖에 없다. 수입업자 입장에서는 이처럼 위험이 매우 높기 때문에 다른 결제방식이 불가능할 경우에 수용할 수 있는 조건이다.

본 · 지사 간 거래가 아닌 일반적인 거래에서 수출업자가 이 방식을 요구할 수 있는 상황은 상품이 독보적이어서 매우 수요가 높은 경우나 경제 · 정치적 상황이 불안정한 국가에서 주문을 받을 경우이다. 또한 소량의 견본주문을 받을 경우나 대형 수입업자가 중소규모 수출업자에게 제조비용을 지원하기 위해 선급금을 지급하기 위해서도 사용될 수 있다. 그 밖에 소규모의 신규거래이거나 매수인이 추심이나 신용장거래에 따르는 환수수료 등을 지불하려고 하지 않는 경우 등에 이용될 수 있다.

사전송금방식은 수출업자에게는 매우 유리한 방식이지만 수입업자에게는 그만큼 위험이 따르기 때문에 수출업자가 대기업이거나 소액의 거래 시 이용되고 있다. 따라서 수출업자가 이 조건을 제시하고자 한다면 선불조건을 고수할 만큼 시황이 “seller's market”인지 또는 수입업자가 미리 대금일부를 지불할 용의를 가지고 있는지 등을 고려해보아야 한다.

반대로 수입업자가 이 조건을 제시받는 경우에는 수출업자가 계약조건을 준수하고 약정된 물품을 선적할 것인지, 또한 만일 물품이 주문대로 선적되지 않은 경우에는 어떤 구제조치를 취할 수 있는지의 문제를 생각해보아야 하며 수출업자 국가의 경제적, 정치적, 사회적 불안정으로 인해 수출업자가 약속대로 선적할 수 없는 가능성은 없는지 등도 고려해야 한다.

2) 사후송금

수출물품의 인도와 동시에 또는 인도 후 일정 기간 이내에 수출대금 전액을 외국환은행을 통하여 송금 받는 거래이다. 대금결제기간은 수출업자가 자율적으로 결정하며 본 · 지사간의 거래에서는 1년 이내이어야 한다. 사후송금방식은 러시아, 베트남 등과 같이 신용장개설 및 환 결제에 어려움이 많은 지역과 과다한 인지세로 인하여 대금결제 시 환어음의 발행을 꺼리는 일부 유럽지역(이태리 등)으로 수출할 때 종종 이용되고 있다.

(1) 현물상환방식(Cash On Delivery; COD)

현물상환방식은 물품과 현금을 직접 서로 바꾸는 결제방식을 말한다. 통상적으로 수출업자가 물품을 선적한 후 수입업자 소재지에 있는 자신의 지사나 대리점 앞으로 선적서류를 보낸다. 그러면 대리인은 이 선적서류를 받아 상품을 수입통관하고, 수입업자는 현지에서 물품의 품질을 확인한 후 대금을 지급하고 물품을 찾아간다. 수출업자의 대리인은 이 대금을 본국의 수출업자에게 송금하게 된다.

따라서 현물상환방식은 수입국가에 수출업자의 대리인이 있는 경우에만 가능하며 주로 귀금속 등 고가품과 같이 직접 물품을 검사하기 전에는 품질을 정확히 파악하기 어려운 경우에 활용된다. 이 방식에서는 특별히 대금회수에 따르는 위험은 없지만 만일 매수인이 물품검사 후 인수를 거절하면 다른 판매처를 찾아 물품을 처분해야 하는 어려움이 있다.

이 방식의 결제는 다음 <그림 5-2>와 같이 이루어진다.

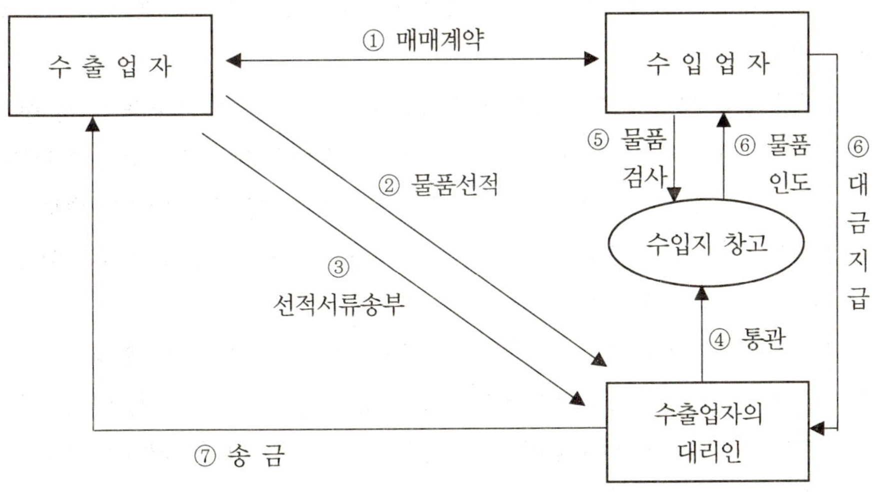

〈그림 5-2〉 현물상환방식의 결제과정

① 수출업자와 수입업자는 "COD"조건으로 매매계약을 체결한다.

② 수출업자는 수입지에 있는 자신의 대리인을 수하인으로 하여 물품을 선적

한다.

③ 수출업자는 역시 자신의 대리인 앞으로 선적서류를 송부한다.
④ 수출업자의 대리인은 물품을 수입 통관하여 창고에 보관한다.
⑤ 수입업자는 직접 현품을 검사한다.
⑥ 수입업자는 물품에 이상이 없을 경우 대금을 지급하고 물품을 인수한다.
⑦ 수출업자의 대리인은 대금을 수출업자에게 송금한다.

(2) 서류 상환방식(Cash against Documents : CAD)

서류상환방식은 물품 대신 물품을 찾을 수 있는 서류와 상환하여 대금을 지급하는 방식을 말한다. 수출업자가 물품을 선적하고 수입업자 또는 수출국에 소재하는 수입업자의 대리인이나 지사에게 선하증권 등 운송서류를 제시하면 서류와 상환하여 대금을 결제한다. 이 방식의 거래에서는 수입업자의 지사나 대리인이 수출국내에서 물품의 제조과정을 점검하고 수출물품에 대해서 선적 전 검사를 실시한다. 이 방식의 경우 수출업자의 입장에서는 이미 선적을 마쳤는데 수입업자의 대리인이 서류인수를 거절하면 반송문제 등으로 어려움을 겪을 수 있다.

그런데 서류상환방식의 거래에서 수출업자가 운송서류를 외국환은행을 통하여 수입업자에게로 송부하면 형식적으로 지급도조건(D/P)과 유사하다. 즉 D/P거래에서는 수출업자가 외국환은행을 통해 운송서류가 첨부된 환어음을 송부하면 수입업자는 반드시 수입대금을 지급하고 환어음과 운송서류를 찾아가기 때문에 이 점에서 두 방식은 서로 비슷하다.

그러나 D/P 방식에서는 수출업자가 환어음을 발행하지만 서류상환방식에서는 환어음 없이 운송서류와 수입대금이 서로 상환된다. 유럽에서는 환어음을 주로 사용하지 않기 때문에 서류상환방식을 흔히 "유럽식 D/P방식"이라고도 한다. 수입업자의 대리인은 대금과 상환으로 서류를 받는 즉시 수입업자에게 이를 발송하여 수입통관을 하도록 한다.

서류상환방식에 의한 결제는 다음의 <그림 5-3>과 같이 이루어진다.

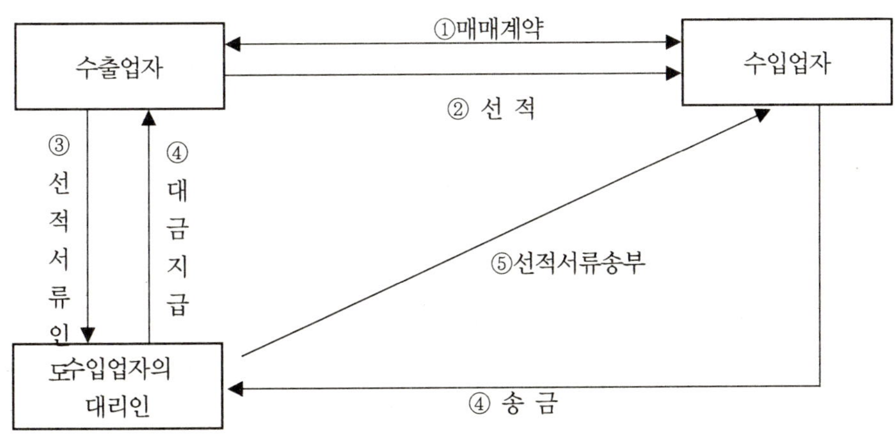

〈그림 5-3〉 서류상환방식의 결제

① 수출입업자 간에 대금결제를 “CAD”조건으로 하여 매매계약이 이루어진다.
② 수출업자는 수입업자 앞으로 물품을 선적한다.
③ 수출업자는 선적서류를 수출지에 있는 수입업자의 대리인에게 인도한다.
④ 수입업자의 대리인은 서류를 인수하고 대금을 지급한다.
⑤ 수출업자는 수입업자에게 선적서류를 송부한다.

(3) 상호계산(Open Account)

상호계산은 상품을 선적할 때마다 대금을 결제하지 않고 장부에 기입해 두었다가 일정 기간 예를 들어 6개월 또는 1년 단위로 서로 상쇄하고 그 차액만을 상호 결제하는 것이다. “open account”라는 표현은 계정이 일정 기간 마감되지 않고 미결제상태로 열려 있음을 의미하는데, 이는 거래 당사자들이 상호간에 장부상 결제가 가능한 것을 의미한다.

이 방식은 본 · 지사 간의 거래에서 서로 거래를 할 때마다 매번 결제를 하게 되면 금융비용이 많이 들기 때문에 일정 기간 장부상 결제만 하고 약정된 기간 만기에 그 차액만을 결제함으로써 금융비용을 절약할 수 있다. 차액을 결제할 때도 비용이 가장 적게 드는 송금방식을 대부분 이용한다.

본 · 지사 간 거래가 아닌 일반거래에서는 이 방식이 외상거래 조건으로 이용되고 있다. 실무상으로는 "O/A 60days"와 같이 표현하는데 이는 수출업자가 물품을 선적 · 송부한 후 60일 후에 대금 결제가 이루어지는 후불조건을 의미한다. 후불조건의 상호계산은 수입업자에게는 가장 유리한 외상결제조건이지만 수출업자에게는 대금회수의 불확실성이 큰 조건이다. 따라서 수입업자는 이 조건으로 수입할 수 있기 위해서는 대금이 틀림없이 지급될 것이라는 확신을 수출업자에게 줄 수 있어야 한다.

만약 수출업자가 이 조건의 제의를 받았을 경우에는 이 조건이 유일하게 선택 가능한 대안인지의 여부, 수입업자가 분명히 만기에 지급할 능력과 의지를 갖고 있는지 등을 검토하여야 한다. 또한 수입업자 국가의 경제적, 정치적, 사회적 불안정이 수입업자의 지급능력을 방해할 소지는 없는지도 조사하여 불확실성을 최소화해야 한다.

제 2 절 추심결제방식

1. 추심방식의 의의

무역거래에서 신용장과 더불어 널리 사용되고 있는 결제방식으로 추심에 의한 결제방식이 있다. 채권 · 채무관계를 청산하는 과정은 크게 송금(remittance) 방식과 추심(collection) 방식으로 구분되는데 송금방식은 채무자가 채권자에게 채무대금을 송부하는 경우를 말하고 추심은 그와 반대로 채권자가 채무자를 찾아가서 지급을 요청하는 것을 말한다. 즉 송금의 경우는 채무자에서부터 결제 행위가 시작되고 추심의 경우는 채권자에서부터 결제와 관련된 행위가 시작된다.

신용장에 의한 결제방식도 수출업자인 채권자가 채무자 앞으로 환어음을 발행하기 때문에 채권 · 채무의 청산과정을 보면 추심에 해당된다. 그러나 무역거래에서 일반적으로 의미하는 추심방식에 의한 결제는 은행의 지급확약 없이 당사자들 간의 매매계약(선수출계약서)에 의해서 수출업자가 화환추심어음(bill of documentary collection)을 발행하여 수입업자로부터 수출대금을 회수하는 경우를 말한다.

추심방식과 신용장방식의 가장 큰 차이점은 은행의 지급확약 유무이다. 신용장 방식에서는 개설은행이 수출업자를 비롯한 관련 당사자들에게 지급을 확약하지만 추심방식에서 은행은 단지 운송서류를 전달하고 대금을 전달해주는 통로 역할만 할 뿐 일체의 지급확약을 하지 않는다. 따라서 수입업자의 파산, 계약불이행 등으로 추심불능사태가 발생하여 수출대금을 받지 못하는 경우도 있다.

현행 추심에 관한 통일규칙(Uniform Rules for Collections : ICC Publication No.522) 제2조에서는 추심에 대해서 “은행이 첫째, 지급 및/혹은 인수를 하거나, 둘째, 지급 및/혹은 인수와 상환하여 서류를 인도하거나, 셋째, 다른 조건에 의해 서류를 인도하기 위해 고객으로부터 지시받은 데로 서류를 취급하는 것”으로 규정하고 있다. 이 규정에서와 같이 추심 관련 은행은 지시받은 데로 서류만 취급할 뿐이지 대금지급에 대해서는 아무런 책임을 지지 않는다.

여기서 의미하는 서류는 금융서류 및/혹은 상업서류를 의미하는데, 금융서류(financial documents)는 환어음, 약속어음, 수표 혹은 금전을 받기 위하여 사용되는 기타 증서를 말한다. 그리고 상업서류(commercial documents)는 송장, 운송서류, 권리증권 또는 이와 유사한 서류, 그 밖에 금융서류가 아닌 일체의 서류를 말한다.

추심에 관한 통일규칙에서는 서류의 종류에 따라 추심을 구분하고 있는데 상업서류가 첨부되지 않고 금융서류만 가지고 추심하는 경우를 무화환추심(clean collection)이라 하고 상업서류가 첨부될 경우에는 화환추심(documentary collection)이라 한다. 무역거래에서의 추심은 상품 대금을 결제하기 위한 송장, 운송서류 등 상업서류가 반드시 필요하므로 화환추심에 해당된다.

 추심방식의 유형

추심방식에 의한 결제는 운송서류의 인도조건에 따라 인수도조건과 지급도조건으로 구분된다.

(1) 인수도조건(Documents against Acceptance: D/A)

인수도조건은 수입업자가 환어음에 대한 인수(acceptance)만으로 운송서류를 찾아갈 수 있는 어음인수 서류인도조건이다. 이 조건에서는 수출업자가 매매계약에 따라 계약물품을 선적한 후 기한부환어음을 발행하여 제반 운송서류를 수입업자에게 송부하면 수입업자는 기한부환어음에 대한 지급의 약속으로 "accepted"라고 쓰고 서명날인만 함으로써 운송서류를 인도받는다. 수입업자는 기한부환어음의 만기일에 수입대금을 수출업자에게 은행을 통해 송부한다.

따라서 인수도조건은 외상거래에 해당되는데 수입업자는 인도받은 운송서류로 화물을 찾아 판매한 후 그 대금으로 어음 만기일 내에 결제하면 된다. 수입업자는 자신의 신용을 이용해서 기한부조건으로 물품을 수입하여 이를 판매한 후 수입대금을 지급하기 때문에 자기자금 없이 수입할 수 있다. 반면 수출업자는 만기일 후 수출대금을 지급받는데 만약 수입업자가 부도, 파산 등으로 결제를 하지 않게 되면 수출대금은 받지 못하게 된다.

(2) 지급도조건(Documents against Payment: D/P)

지급도조건은 수출대금의 지급과 상환하여 운송서류를 수입업자에게 인도하는 어음지급 서류인도조건이다. 지급도 조건은 수출업자가 매매계약에 따라서 선적을 완료한 후 일람불 어음을 발행하여 운송서류와 함께 수입업자의 거래은행(추심은행)으로 하여금 수출대금의 추심을 의뢰하면 추심은행은 수입업자에게 어음을 제시하여 어음금액의 일람지급을 받고 운송서류를 인도하는 방식을 말한다. 즉 수입업자가 운송서류를 찾기 위해서는 반드시 어음에 대한 지급행위를 해야만 한다.

인수도조건은 기한부거래이지만 지급도조건은 일람불 거래에 해당된다. 따라서 수입업자는 반드시 대금지급을 완료해야만 운송서류를 찾을 수 있고 화물을 인도받을 수 있으며 대금은 관련은행을 거쳐 수출업자에게 전달된다. 만약 수입업자가 어음에 대한 지급을 거절하면 운송서류는 수출업자에게로 반송된다. 지급도조건에서는 수출업자가 수출대금을 받지 못하는 경우는 없지만 이미 화물은 수출항을 떠나 수입항에 있기 때문에 그로 인한 여러 가지 비용 손실이 발생하게 된다.

3. 추심방식의 결제과정

D/A 또는 D/P에 의한 결제과정을 살펴보면 <그림 5-4>와 같다.

① **무역계약의 체결** : 수출업자와 수입업자는 무역계약을 체결하면서 대금결제방법은 D/A 또는 D/P 조건으로 하기로 한다. 한편 수입업자는 환어음에 첨부되는 운송서류를 수출업자에게 지시하는데 서류에는 반드시 계약물품을 대표하는 선하증권 등이 포함된다.

② **계약물품의 선적과 선하증권의 입수** : 수출업자는 수입업자의 선적 지시에 따라 계약물품을 선적하고 선박회사로부터 선하증권을 교부 받는다(이는 계약물품을 해상 운송할 경우를 말한다).

③ **화환어음의 추심의뢰** : 수출업자는 계약에서 약정된 운송서류와 환어음을 발행하여 거래은행(추심의뢰은행)으로 하여금 수입업자로부터 수출대금을 추심해 줄 것을 요청한다.

④ **추심의뢰은행의 서류송부** : 추심의뢰은행은 아무 책임 없이 수입업자가 소재하는 곳에 있는 은행(추심은행) 앞으로 운송서류와 환어음을 송부하면서 추심을 의뢰한다.

⑤ **추심통지** : 추심은행은 수입업자에게 운송서류와 환어음이 도착한 사실을 통지한다.

⑥ **추심완료 및 수출대금의 상환** : 지급인인 수입업자는 매매계약서에서 만약 수입대금을 즉시 지급할 것으로 약정하였다면 이를 지급하고 운송서류

를 입수한다. 그러나 수입대금을 일정 기간 후에 지급할 것으로 약정하였다면, 일정 기간(만기일)후 대금을 지급할 것을 약속하는 서명행위(인수)와 상환으로 운송서류를 입수해 간다. 전자의 경우가 D/P(지급도)이며 후자의 경우는 D/A(인수도)조건이다.

⑦ **계약물품의 입수** : 수입업자는 추심은행으로부터 입수한 운송서류 중 선하증권을 운송회사에 제시하고 계약물품을 찾는다.

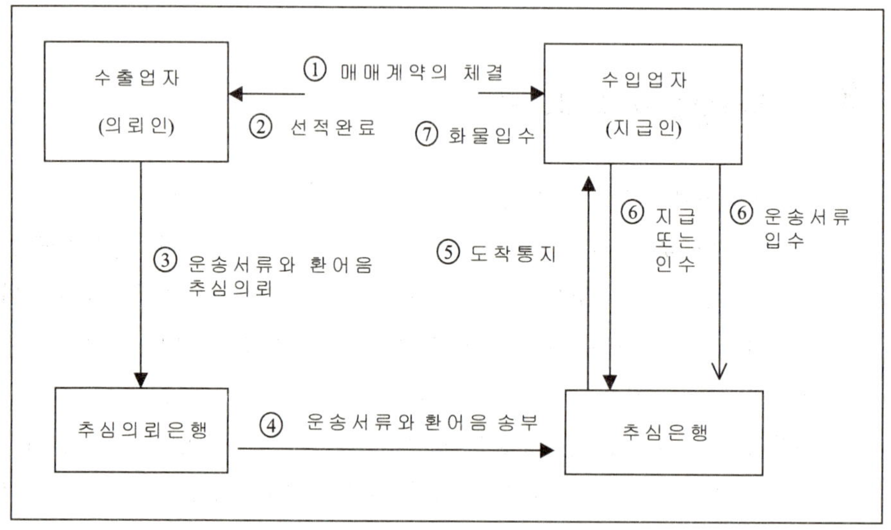

〈그림 5-4〉 D/A 및 D/P 방식에 의한 결제과정

4. 추심방식의 주요 당사자

추심방식에 관여하는 주요 당사자는 <그림 5-5>와 같이 추심의뢰인, 추심의뢰은행, 추심은행, 지급인 등으로 구분된다.

(1) 추심의뢰인

추심의뢰인(principal)은 자기가 거래하는 은행에 수출대금의 추심을 의뢰하는 수출업자를 말한다. 수출업자는 추심을 의뢰하면서 화환어음을 발행하기 때문에 발행인(drawer)이며 또한 수입업자에 대해서 채권을 주장할 수 있는 채권자(creditor)이기도 하다. 이 밖에 매도인, 송하인(consignor), 고객(customer) 등으로 불리 운다.

추심의뢰인의 지시시항을 이행하기 위하여 타 은행의 서비스를 이용할 때 소요되는 비용과 위험은 추심의뢰인이 부담한다. 그리고 추심의뢰인은 외국의 법률 및 관습에서 오는 모든 의무와 책임을 부담해야 하며 이로 인하여 은행이 손실을 당했을 때에는 이를 보상해야 한다.

(2) 추심의뢰은행

추심의뢰은행(remitting bank)은 수출업자로부터 추심을 의뢰받은 수출국의 은행을 말한다. 이 은행은 수출업자가 제시한 화환어음과 운송서류를 수입업자가 소재하는 추심은행 앞으로 송부하면서 수출대금의 추심을 의뢰한다.

(3) 추심은행

추심은행(collecting bank)은 추심의뢰은행으로부터 송부되어 온 운송서류와 추심지시서를 수입업자에게 제시하여 수입대금을 징수하는 은행을 말한다. 특히 수입업자에게 직접 운송서류를 제시하는 추심은행을 제시은행(presenting bank)이라고 한다. 추심은행은 추심의뢰은행을 제외한 어떠한 은행이라도 상관없지만 이 은행은 어디까지나 추심의뢰은행의 지시에만 따르며 어음의 지급에 대해서는 전혀 책임을 지지 않는다.

추심에 관여하는 은행은 ① 통보, 서신 또는 서류송달의 지연 또는 멸실로 발생하는 결과, ② 전신의 송달 중에 일어나는 지연, 훼손 또는 기타 오류, ③ 전문용어의 번역 또는 해석상의 오류 등에 대해서는 책임을 지지 않는다.

(4) 지급인

지급인(drawee)은 수입업자를 말한다. 수입업자는 추심지시서에 따라 어음이 자기에게 제시되면 채무자로서 수출업자가 발행한 환어음에 대해서 지급할 의무가 있다.

추심방식의 특성

D/A · D/P 거래는 당사자 간의 매매계약에 의해서만 거래가 이루어지기 때문에 선수출계약서에 의한 거래라고도 하는데 신용장방식의 거래에 비해서 다음과 같은 특성을 지니고 있다.

첫째, 신용장 거래에서는 수입업자를 대신하여 개설은행이 지급을 확약하지만 D/A · D/P 거래에서 추심의뢰은행 및 추심은행은 단지 수출대금을 추심할 뿐 지급상의 책임은 지지 않는다. 따라서 D/A · D/P 거래는 수입업자의 신용을 바탕으로 모든 거래가 이루어진다고 볼 수 있다.

둘째, 신용장 거래에서는 신용장의 독립 · 추상성의 원칙에 따라 수입업자는 개설은행이 제시한 관계 운송서류의 인수를 거절할 수 없지만 D/A · D/P 거래의 수입업자는 추심은행이 제시한 환어음과 운송서류의 인수를 얼마든지 거절할 수 있다.

이런 점에서 D/A · D/P 거래는 수출업자에게 다소 불리한 결제방식이다. 지급도 조건에서 만약 수입업자가 대금지급을 거절하면 운송서류는 수출업자에게 반송되고 경우에 따라서는 수입항에 도착한 화물을 반송 처리해야 하는 경우도 발생한다. 더구나 인수도 조건에서는 수입업자가 어음상의 인수만으로 운송서류와 화물을 찾을 수 있어 수출업자가 대금을 못 받는 경우도 생긴다.

셋째, 신용장 거래에서 발행되는 화환어음은 개설은행이 지급인이지만 D/A · D/P 거래의 화환추심어음은 수입업자가 지급인이 된다. 즉 신용장하에서 발행된 화환어음은 개설은행을 지급인으로 하는 은행어음(bank bill)으로서 개설은행이 지급을 보증하지만 D/A · D/P 거래의 화환추심어음은 개인어음으로서 지급상의 모든 책임은 수입업자에게 있다.

마지막으로, 신용장거래에서는 개설은행의 지급확약에 의해 매입은행이 수출업자로부터 운송서류를 매입할 때 수출대금의 지급이 이루어진다. 그러나 D/

A · D/P 거래에서는 수입업자가 운송서류의 인수를 거절할 수 있기 때문에 추심이 완료되어야만 대금이 수출업자의 계정에 입금된다.

추심 전 매입

우리나라는 수출업자의 자금 부담을 덜어주고 D/A · D/P에 의한 수출을 장려하기 위해서 추심 전 매입을 허용하고 있기 때문에 수출업자는 관계 운송서류를 추심의뢰은행에 제시할 때 수출대금을 찾을 수 있게 된다. 그리고 수출보험에서 수출업자가 제시한 환어음을 추심 전에 매입한 외국환은행이 입을 수 있는 손실을 보상해 주고 있기 때문에 외국환은행도 D/A · D/P 하에서 발행된 환어음에 대해서 적극적으로 매입을 해 주고 있다.

이러한 특성으로 인해 D/A · D/P 거래는 수출업자의 입장에서 보면 대금회수 불능의 위험이 높아 신용장방식에 비해 불리한 방식이다. 반면 수입업자의 측면에서는 신용장의 개설에 따른 담보를 제시할 필요가 없기 때문에 신용장방식보다 이 방식이 유리할 수도 있다.

이에 따라 이 방식의 수출거래는 본 · 지사간의 거래나 상호 신용상태를 확실히 믿을 수 있는 단골 거래선 간에 많이 이루어진다. 또한 수출업자가 새로운 수출시장을 개척하기 위해 보다 유리한 조건을 제시할 필요가 있을 때에도 이 방식이 사용된다.

수출업자는 이 방식에 합의할 때 수입업자가 서류와 상환으로 지급할 것을 확신할 수 있는지 또는 수입업자가 서류인수를 거절할 경우, 선적물품을 쉽게 다른 거래처에게 판매할 수 있는지를 고려함은 물론 수출업자 자신이 서류를 정확히 준비할 수 있겠는지 검토해야 한다. 특히 추심방식 중에서도 D/A 조건을 수락할 때는 대금회수 시까지의 금융비용도 단가에 충분히 포함시켜야 한다.

참고로 신용장 방식과 D/A · D/P 방식의 성질을 비교 · 요약하면 <표 5-1>과 같다.

〈표 5-1〉 신용장과 D/A · D/P의 비교

신 용 장	D/A · D/P
• 은행의 신용	• 수입업자의 신용
• 개설은행의 지급확약	• 은행의 지급확약 없음
• 신용장 개설 담보금(수입업자)	• 필요 없음
• 은행어음(지급인 : 개설은행)	• 개인어음(지급인 : 수입업자)
• 추심 전 매입	• 추심 후 지급
• 수출업자에게 유리	• 수입업자에게 유리
• 신용장통일규칙(UCP) 적용	• 추심에 관한 통일규칙(URC) 적용

6. 추심에 관한 통일규칙

1) 추심에 관한 통일규칙의 적용

현재 추심방식의 거래는 당사자 간에 달리 합의된 사항이 없으면 국제상업회의소가 제정한 추심에 관한 통일규칙(Uniform Rules for Collections : ICC Publication No.522)의 적용을 받는다. 국제상업회의소는 1956년 처음으로 추심거래에 공통으로 적용될 수 있는 "상업어음 추심을 위한 통일규칙"을 제정했는데 이 규칙이 1967년, 1978년 및 1995년에 개정되어 오늘에 이르고 있다. 특히 2차 개정 시 통일규칙의 명칭을 지금의 추심에 관한 통일규칙으로 바꾸었다.

추심에 관한 통일규칙은 모두 7장 26조로 구성되어 있는데 어음의 제시, 지급, 인수, 거절증서 작성, 추심경과의 통지, 수수료 등에 대한 은행의 의무 및 책임범위 등을 규정하고 있다. 이 규칙은 국제 추심거래에서 발생할 수 있는 해석상의 차이, 분쟁 등을 방지하는 준거법의 역할을 하고 있다.

추심에 관한 통일규칙 제1조에서는 "본 규칙의 준거문언이 추심지시서에 삽입된 경우, 모든 추심에 적용되며, 별도의 명시적 합의가 없거나 또는 국가, 주, 또는 지방의 법률 및 규칙의 규정에 위배되지 아니하는 한 모든 관계당사자를 구속한다."라고 그 적용범위를 규정하고 있다. 실제 추심거래에서는 별도의 추심지시서가 반드시 첨부되어야 하고 준거문언이 기재되어 있기 때문에 추심방식의 거래에서는 사실상 추심에 관한 통일규칙이 적용되고 있다. 우리나라는 1968년 5월 15일 단체로 이 규칙을 채택했기 때문에 우리나라에서 일어나는 추심거래는 자동으로 이 규칙의 적용을 받는다.

2) 추심에 관한 통일규칙의 주요 내용

(1) 추심 행위에 관한 내용

① 추심지시서

추심의뢰인은 추심서류와 함께 추심지시서(collection instruction)를 작성하여 추심을 의뢰해야 한다. 은행들은 추심지시서에 기재된 지시에 따라 업무를 수행하므로 지시의 내용은 완전하고 정확해야 한다. 추심지시서에는 추심의뢰은행, 추심의뢰인, 제시은행 등의 명세, 추심금액 및 통화, 동봉서류의 목록 및 통수, 지급 및/혹은 인수받는 조건, 추심수수료 등이 기재된다(URC 제4조).

② 제시

제시(presentation)는 제시은행이 지시받은 대로 서류를 지급인이 취득할 수 있도록 하는 추심 상의 절차를 말하는데 서류는 접수한 원형 그대로 지급인에게 제시되어야 한다. 그러나 관련 은행은 별도의 지시가 없으면 추심의뢰인의 비용부담으로 필요한 인지를 첨부할 수 있고, 배서의 권한을 위임을 받았을 경우에는 배서도 할 수 있으며 또한 관례적인 고무인의 날인 등을 할 수 도 있다(URC 제5조).

그리고 제시은행은 환어음의 인수의 형식, 환어음, 약속어음, 영수증 등의 증서가 외견상 완전하고 정확한 가를 확인해야 한다. 그러나 서명의 진실 여부, 인수에 대한 서명인의 권한 유무를 조사할 책임은 부담하지 않는다(URC 제22조 및 23조).

③ 지급

추심금액은 추심지시서의 조건에 따라 추심지시서를 송부한 당사자에게 지체 없이 지급되어야 한다(URC 제16조). 그리고 지급은 내국통화(지급지의 통화) 혹은 외국통화(지급지통화 이외의 통화)로 지급이 가능한데, 내국통화로 지급할 수 있는 서류의 경우 제시은행은 추심지시서에 별도의 지시가 없는 한 내국통화에 의한 지급도조건에 한하여 서류를 지급인에게 인도한다(URC 제17조). 그리고 외국통화로 지급할 수 있는 서류의 경우에는 추심지시서에 별도의 지시가 없는 한 즉시 송금할 수 있는 외국통화에 의한 지급도조건에 한하여 서류를 지급인에게 인도해야 한다(URC 제18조).

무화환추심의 경우에는 지급지의 법률에 의하여 허용되는 범위와 조건에 따라 분할지급이 인정된다. 그러나 화환추심의 경우에는 추심지시서에 특별히 수권되어 있는 경우만 분할지급이 가능하다(URC 제19조).

④ 거절증서에 관한 지시

추심거래에서는 지급인이 서류인수를 거절하거나 지급을 거절하는 경우가 발생할 수 있는데 이 때 인수거절 혹은 지급거절의 사실을 증명하는 공증인이 작성하는 증서를 거절증서(protest)라 한다. 추심지시서에는 인수거절이나 지급거절에 대비하여 거절증서를 작성하거나 작성의무를 면제하는 지시가 명시되어 있어야 한다. 만약 이런 명시가 없으면 은행은 이를 작성할 의무를 부담하지 않는다(URC 제24조).

(2) 추심 관련 은행의 의무

추심에 관여하는 은행은 추심의뢰은행, 추심은행 등인데 이들 은행들은 지급확약 및 서류검토의무는 없지만 신의성실의 원칙에 입각해서 서류를 확인할 의무는 있다.

① **신의성실의 의무**

추심에 관여하는 은행은 모든 조치를 성실하게 이행해야 하며 또한 상당한 주의를 기울여야 한다. 어떤 것이 신의성실(good faith)에 입각한 행동인가에 대한 구체적인 해석은 상황에 따른 사실문제라고 할 수 있다(URC 제9조).

② **서류 확인 의무**

추심 관련 은행은 접수된 서류가 추심지시서 상의 내용과 일치하는 가를 확인해야 하고 누락사항이 있을 경우에는 추심을 의뢰한 상대방에게 이를 즉시 통지해야 한다. 그러나 은행은 서류를 심사할 의무는 없다(URC 제12조).

(3) 추심 관련 은행의 면책

추심에 관여하는 은행에 대해서는 다음과 같은 면책이 인정된다.

① **지시받은 당사자의 행위에 대한 면책**

추심의뢰를 받은 은행은 수입지의 은행에게 추심을 의뢰하게 되는데 여기에는 비용과 위험이 따른다. 은행은 어디까지나 고객을 위해서 추심에 관여하는 것이기 때문에 이러한 비용이나 위험부담은 고객이 부담하게 된다(URC 제11조).

② **접수된 서류에 대한 면책**

은행은 접수한 서류와 추심지시서를 대조하여 누락된 서류가 있거나 서류목록과 기재된 것과 다른 서류가 있으면 이 사실을 지체 없이 전신과 같은 신속한 수단으로 추심지시서를 송부한 당사자에게 알릴 의무가 있으나 그 이상 어떤 조치를 취할 의무는 없다. 또한 서류목록에 나타나 있지 않은 서류에 대하여는 추심의뢰은행은 추심은행이 접수한 서류의 종류와 통수에 대하여 다투지 못한다.

즉 추심은행은 송부되어온 서류에 대하여 추심지시서와 실제 서류에 대하여 검토하고 이상이 있으면 추심의뢰은행에게 이 사실을 알려야 하지만 그 서류에 대하여 더 이상 문제 삼을 필요 없이 그대로 지급인에게 제시하면 되는 것이다(URC 12).

③ 서류의 효력에 대한 면책

은행은 서류의 형식성, 충분성, 정확성, 진정성, 위조나 법적 효력에 대하여, 또는 서류에 명시되거나 부가되어진 일반조건 및 특별조건에 대하여 어떠한 의무나 책임을 부담하지 않는다.

또한 어떠한 서류에 의하여 표시된 물품의 명세, 수량, 중량, 품질, 상태, 포장, 인도, 가치 또는 존재에 대하여, 또는 물품의 송하인, 운송인, 운송주선인, 수하인, 보험자나 기타 어떠한 사람의 성실성, 작위 및 부작위, 지급능력, 이행이나 신용상태에 대하여 어떠한 의무나 책임을 부담하지 않는다(URC 제13조).

④ 서류의 송달 중의 지연, 분실 및 번역에 대한 면책

은행은 통보나 서신, 서류송달과정에서의 지연 및 분실로부터 발생하는 결과나 전신문의 전송과정에서의 지연이나 훼손, 전문용어의 번역이나 해석상의 오류에 대하여 어떤 의무나 책임도 부담하지 않는다.

⑤ 불가항력에 대한 면책

신용장통일규칙에서도 천재지변을 비롯한 불가항력적 사태로 인한 결과나 그 기간 중에 유효기간이 경과한 신용장의 지급이나 결제에 대한 은행의 면책을 규정하고 있듯이 추심업무를 하는 과정에서 천재지변, 폭동, 소요, 반란, 전쟁 또는 파업이나 직장폐쇄 등의 불가항력적 사태가 발생하여 업무가 중단된 경우 발생하는 결과에 대하여 은행은 어떤 의무나 책임도 부담하지 않는다(URC 제14조).

7. 추심방식거래의 실무

추심방식(D/A 및 D/P) 거래는 수출업자가 수입업자의 신용을 토대로 계약물품을 먼저 선적해 보내기로 하는 선수출계약(<서식 5-1> 참조)을 체결함으로써 시작되는데 구체적 실무 내용을 살펴보면 다음과 같다.

1) 수출업자의 환어음 발행

선수출계약에 따라 수출업자는 약정된 기일 내에 계약물품을 선적하고 선박회사로부터 선하증권을 입수해야 한다. 선하증권은 선수출계약서에 명시된 내용과 일치해야 하며, 만약 상업송장, 포장명세서, 원산지증명서 등과 같은 다른 운송서류의 구비가 명시되어 있으면 수출업자는 그러한 서류도 준비해야 한다. 계약서에 명시된 운송서류가 구비되면 수출업자는 환어음을 발행한다.

수출업자가 발행하는 환어음은 다음과 같은 특징을 지닌다.

첫째, 환어음 상의 지급인(drawee)은 수입업자가 된다. 따라서 추심조건부 환어음은 개인어음(private bill)이 되고, 이 점이 개설은행을 지급인으로 발행되는 신용장 조건부 환어음과 구분된다.

둘째, 환어음의 금액은 수출가액(물품가액)이 되는데 보통 계약서에는 "송장금액의 100%" 식으로 표시된다. 신용장거래에서는 간혹 수입업자가 수입대금의 일부를 미리 송금하고 나머지를 신용장으로 결제하기 때문에 송장금액의 80% 혹은 90% 만 환어음으로 찾아가는 경우도 있지만 선수출거래에서는 이런 경우가 없으므로 대부분 송장금액의 100%가 환어음상의 발행금액이 된다.

마지막으로 환어음의 만기일은 지급도방식인 경우에는 수입업자가 환어음을 일람하는 즉시 지급하는 일람출급(at sight)조건이고, 인수도방식인 경우에는 약정 기일이 경과한 후 지급하는 기한부(usance)조건이다.

2) 수출업자의 추심 신청

선수출계약서에 명시된 조건에 따라 환어음을 발행하고 기타 운송서류를 구비한 수출업자는 통상적으로 자기가 거래하는 은행에 수출대금을 추심해 줄 것을 신청한다. 이에 따라 수출업자는 추심의뢰인(principal)이 되고, 추심의뢰요청을 받은 수출업자의 거래은행은 추심의뢰은행(remitting bank)이 된다.

수출업자가 추심의뢰은행에 추심을 요청할 때 은행마다 차이가 나지만 다음과 같은 서류를 제시한다.

① 외국환거래약정서

② 화환어음(운송서류) 매입(추심)신청서 : 이 신청서는 신용장거래에서 수출업

자가 운송서류 매입 시에 사용하는 신청서와 함께 사용하는 경우가 많다.
③ 선수출계약서
④ 환어음 및 운송서류, 기타

3) 추심의뢰은행의 추심 의뢰

추심의뢰은행은 주로 수입업자가 소재하는 지역에 있는 은행을 추심은행(collecting bank)으로 선정하여 추심지시서와 함께 관련 서류를 송부하고 추심을 의뢰하는데 이때의 주요 업무과정을 구체적으로 살펴보면 다음과 같다.

(1) 추심신청서의 검토

추심의뢰은행은 추심의뢰인이 제출한 추심신청서의 내용과 제출한 운송서류가 일치하는지 등 서류를 검토해야 한다. 신용장거래에서와 같이 엄격히 서류를 검토할 필요는 없지만 추심은행으로 송부하는 과정에서 서류가 분실될 수도 있으므로 사전에 제출서류를 명백히 해 둘 필요가 있다. 이제부터 추심의뢰은행은 자기 고객인 수출업자 즉 추심의뢰인의 대리인(agent)으로서 행동하며, 수출업자가 발행한 환어음의 수취인이 된다.

(2) 추심은행의 선정

추심의뢰은행은 추심은행을 선정해야 하는데 만약 수출업자가 추심은행을 지정했을 경우에는 그 은행을 추심은행으로 이용할 수 있다. 그러한 지정이 없는 경우에는 추심의뢰은행은 지급 또는 인수가 이루어지는 국가 또는 기타의 조건과 일치되는 국가 내에 있는 자행 또는 다른 은행이 선택한 은행을 이용할 수 있다(URC 제5조 d).

그러나 추심은행은 수입업자로부터 수입대금을 징수하여 이를 추심의뢰은행으로 송부해야 하기 때문에 두 은행 간에는 외환의 자유로운 이체가 가능한 예치환거래관계(depositary correspondent)를 맺고 있어야 한다. 만약 수입업자가 위치한 장소가 오지(奧地)인 경우에는 추심은행이 제시은행(presenting bank)을 선정하여 제시은행으로 하여금 수입업자에게 환어음과 운송서류를 제시하도록 한다. 제시은행은 추심은행의 지시에 따르며 추심의뢰은행과는 아무런 관련이 없다.

4) 추심지시서의 작성

추심의뢰은행은 추심은행에 추심을 의뢰할 때 추심지시서(collection instruction or order)를 작성하고 이를 관련 운송서류와 함께 추심은행에 송부한다. 추심의뢰은행이 추심은행으로 직접 송부할 수 있으며, 또는 다른 중개은행을 통하여 송부할 수도 있다(URC 제4조 e).

(1) 추심지시서 양식

추심지시서는 추심의뢰은행이 추심은행에게 추심을 지시할 때에 추심에 관한 여러 가지 지시사항을 기록한 첨부서류를 말한다. 추심지시서는 각 국의 상관습이 달라 은행마다 매우 다양한 형태로 사용되어 왔으나, 1982년 12월 국제상업회의소가 국제표준화기구(International Standardization Organization: ISO)와 협조하여 "표준추심지시서"(standard collection order)를 제정하여 세계의 각 은행들에게 사용하도록 권고하였으며, 동양식은 고객용(양식 A-D), 은행용(양식 E-G) 및 서류명세(양식 H)의 3가지로 구분되어 있다. 그러나 지금까지 자기 고유의 추심의뢰서를 사용하고 있는 은행들이 많아 표준추심지시서가 많이 보급되지 않고 있는 실정이다.[1)]

(2) 추심에 관한 준거법 명시

추심거래에 적용되는 준거법으로 현행 추심에 관한 통일규칙이 활용되고 있기 때문에 보통 추심의뢰은행은 모든 추심서류에 "The collection is subject to Uniform Rules for Collections : ICC Publication No. 522" 라는 문언을 삽입하여, 본 추심과 관련된 모든 업무에는 현행 추심에 관한 통일규칙이 적용됨을 명시한다.

---

1) 배정환, 「국제무역대금결제」, 삼영사, 2004, p.385.

(3) 추심지시서의 기재사항

추심지시서에는 주로 다음과 같은 사항이 기재된다(URC 제4조).

① **추심의뢰은행에 대한 명세** : 추심의뢰은행을 분명히 알 수 있는 모든 사항 즉 정식명칭(full name), 우편주소 및 SWIFT주소, 텔렉스번호, 전화번호, 팩시밀리번호, 참조번호(reference number) 등

② **추심의뢰인에 대한 명세** : 추심의뢰인을 분명히 알 수 있는 사항 즉, 정식명칭, 우편주소, 텔렉스, 전화, 혹은 팩시밀리번호 등

③ **지급인에 대한 명세** : 지급인(수입업자)의 정식명칭, 우편주소 또는 제시가 이루어져야 될 장소, 텔렉스, 전화, 팩시밀리번호 등의 사항

④ **제시은행에 대한 명세** : 제시은행의 정식명칭, 우편주소, 그리고 텔렉스, 전화, 팩시밀리번호 사항 등

⑤ **추심금액과 통화** : 추심금액과 통화는 상업송장상의 금액과 통화와 일치하여야 한다.

⑥ 첨부서류의 목록과 각 서류의 통수

⑦ **지급 및 인수조건과 서류인도조건** : 추심은행의 서류인도에 대한 지시

⑧ **추심수수료(collecting changes)** : 추심수수료의 징수 포기 여부 명시

⑨ **추심이자** : 이자 징수의 포기 여부, 이자율, 이자기간, 해당되는 계산근거(예를 들어 1년을 365일 또는 360일 로 할 것인 지) 등

⑩ 지급방법 및 지급통지의 형식

⑪ 지급거절, 인수거절 및 다른 지시와 불일치한 경우에 대한 지시[2)]

---

2) 이 외에도 실무적으로 추심지시서에는 ① 만기일, ② 어음지급인/수화인, ③ 수화인이 아닌 다른 지급인이 있으면 그 지급인, ④ 어음지급장소, ⑤ 추심은행, ⑥ 물품운송에 대한 명세, ⑦ 상품의 명세, ⑧ 서류의 명세, ⑨ D/A, D/P의 표시, ⑩ 물품도착시까지의 서류보류, ⑪ 현지통화예금, ⑫ 인수어음의 처리, ⑬ 대금의 전신송금, ⑭ 추가지시사항 등이 기재되기도 한다.

5) 추심은행의 서류검토와 제시

(1) 추심지시서 및 추심서류의 검토

추심은행은 송부되어 온 추심지시서를 면밀히 검토하고 추심지시서의 지시에 따라 행동해야 한다. 만약 지시에 따라서 행동할 수 없는 사항이 있는 경우에는 지체 없이 추심의뢰은행에 통지해야 한다.

추심지시서의 검토와 함께 추심은행은 송부되어 온 추심서류를 검토하여야 한다. 그러나 추심은행은 신용장거래와는 달리 추심서류를 심사할 의무는 없기 때문에 제시된 서류가 추심지시서 및 수입승인서와 일치하는지의 여부를 점검함으로써 그 책임을 다한 것으로 본다.

(2) 추심서류 도착통지 및 제시

추심은행은 서류와 추심지시서가 도착되면 지급인에게 지체 없이 도착통지와 함께 서류를 제시하여야 한다. 제시(presentation)는 제시은행이 추심지시서에 지시받은 대로 지급인이 서류를 입수할 수 있도록 하는 절차를 말한다(URC 제5조 a). 제시은행은 추심은행이 될 수 있고, 추심은행 외 제3의 은행이 될 수도 있는데 만약 추심의뢰은행이 특정 은행을 제시은행으로 지정했을 경우에는 지정된 은행이 제시은행이 되지만, 그렇지 않을 경우에는 추심은행이 선정한다(URC 제5조 f).

제시은행은 서류를 접수한 원형대로 지급인에게 제시하여야 한다. 다만 제시은행이 추심지시서에 별도의 지시가 없는 한, 추심을 의뢰한 당사자의 비용으로 필요한 인지를 붙이거나, 필요한 배서를 하거나, 고무 스탬프 또는 추심업무상 관례적이거나 요구되는 기타의 검인표시나 부호를 표시하도록 수권 받은 경우는 예외적으로 그러한 행위를 하여 제시한다(URC 제5조 c).

제시은행은 서류가 일람출급인 경우는 지체 없이 지급을 위한 제시를 하여야 하고, 서류가 기한부지급조건으로 인수가 요구되면 지체 없이 인수를 위한 제시를 행하고, 그리고 지급을 요구하는 경우에는 만기일 이전의 적절한 시점에 지급을 위한 제시를 하여야 한다(URC 제6조).

6) 상업서류의 인도

(1) 서류인도의 기본원칙

제시은행은 추심지시서의 지시대로 수입업자에게 서류를 인도해야 하는데 그 기본원칙은 현행 추심에 관한 통일규칙 제7조에 규정되어 있다.

첫째, 상업서류가 지급과 상환으로 인도되어야 한다는 지시와 함께 장래의 확정일 출급조건의 환어음을 포함시켜서는 안 된다. 이 두 가지 지시사항은 정반대의 것으로 만약 장래의 특정 일자에 지급되는 환어음이 추심서류에 포함되어 있으면 현재 지급이 되지 않아 서류인도가 불가능하기 때문이다.

둘째, 장래의 확정일 출급조건의 기한부 환어음이 사용되는 경우, 추심지시서에는 상업서류가 지급인의 인수인도(D/A) 혹은 지급인도(D/P) 중 어느 조건으로 인도되는지를 명시해야 한다. 만약 그런 명시가 없으면 지급인도로 간주된다.

셋째, 장래의 확정일 출급조건의 기한부 환어음이 사용되면서 추심지시서에 상업서류는 지급과 상환으로 인도되어야 한다고 지시된 경우에는, 서류는 오직 지급에 대해서만 인도되어야 하고, 추심은행은 서류인도의 지연으로부터 발생하는 어떠한 결과에 대해서 책임을 부담하지 않는다.

넷째, 추심의뢰은행이 추심은행 또는 지급인에게 추심에 포함되어 있지 않는 서류(환어음, 약속어음, 수입하물대도증서, 약속증서, 또는 기타 서류)를 작성할 것을 지시하는 경우, 그러한 서류의 형식과 문구는 추심의뢰은행에 의하여 제공되어야 한다.[3)]

(2) 지급의 기본원칙

① 내국통화 혹은 외국통화 지급

추심거래에서 지급인은 내국통화(지급국가의 통화) 혹은 외국통화(지급지 통화 이외의 통화)로 지급할 수 있다. 만약 추심서류 상 내국통화의 지급이 가능하다면 제시은행은 추심지시서에 별도의 지시가 없는 한, 내국통화가 추심지시서에 명시된 방법대로의 처분이 즉시 가능한 경우에만 내국통화에 의한 지급인도

3) URC 제8조.

에 대하여 지급인에게 서류를 인도하여야 한다(URC 제17조).

만약 서류에 외국통화로 지급이 가능하다고 되어 있으면, 제시은행은 추심지시서에 별도의 지시가 없는 한, 그러한 외국통화가 추심지시서의 지시에 따라 즉시 송금될 수 있는 경우에만 그 표시된 외국통화의 지급에 대하여 지급인에게 서류를 인도하여야 한다(URC 제18조).

② 분할지급

무화환추심(clean collection)에 있어서 분할지급(partial payment)은 지급지의 유효한 법률에 의하여 허용되는 경우, 그러한 허용된 범위와 조건에 따라서 수락될 수 있다. 단 금융서류는 전액지급(full payment)을 받았을 경우에만 지급인에게 인도되어야 한다(URC 제19조 a).

화환추심에 있어서 분할지급은 추심지시서에 특별히 허용된 경우에만 수락되어야 한다. 그러나 별도의 지시가 없는 한, 제시은행은 전액지급을 받았을 경우에만 지급인에게 서류를 인도하고, 그리고 서류인도에 있어서의 어떠한 지연으로부터 발생하는 결과에 대하여 책임을 부담하지 않는다(URC 제19조 b).

그리고 모든 경우에 있어서 분할지급은 현행 추심에 관한 통일규칙 제17조(내국통화에 의한 지급) 또는 제18조(외국통화에 의한 지급)의 규정에 일치하는 조건으로 수락되어야 한다. 그리고 분할지급이 수락되는 경우에는 제16조(지연 없는 지급)의 규정에 따라서 처리되어야 한다(URC 제19조 c).

③ 이자

추심지시서에 이자가 추심되어져야 한다고 명시되어 있는 경우, 만약 지급인이 그러한 이자의 지급을 거절한다면, 제시은행은 제20조 c(추심지시서에 이자가 포기될 수 없다고 명확하게 기재되어 있는 경우)가 적용되지 않는 한, 그러한 이자를 추심하지 않고 경우에 따라 지급이나 인수, 또는 기타의 조건에 따라 서류를 인도할 수 있다(URC 제20조 a). 그런데 그러한 이자가 추심되어져야 하는 경우, 추심지시서에 추심이자, 이자기간, 계산의 근거가 명시되어 있어야 한다(URC 제20조 b).

그리고 추심지시서에 이자는 포기될 수 없다고 명시적으로 규정되어 있는데,

만약 지급인이 그러한 이자의 지급을 거절하는 경우, 제시은행은 서류를 인도하지 않아야 하고, 그리고 서류인도의 지연으로부터 발생하는 어떠한 결과에 대하여 책임을 부담하지 않는다. 제시은행은 그러한 이자의 지급이 거절되었을 때, 그러한 사실을 추심지시를 송부한 은행에게 지체 없이 전신이나 그러한 수단의 이용이 불가능한 경우에는 기타의 신속한 수단으로 통지해야 한다(URC 제20조 c).

④ 수수료 및 비용

추심지시서에 추심수수료(collection charges) 및 비용(collection expenses)은 지급인의 부담으로 명시되어 있는 경우, 만약 지급인이 지급을 거절하면, 제시은행은 제21조 b항(추심지시서에 수수료와 비용은 포기될 수 없음이 명확히 기재되어 있는 경우)에 해당되지 않는 한, 그러한 수수료와 비용을 추심하지 않고, 지급이나 인수, 또는 기타의 조건에 따라 서류를 인도할 수 있다. 그리고 추심수수료 및 비용이 포기되는 경우, 그것은 추심지시를 행한 당사자의 부담으로 하여 대금에서 공제될 수도 있다(URC 제21조 a).

그리고 추심지서에 수수료 및 비용은 포기될 수 없다고 명시적으로 규정되어 있는데, 만약 지급인이 수수료 및 비용의 지급을 거절하면, 제시은행은 서류를 인도하지 않아야 하며, 또한 서류인도의 지연으로부터 발생하는 어떠한 결과에 대해서도 책임을 부담하지 않는다. 그리고 제시은행은 그러한 수수료 및 비용 지급이 거절되었을 때, 추심지시를 송부한 은행에게 지체 없이 전신이나 전신 이용이 불가능한 경우에는 기타의 신속한 수단으로 통지해야 한다(URC 제21조 b).

만약 추심지시서의 명시조건이나 URC의 규정에 따라 추심의뢰인(수출업자)이지출금(disbursements), 비용(expenses) 및 추심수수료를 부담하는 경우, 추심은행은 추심지시서를 송부한 은행으로부터 그러한 지출금, 비용 및 추심수수료와 관련된 지출액을 즉시 회수할 권한을 가진다. 그리고 추심의뢰은행은 추심에 결과에 관계없이 자신이 지급한 지출금, 비용 및 추심수수료를 추심의뢰인으로부터 즉시 회수할 권한을 가진다(URC 제21조 c).

그리고 추심은행이나 제시은행은 추심을 이행하는데 필요한 비용을 추심의뢰은행에 미리 지급해 줄 것을 요구할 수 있으며, 그러한 선지급을 받을 때까지 추심지시를 이행하지 아니할 권한도 가진다(URC 제21조 d).

7) 추심결과의 통지와 추심금액의 송금

(1) 추심결과의 통지

추심은행은 추심 결과를 다음과 같은 형식과 방법으로 통지해야 한다.

① 통지 형식

추심은행은 추심결과 등을 추심의뢰은행에 통보할 땐, 항상 추심지시서에 기재된 대로 추심의뢰은행의 참조번호(banker's reference)를 포함한 적절한 명세가 기재되어 있어야 한다(URC 제26조 a).

② 통지 방법

추심의뢰은행은 추심은행에게 추심결과의 통지방법에 대하여 지시할 의무가 있다. 만약 추심결과의 통지에 대한 추심의뢰은행의 지시가 없는 경우, 추심은행은 추심지시서를 송부한 은행의 비용으로 자신이 선택한 방법에 의해 통지를 한다(URC 제26조 b).

지급 통지의 경우 추심은행은 추심지시서를 송부한 은행에게 추심금액(collected amount), 해당이 있는 경우엔 공제된 수수료, 지출금 및 비용(deducted charges and disbursements and expenses), 그리고 그 자금의 처분방법(method of disposal of the funds)을 상세하게 기술하여 지체 없이 통지하여야 한다(URC 제26조 c 1).

그리고 인수 통지의 경우 추심은행은 추심지시서를 송부한 은행에게 지체 없이 인수(acceptance)의 통지를 하여야 한다(URC 제21조 c 2).

(2) 추심금액의 송금

추심은행은 지급인으로부터 지급 받은 추심금액(해당되는 경우, 수수료, 지출금 또는 비용을 공제하고)을 추심지시서와 조건에 따라 추심지시서를 송부한 당사자에게 지체 없이 송금하여야 한다(URC 제16조 a). 따라서 추심은행이 정당한 기간 이내에 송금하지 못 하는 경우, 추심의뢰은행은 추심은행에게 지연이자(delay interest)를 청구할 수 있다. 만약 부당한 송금지연이 확인되는 경우에 추심은행은 지연이자를 부담하여야 한다.

그런데 직접추심(direct collection)의 경우에는 추심의뢰인이 직접 추심지시서를 획득하여 추심은행에게 직접 추심서류를 송부한다. 따라서 추심은행은 추심금액을 원칙적으로 추심서류를 송부한 당사자에게 지급하여야 하나, 직접 추심의 경우에 별도의 합의가 없으면 추심은행은 오직 추심의뢰은행 앞으로 추심금액의 지급을 행한다(URC 제16조 b). 그리고 추심의뢰은행 앞 지급통지서에 공제한 수수료, 지출금 또는 비용이 있으면 이러한 사실을 기재하여야 한다.

8) 추심의뢰은행의 수출대금 지급

추심의뢰은행은 추심은행이 송금한 추심금액에서 추심수수료 등 관련 비용을 공제한 금액을 수출업자 즉 추심의뢰인에게 지급한다. 추심의뢰은행의 입장에서는 추심이 완료된 것이며, 수출업자의 입장에서는 비로소 수출대금을 회수한 게 된 것이다.

9) 추심불능

추심거래는 수출업자가 수입업자를 믿고 선 수출하는 거래이지만 경우에 따라서는 수입업자의 신용상태가 악화되어 지급불이행이나 인수불이행 등 추심불능인 경우가 발생한다.

(1) 추심불능 통지방법과 서류처리

추심불능 사태가 발생하면 제시은행은 지급인의 지급불이행(non-payment) 및 인수불이행(non-acceptance)의 이유를 확인하기 위하여 노력하여야 하고, 그리고 그 결과에 대하여 추심지시서를 송부한 은행에게 지체 없이 적절하게 통지하여야 한다. 그리고 추심의뢰은행은 그러한 통지를 받은 즉시, 향후의 서류처리(서류반송, 서류보관, 예비지급인에게 송부 등)에 대한 적절한 지시를 하여야 한다. 따라서 제시은행은 추심의뢰은행에게 지급인의 지급불이행 및 인수불이행을 통지한 후 60일 이내에 그러한 지시를 받지 못하면, 그러한 서류를 제시은행 측의 더 이상의 책임 없이 추심지시서를 송부한 추심의뢰은행으로 반송할 수 있다 (URC 제26조 c 3).

(2) 예비지급인의 활용

추심불능의 경우 만약 예비지급인이 지정되어 있으면 추심은행은 이를 통해 사후 처리를 할 수 있다. 예비지급인(case-of-need)은 수입업자가 지급이나 인수를 거절할 경우에 수입지에서 수출업자를 대신하여 행동할 사람을 말하는데 추심은행으로서는 수출업자와의 접촉을 통하여 사후 처리를 하는 것보다 예비지급인을 통할 경우 시간과 비용을 절약할 수 있다.

만약 추심의뢰인(수출업자)가 인수거절 및 지급거절에 대비하여 예비지급인으로 행동할 대리인을 지명한 경우에는, 추심지시서에 그러한 예비지급인의 권한에 대하여 명확하고 완전한 지시를 하여야 한다. 그러한 지시가 없으면 은행은 예비지급인으로부터의 어떠한 지시에도 응하지 아니한다(URC 제25조).

(3) 거절증서의 작성

① 거절증서의 개념

추심거래에서 지급거절이나 인수거절이 발생할 때 이런 사실을 증명하는 서류를 거절증서(protest)라 한다. 거절증서는 어음상의 권리의 행사 또는 보전에 필요한 행위를 증명하는 요식적 공정증서이다.

일반적으로 어음의 소지인은 어음의 발행인이나 배서인으로부터 이 어음이 정상적인 상거래에 따라 발행된 것인 줄 알고 이를 소지하는 선의의 소지인(bona fide holder)이다. 그런데 선의로 소지한 어음이 지급 거절되거나 인수 거절되면, 발행인이나 어음을 양도해 준 배서인에게 어음대금의 상환을 청구할 수 있는데 이를 상환청구권 또는 소구권(right of recourse)이라고 한다. 이런 상환청구권을 행사하기 위해서는 소지한 어음이 지급거절이 되었거나 인수거절이 되었다는 사실을 증명해야 할 필요가 있는데 이를 거절증서라 한다.

② 거절증서의 종류

거절증서에는 인수도조건(D/A)거래에서 지급인(수입업자)이 기한부 어음의 인수를 거절할 때 작성되는 인수거절증서와 인수도조건의 거래에서 만기일에 지급이 거절될 때 혹은 지급도조건(D/P)거래에서 일람출급 어음의 지급이 거절될 때 작성되는 지급거절증서의 두 종류가 있다.

③ 거절증서의 작성 배경

일반적으로 신용장거래에서는 개설은행이 지급거절이나 인수거절 사실을 증명할 수 있지만, 추심거래에서 추심의뢰은행이나 추심은행은 단지 대금을 전달해주는 통로 역할만 할 뿐 지급거절 혹은 인수거절을 증명할 책임이나 의무가 없기 때문이다. 따라서 추심어음이 지급 또는 인수 거절되는 경우, 어음발행인인 수출업자는 장래에 수입업자에게 물품대금청구를 위한 소송에 대비한 증거서류로서 거절증서를 확보해 두어야 할 필요성이 있다. 그러나 발행인, 배서인 등이 거절증서 작성을 면제할 것을 기입하여 서명한 때에는 그 어음의 소지인은 거절증서를 작성하지 않고도 상환청구권을 행사할 수 있다.

④ 추심지시서 상의 거절증서에 관한 지시

제2절에서 설명된 바와 같이 추심의뢰은행은 추심지시서에 인수거절 또는 지급거절의 경우 거절증서 작성 여부에 대해 분명히 명시해야 한다. 만약 추심지시서에 지급인의 지급거절이나 인수거절시 지급(인수)거절증서를 작성하도록 명시되어 있으면 추심은행은 거절증서를 작성해야 하지만, 추심지시서에 이러한 특정한 지시가 없는 경우에 추심에 관여하는 은행은 거절증서를 작성하여야 할 의무는 없다.

거절증서 또는 이에 갈음하는 기타 법적 절차와 관련하여 은행에게 발생하는 모든 수수료와 비용은 추심지시서를 송부한 당사자의 부담으로 한다(URC 제24조). 그리고 추심은행의 거절증서작성은 법에서 정한 기간 이내에 하여야 하고, 추심은행은 추심지시서에 따라서 거절증서를 작성한 후 그러한 사실을 추심의뢰은행에 통지하여야 한다.

(4) 우리나라에서의 거절증서 작성의 요령

거절증서는 어음거래에서 소구권을 행사하기 위한 형식적 요건에 해당된다고 할 수 있는데 우리나라의 어음법에서도 지급 또는 인수의 거절은 공정증서(인수거절증서 또는 지급거절증서)에 의하여 증명되어야 한다고 규정하고 있다(우리나라 어음법 제44조).

우리나라에서 거절증서를 작성할 수 있는 자는 공증인 또는 집달리(執達吏)이다(거절증서령 제2조). 그리고 작성위탁자는 어음의 소지인 또는 그 대리인으로 추심거래에서는 추심은행이다.

거절증서를 작성하는 장소는 지급인에게 어음을 제시한 장소이다(거절증서령 제 8조). 그러나 지급인이나 지급담당자가 승낙했을 때에는 다른 장소에서도 작성될 수 있다.

인수거절증서는 인수를 위한 제시기간 내에 작성시켜야 하며, 확정일출급, 발행일자후정기출급 또는 일람 후 정기출급의 환어음의 지급거절증서는 지급을 할 날(만기일)에 이은 2거래일 내에 작성되어야 한다. 그리고 일람출급어음의 지급거절증서는 지급거절 즉시 작성되어야 한다.

제 3 절 기타 결제방식

1. 국제팩토링 방식에 의한 결제

1) 국제팩토링의 의의

팩터(factor)는 중세 이탈리아에서 발생하여 국제화된 일종의 무역중개업자를 말한다. 팩터가 일반 중개업자와 다른 점은 수출업자에게 대금지급을 확약한다는 점이다. 즉 수출업자가 팩터에게 물품의 수출판매를 의뢰하면 팩터는 단순히 판매만 알선하는 것이 아니라 수출대금의 지급까지 보증하게 된다. 따라서 판매알선수수료도 "del credere commission"(지급보증수수료)이라 하여 일반 수수료보다 높게 책정 된다.

오늘날의 팩토링(factoring)은 제조업자가 구매자에게 상품을 외상으로 판매하면 팩터는 외상매출채권을 매입 · 관리하여 제조업자에게 상품대금의 지급을 보증하는 금융서비스를 말한다. 이러한 기본적 업무 외에도 팩터는 제조업자를 대신하여 구매자에 대한 신용을 조사하고, 상품대금이 회수되는 기간 동안 제조업자에게 금융을 제공하거나 회계업무 등을 대행하고 있다.

국제팩토링은 팩토링의 금융서비스를 이용하여 후불송금방식의 수출대금을 결제하는 무역거래 형태이다. 수출업자와 수입업자 사이에 팩터가 개입하여 수출업자에게는 수출대금의 지급을 보증하고 수입업자에게는 신용을 공여하여 무역거래가 이루어지도록 한다. 이 방식을 이용하게 되면 수출업자는 팩터로부터 수출대금의 지급을 보증 받을 뿐만 아니라 미리 팩터로 부터 자금을 융자 받을 수 있어 자금 부담을 덜 수 있다. 그리고 수입업자도 팩터의 신용을 활용하여 기한부조건으로 수입할 수 있으므로 자기자금이 없거나 신용이 낮은 경우에도 수입이 가능하다.

국제팩토링방식은 D/A · D/P 방식의 거래에 비해 수출대금의 회수가 보다 확실한 편이다. 그리고 은행이 지급 확약하는 신용장방식의 거래에서는 개설은행, 매입은행, 통지은행 등 여러 당사자가 관련되지만 국제팩토링방식에서는 하나의 팩터가 수출업자와 수입업자를 관리할 수 있어 거래과정이 단순하다. 이러한 연유로 중소규모의 무역거래에서는 팩토링에 의한 결제방식이 보편화되고 있으며 특히 담보력이나 자금력이 부족한 중소기업들은 팩터의 금융서비스를 많이 활용하고 있다.

2) 국제팩토링에 의한 대금결제과정

보통 팩토링에서는 계약에 따라 수출업자가 관여하는 팩터를 수출팩터, 수입업자가 관여하는 팩터를 수입팩터로 부른다. 이들에 의한 대금결제과정은 <그림

5-5>와 같이 이루어진다.

① 매매당사자는 국제팩토링방식으로 결제하는 조건으로 매매계약을 체결한다.

② 수출업자는 팩터의 소정 양식인 신용승인신청서를 이용하여 수입업자에 대한 신용조사를 수출팩터에 의뢰한다.

③ 수출팩터는 수입팩터에게 수입업자에 대한 신용조사 및 수입팩터가 지급확약 할 수 있는 신용한도를 요청한다.

④ 수입팩터는 수입업자의 신용상태를 조사하여 신용한도액을 산정한다.

⑤ 수입팩터는 수입업자에게 제공할 수 있는 신용한도액 및 신용상태에 관한 자료를 수출팩터에게 통지한다.

⑥ 수출팩터는 수입팩터의 통지에 따라 수출업자에게 신용승인을 통보한다.

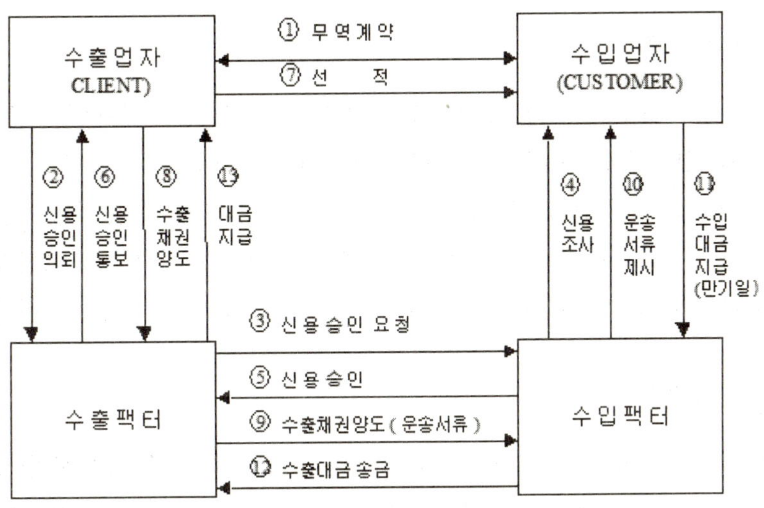

〈그림 5-5〉 국제팩토링에 의한 대금결제과정

⑦ 수출업자는 무역계약에서 약정된 물품을 수입업자에게 선적한다.

⑧ 수출업자는 수출물품에 관련된 선하증권을 비롯한 운송서류를 수출팩터에게 양도한다.

⑨ 수출팩터는 관련 운송서류를 수입팩터에게 송부함으로써 수출물품에 대한

채권을 수입팩터에게 양도한다.

⑩ 수입팩터는 운송서류를 수입업자에게 인도하여 수입업자로 하여금 화물을 찾을 수 있게 한다.

⑪ 수입업자는 만기일에 수입팩터에게 수입대금을 지급한다.

⑫ 수입팩터는 수입업자로부터 회수한 수입대금을 수출팩터에게 송금한다.

⑬ 수출팩터는 수출업자에게 수출대금을 지급하고 만약 미리 지급한 융자금이 있을 경우 이 대금을 상계한다.

3) 국제팩토링의 당사자

국제팩토링의 당사자는 기본적으로 수출업자, 수입업자, 수출팩터(export factor), 수입팩터(import factor)로 구분된다.

(1) 수출업자

물품을 수출하는 자로서 팩터와 수출팩토링 거래약정을 체결하여 수출채권을 양도하고 전도금융을 제공받는다. 전도금융외에도 수출채권의 대금회수를 보장받으며 무역정보, 장부관리, 고객관리, 경영정보 등의 경영서비스를 제공받는다. 수출업자는 팩터의 주된 서비스 대상이기 때문에 국제팩토링에서는 수출업자를 거래처(client)라 하며 상품 또는 용역의 공급자(supplier), 매도인 등으로 불리운다.

(2) 수입업자

수입업자는 물품을 수입하는 매수인으로서 고객(customer)으로 불린다. 수입업자는 수입팩터를 통하여 수출팩터에게 지급된 수입대금을 만기에 지급하게 되는 채무자(debtor)이다. 만일 수입대금을 지급할 자금이 부족할 때에는 수입팩터로부터 수입자금의 금융이 가능하며 이 밖에도 수입에 관련된 정보를 제공받는다.

(3) 수출팩터

국제팩토링에 관여하는 수출국의 팩토링 회사를 수출팩터라 하는데 수출업자로부터 수출채권을 양도받아 금융을 제공하고 수입팩터를 통해 수입업자로부터 대금을 회수하는 기관이다. 수출팩터는 수출업자의 장부관리, 무역정보제공 등 수출업무와 관련된 경영서비스도 제공한다.

이러한 금융 및 서비스제공을 위해 수출팩터는 수입국의 수입팩터와 업무협약을 체결하고 수입팩터에게 수입업자의 신용조사를 의뢰한다. 신용조사에 이상이 없으면 수출업자의 수출채권을 인수한 후 신용 한도 내에서 전도 금융을 제공하게 된다.

수출팩터는 신용장거래에서의 매입은행과 비슷한 역할을 수행하지만 대금회수를 책임지고 수출업자에게 각종 서비스를 제공하기 때문에 훨씬 더 적극적이고 중요하다고 볼 수 있다.

(4) 수입팩터

국제팩토링에 관여하는 수입국의 팩토링회사를 수입팩터라 한다. 수입팩터는 수입업자에 대한 신용조사 및 신용승인을 하고 수출채권을 양수받아 대금을 회수하여 송금하는 업무 등을 주로 한다. 수입팩터의 신용조사결과에 따라 수출팩터는 수출업자에 대한 거래한도를 결정하므로 수입팩터의 신용조사기능은 중요하다. 만약 수출팩터가 해외에 지점망을 가진 경우에는 수입국에 주재하는 지점 또는 지사가 수입팩터의 역할을 담당하게 된다.

4) 국제팩토링의 효용

국제팩토링은 주로 중소 수출입업자 간에 이용되고 있는 데 그 장・단점을 살펴보면 다음과 같다.

(1) 수출업자의 장점

① **신속한 대금회수** : 수출대금의 회수를 수출팩터가 보증하므로 기한부조건으로 수출하더라도 대금회수불능의 위험이 거의 없다.

② **수입업자에 대한 신용조사** : 수출팩터를 통해서 수입업자의 신용상태를 사전에 파악할 수 있다.

③ **적극적인 신규거래 시도** : 수출팩터의 지급보증과 수입업자에 대한 신용 파악으로 과감하게 신규거래를 시도할 수 있다.

④ **간단한 거래절차** : 신용장이나 D/A · D/P 방식에 비해 실무상의 절차가 간단하다.

⑤ **운영자금 조달용이** : 수출대금의 범위 내에서 수출팩터로부터 전도 금융을 이용할 수 있어 기한부 수출에 따른 자금 부담을 덜 수 있다.

⑥ **부대 경영 서비스** : 수출팩터와 지속적으로 거래관계를 유지해 다양한 경영 서비스와 정확한 해외시장정보를 얻을 수 있다.

(2) 수입업자의 장점

① **신용거래이용** : 수입팩터가 설정한 신용한도 내에서 계속적으로 신용구매가 가능하여 장기적인 수입계획을 수립할 수 있다.

② **수입금융** : 수입결제자금이 부족할 경우 수입팩터로부터 금융수혜를 받을 수 있으며 또한 수입팩터의 지급보증으로 유리한 수입조건을 제시할 수 있다.

③ **부대 경영 서비스** : 수입팩터로부터 채무만기일 관리 등의 회계 서비스를 제공받을 수 있어 수입관리업무의 효율성을 높일 수 있다.

〈표 5-2〉 수출거래 시 신용장 · 추심 · 국제팩토링의 비교

결제방식 / 구 분	국제팩토링방식	신용장방식	추심방식
거래약정	매매계약서	신용장수취	매매계약서
대금결제의 객체	선적서류와 상환	화환어음, 선적서류	화환어음, 선적서류
수출대금회수방식	전도금융	은행의 매입	추심후
지급약정기관	팩 터	신용장발행은행	없 음
대금회수위험	안 전	안 전	불안전
수출정보지원	정보지원	없음	없음

④ **간편한 절차로 비용 절감** : 신용장이나 D/A · D/P 방식에 비해 실무상의 절차가 간단하고, 자금 부담이나 수수료 등의 비용부담을 덜 수 있다.

2. 포페이팅(Forfaiting)에 의한 결제

1) 포페이팅의 개념

포페이팅은 현금을 대가로 채권을 포기 또는 양도한다는 뜻으로 무역거래에서는 수출업자가 발행한 기한부어음을 포페이터(forfaiter)가 할인 · 매입해 주는 금융기법을 말한다. 따라서 포페이팅은 신용장, D/A 및 D/P 등과 같은 대금결제 방식이라기보다 주로 신용장 하에서 발행된 기한부환어음을 포페이터가 할인 · 매입하는 중장기금융이라 할 수 있다.

포페이팅에는 수출업자 및 수입업자 외에 신용장 매입은행과 유사한 성격의 포페이터와 신용장 개설은행에 해당하는 보증은행(Avalising: Guaranteeing Bank)이 개입한다. 포페이터는 수출업자가 발행한 연불어음을 할인 · 매입하는 은행이고, 보증은행은 수입업자를 위해 환어음의 지급을 보증하거나 지급보증서를 발급하는 은행을 말한다.

보증은행이 환어음을 보증할 때 어음상에 "Aval"이라는 표현을 추가하는 데 이는 보증은행이 환어음 상의 채무를 보증한다는 것을 의미한다. 보증은행의 보증은 취소불능의 무조건 보증이다. 보증형식이 간단하고 양도될 수 있어 널리 사용되고 있다.

수입업자가 주로 가액이 큰 물품을 중장기 연불조건으로 수입하고자 할 경우 거래은행으로 하여금 수출업자가 발행한 환어음의 지급을 보증해 줄 것을 요청한다. 보증은행이 환어음의 지급을 보증하면 이 어음을 포페이터가 외상기간에 해당하는 이자를 고정금리로 할인하여 수출업자에게 지급하고, 포페이터는 만기일에 보증은행을 통해서 어음대금을 지급받는다.

포페이팅을 이용하면 수입업자는 보증은행의 지급보증으로 거래 규모가 큰 물품을 연불조건으로 수입할 수 있는 반면 수출업자는 연불조건의 외상수출이라 하더라도 포페이터로부터 수출대금을 일람조건의 수출과 같이 즉시 받을 수 있다. 수출업자 입장에서는 신용장 매입은행의 여신한도가 부족하여 환어음의 매입이 거절될 경우 포페이팅을 통한 매입방법을 활용할 수 있다.

2) 포페이팅의 특징

무역거래에서 일어나고 있는 포페이팅의 특징을 살펴보면 다음과 같다.

첫째, 포페이팅은 주로 수출업자의 환어음과 같은 채권을 대상으로 한다. 환어음은 무역거래에서 오랫동안 사용되어 왔기 때문에 단순외상매출채권, 본드(bond) 등에 비해서 분쟁이 발생할 가능성이 적기 때문이다.

둘째, 포페이팅은 규모가 크고 중장기 연불조건의 거래에 활용된다. 포페이팅과 유사한 환어음할인금융이나 국제팩토링은 주로 180일 이내의 소액거래에서 많이 이용되지만 포페이팅은 대체로 3년에서 5년 정도의 중장기 금융수단으로 이용된다.

셋째, 포페이터는 수출업자에게 환어음에 대한 상환을 청구할 수 없다. 즉 수출업자의 환어음을 할인 · 매입한 후 만기일에 실제 수입업자로부터 지급이 이루어지지 않더라도 수출업자에게 매입대금을 돌려 줄 것을 요청할 수 없다. 신용장거래에서 매입은행은 환어음의 지급이 이루어지지 않으면 수출업자에게 얼마든지 상환청구를 할 수 있지만 포페이팅의 경우에는 불가능하다.

팩토링과 포페이팅

실무적으로 팩토링은 30만 달러 이하의 단기 거래에 활용되는 한편 금리에는 제한이 없으며 수입팩터의 신용으로 지급이 승인된다. 거래방식으로는 후불송금방식이 많으며 통화에 제한이 없고 미래에 발생할 매출채권까지 포함된다.

반면에 포페이팅은 100만 달러 이상의 장기 거래에 활용되는 방식으로 고정금리로 할인되며 수입상 거래은행의 지급보증으로 발급이 된다. 거래에는 환어음이나 약속어음이 이용되며 사용통화는 미 달러화나 유로화로 국한되며 확정된 매출채권에 국한된다.

마지막으로 포페이터는 주로 고정금리부로 환어음을 매입한다. 수출업자는 환어음의 할인 금리를 사전에 알 수 있어 자신이 부담하게 될 금융비용을 원가에 반영할 수 있다.

3) 포페이팅의 절차

포페이팅은 <그림 5-6>와 같은 절차를 통해 이루어진다.

① 수출업자와 수입업자는 무역계약을 체결하면서 결제방법에 포페이팅을 추가할 것을 약정한다.

② 수출업자는 포페이터와 포페이팅 계약을 체결한다.

③ 수출업자는 계약의 내용대로 선적기일 내에 물품을 선적한다.

④ 수입업자는 지급보증은행에 환어음을 제출하면 지급보증은행은 별도의 지급 보증서를 발급하거나 환어음에 "Aval"을 추가하여 환어음을 보증한다.

⑤ 지급보증은행은 보증이 첨부된 환어음을 수출업자에게 보낸다.

⑥ 수출업자는 사전에 약정된 포페이팅 계약 따라 지급보증은행이 보증한 환어음을 포페이터에게 제시하여 어음대금을 할인해 줄 것을 요청한다.

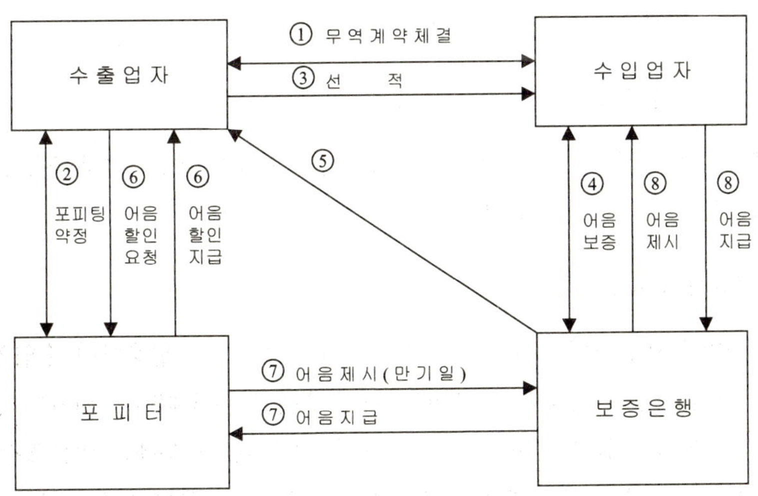

〈그림 5-6〉 포페이팅 절차

⑦ 포페이터는 어음의 만기일에 보증은행에 환어음을 제시하여 지급을 요청하고, 지급보증은행은 지급보증에 따라 대금을 지급한다.

⑧ 보증은행은 포페이터가 제사한 어음을 수입업자에게 제시하고 수입업자로부터 대금을 회수한다.

4) 포페이팅의 장점

(1) 수출업자

수출업자는 포페이팅을 이용함으로써 대금회수에 따르는 금융, 지급보장 등의 면에서 다음과 같은 여러 이점을 누릴 수 있다.

① 대금회수의 보장

포페이터가 고정금리의 상환청구권면제 조건으로 환어음이나 약속어음을 할인하므로 이자율변동이나 환율변동의 위험, 대금회수불능의 위험으로부터 벗어난다. 포페이팅이라는 용어가 "포기하다(forfatit)"라는 프랑스어에서 유래된 것처럼 포페이터는 수출업자로부터 환어음이나 약속어음을 매입할 때 상환청구권을 포기하고 매입하므로 포페이터가 만기에 이 대금을 회수하지 못하더라도 수출업자는 대금을 반환할 책임이 없다.

② 신속한 대금회수

수출업자는 선적후 수출환어음이나 약속어음을 할인하여 수출대금을 조기에 회수함으로써 자금회전이 원활해진다.

③ 금융상의 비교우위

포페이팅을 이용하면 포페이터가 제공하는 금융기능을 활용하여 수입업자에게 장기간의 신용을 제공할 수 있게 되어 경쟁에서 유리해진다. 외환이 부족한 개발도상국에 산업설비, 플랜트, 기계류 등을 수출하는 경우에는 연불조건을 제공할 수 있는 능력이 거래성사의 관건이므로 그 경우 포페이팅은 매우 유용한 금융제도가 된다.

④ **비상위험 및 정치적 위험의 배제**

포페이터가 상환청구권 면제조건으로 매입하므로 대금회수 후에 수입국의 정치적 위험이나 비상위험 등으로 인한 대금미회수 위험으로부터 자유롭다.

(2) 수입업자

① **신용공여능력 증대**

수입업자는 포페이터의 금융기능을 이용하여 수출업자가 수입국의 비상위험이나 수입업자에 대한 신용위험을 인식하더라도 이에 구애받지 않고 수입을 성사시킬 수 있다.

② **중장기 연불수입가능**

수입업자는 보증은행으로 하여금 어음보증 또는 지급보증서를 발행하게 하고 1~7년의 중장기 연불수입계약을 체결하여 원하는 물품을 수입할 수 있다.

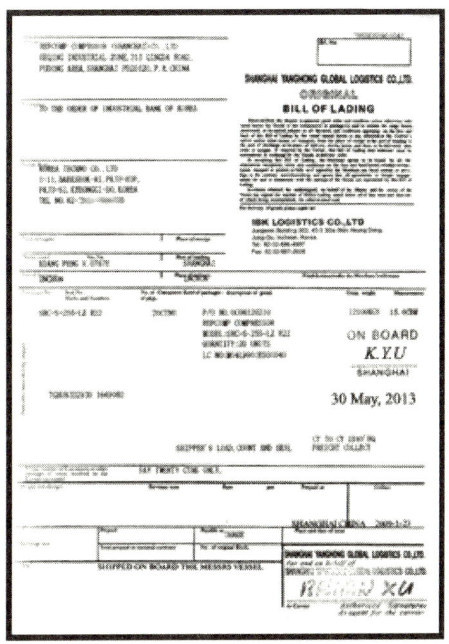

SHANGHAI YANGHONG GLOBAL LOGISTICS CO.,LTD.

ORIGINAL

BILL OF LADING

TO THE ORDER OF INDUSTRIAL BANK OF KOREA

IBK LOGISTICS CO.,LTD

ON BOARD

K.Y.U

SHANGHAI

30 May, 2013

SHIPPER'S LOAD, COUNT AND SEAL

FREIGHT COLLECT

SAY TWENTY CTNS ONLY.

SHIPPED ON BOARD THE MESSRS VESSEL

Chapter 6

무역서류와 환어음

무역서류와 환어음

제 1 절 무역서류

1. 무역서류의 의의

무역거래에서 서류는 물품만큼이나 중요하다. 수출업자는 물품과 함께 관련 서류를 수입업자에게 제공해야한다. 이러한 서류들은 수입지에서 화물을 인수하거나 수입통관 또는 전매(resale)를 하는데 필수적인 기능을 한다. 신용장 거래에서는 많은 서류들이 이용되고 있다. 특히, 신용장 거래는 서류거래로 불릴만큼 서류가 중요한 의미를 지닌다. 일반적으로 화환신용장(documentary credit)이라고 할 때의 "화환"(documentary) 이라는 용어는 선하증권 등과 같은 서류가 담보로서 첨부된다는 것을 의미한다. 선하증권은 화물을 대표하는 권리증권이기 때문에 선하증권의 담보는 곧 화물의 담보를 의미한다. 개설은행은 화물을 대표하는 선하증권 등을 비롯한 운송서류와 상환하여 대금을 지급할 수밖에 없어 신용장 거래에서는 서류가 아주 중요하게 취급되고 있다.

신용장 상에는 수출업자가 구비해야 할 서류의 종류와 통수가 명시되어 있는데 수출업자는 이를 정확히 구비해야 수출대금을 받을 수 있다. 그리고 서류는 현행 신용장통일규칙에서 규정하고 있는 수리요건에도 적합하게 작성되어야 한다. 신용장 거래는 곧 서류상의 거래이기 때문에 독립 · 추상성의 원칙에 따라 서류상의 불일치는 대금결제의 거부사유가 된다.

<표 6-1>의 항목들은 대부분의 서류에 공통으로 기재되는 내용으로서 수출업자, 수입업자, 은행 등 관계당사자들이 서류의 적합성을 판단함에 있어 확인해야 할 주요 요소들이다.

〈표 6-1〉 운송서류 검토 항목

송하인 명 및 주소	매수인/수하인 명 및 주소
발행지 이름 및 주소	물품의 명세, 수량, 단위
원산지	목적지
송장번호, 신용장번호	서류 작성자의 확인서명
서류의 합법성	하인(marks) 및 번호
총중량, 순중량 등	컨테이너 혹은 포장 단위의 개수

2. 서류의 원본과 부본

신용장 상에는 서류의 종류와 함께 항상 제시될 서류의 통수가 명시되어 있다. 예를 들어 “Commercial Invoices in two copies” 와 같이 표현하는데 이는 수출업자가 상업송장 2통을 구비해야 함을 의미하는 것이다. 그런데 “two copies”는 수출업자가 복사본 2통을 준비하는 것이 아니라 원본 1통과 복사본 1통을 말한다. 즉 표현상으로는 사본으로 명시하지만 현행 신용장통일규칙에 따라 반드시 원본 1통이 포함되어야 한다. 그리고 원본은 서류 자체에 원본이 아니라는 명시가 없는 한 외관 상 원본 서명, 하인, 스탬프, 라벨 등이 있으면 원본으로 간주된다(UCP 제17조).

〈표 6-2〉 무역서류의 종류

구분		서류의 종류
기본서류	매매관계서류	Commercial Invoice
	운송관계서류	Marine/Ocean B/L
	운송관계서류	Airway Bill
		Waybill, Railway Bill
		Road Consignment Note
		Combined Transport Document
		Parcel Post Receipt
		Courier Receipt
	보험관계서류	Insurance Policy
		Insurance Certificate
		Cover Note
기타서류	세관관계서류	Customs Invoice
		Consular Invoice
		Certificate of Origin
	송장관계서류	Packing List
		Certificate of Measurement/Weight
	품질관계서류	Certificate of Inspection
		Certificate of Quality
		Certificate of Health
	기타 부속서류	Debit Note
		Credit Note

 무역서류의 종류

1) 상업송장(Commercial Invoice)

송장(invoice)은 매도인이 매수인 앞으로 작성해 보내는 매매거래의 명세서인데 그 용도에 따라 상업송장과 공용송장으로 구분된다. 그러나 일반적으로 말하는 송장은 곧 상업송장을 의미한다.

(1) 상업송장의 의의

상업송장은 수출업자가 특정 수출거래의 구체적 내용을 기재하여 수입업자 앞으로 보내는 매매거래의 명세서이다. 수출업자는 이 명세서를 근거로 수출대금을 청구하기 때문에 수출업자의 입장에서 보면 상업송장은 곧 대금청구서의 역할을 하게 된다. 특히 송금방식 등의 거래에서는 상업송장 외에 달리 단가, 금액 등이 나타나는 서류가 없으므로 상업송장은 계산서로서 매우 중요한 기능을 갖는다.

반면 수입업자는 상업송장을 통해서 선적화물에 관해서 자세히 알 수 있고 화물이 도착하기 전에 상업송장에 근거하여 수입화물을 판매할 수도 있게 된다. 수입화물이 도착하면 상업송장의 명세와 대조하여 계약한 화물이 실제로 도착되었는지의 여부를 조사할 수 있다. 그리고 상업송장은 관세를 산정하기 위한 세관신고의 증빙자료가 된다.

상업송장은 요식서류가 아니기 때문에 법적으로 반드시 기재되어야 할 사항은 없지만 송장 그 자체가 거래에 관한 자세한 내용이 기재된 서류이기 때문에 가급적 자세히 기재하는 것이 좋다. 일반적으로 상업송장에 기재되는 사항은 <표 10-2>와 같다.

〈표 6-3〉 상업송장의 기재사항

수출업자의 상호	수입업자의 상호
발행일	상업송장번호
주문서 및 계약서번호	물품의 수량 및 명세
단가, 총액, 수수료	물품의 중량, 포장개수,
화인	인도조건, 결제조건 등

(2) 상업송장 작성 상의 주의 점

상업송장은 양도가능신용장 거래와 같은 특수한 경우를 제외하고는 수익자가 개설의뢰인 이름 앞으로 발행해야 한다. 그리고 신용장 상의 통화와 송장 상의 통화는 반드시 일치해야 한다. 만약 신용장금액이 미 달러로 표시되어 있는데 송장금액을 우리나라 원화로 표시하게 되면 환율변동으로 신용장금액과 송장금액이 정확히 일치하지 않을 수 있기 때문이다. 상업송장에는 수익자의 서명은 필요로 하지 않는다.

특히 신용장 거래에서는 상업송장 상의 명세는 신용장 상의 표현과 완전하게 일치해야 한다. 서류의 일치성과 관련하여 분쟁이 발생하는 경우 법원은 선하증권 등의 다른 서류에 비해 상업송장에 대해서는 엄격하게 일치할 것을 요구한다. 왜냐하면 선하증권 등과 같은 서류들의 발급당사자들은 신용장의 조건을 직접 보지 못하는 제3자 이지만 상업송장은 신용장을 수취한 수익자가 직접 발행하므로 얼마든지 신용장의 조건에 일치시킬 수 있기 때문이다(UCP 제18조).

2) 선하증권(Bill of Lading : B/L)

(1) 선하증권의 의의

선하증권은 선주와 하주간의 운송계약에 의해 선주가 발행하는 일종의 유가증권을 말한다. 즉, 선하증권은 선주가 하주로부터 화물운송을 위탁받은 사실과 화물을 목적지까지 운송하여 이를 선하증권의 소지자에게 인도할 것을 약속하

는 증권이다. 선하증권은 무역거래에서 반드시 요구되는 운송서류로서 다음과 같은 기능을 수행한다.[1)]

첫째, 선하증권은 선주와 하주 간에 운송계약이 체결되었다는 사실을 증명하는 증거서류이다. 해상운송에서 선하증권 그 자체가 운송계약을 뜻하는 것은 아니지만, 일반적으로 운송계약이 체결되었다는 가장 믿을 만한 증거는 선하증권이다. 따라서 선주가 선하증권을 발행하면 선주와 하주 간에 운송계약이 존재하는 것으로 간주된다.

둘째, 선하증권은 선적된 화물의 수취증이면서, 선적화물의 수량과 상태에 관한 명세서의 역할을 한다. 선하증권은 선주가 하주로부터 운송을 위탁받은 화물을 수취하거나, 또는 본선 상에 선적하게 되면 발급된다. 따라서 선하증권은 선주가 선하증권 상에 표기된 화물을 영수하였다고 인정하는 서류의 역할을 수행한다. 또한 선하증권에는 운송화물의 수량, 중량, 상태 등이 기재되기 때문에 선하증권은 곧 화물에 대한 명세서이기도 하다. 선주는 선하증권 상에 기재된 명세의 내용 그대로 화물을 선하증권의 소지인에게 인도할 의무가 있다.

셋째, 선하증권은 화물에 대한 권리를 주장할 수 있는 권리증권이다. 선하증권이 국제무역거래에서 필수운송서류로서 사용되는 이유는 선하증권이 바로 운송화물에 대한 권리를 주장할 수 있는 권리증권이기 때문이다. 선하증권의 소지인은 곧 화물을 소유할 수 있는 법적 권리를 갖게 되며, 선주도 반드시 선하증권과 상환하여 화물을 인도하게 된다.

이와 같이 선하증권은 곧 화물을 대표하기 때문에 무역거래에서 수출업자는 수입업자에게 화물을 인도하는 대신 선하증권을 인도함으로써 자신의 의무를 다 할 수 있다. 또한 선하증권의 양도는 곧 화물을 양도하는 것과 같기 때문에 수입업자는 운송 중인 화물을 매매할 수 있을 뿐만 아니라 담보수단으로도 활용할 수 있다.

선하증권은 법률적으로 요식증권이기 때문에 법에서 규정하고 있는 사항들은 반드시 선하증권 상에 기재되어 있어야 하는데 우리나라 상법에서 규정하고 있는 기재사항은 <표 6-4>와 같다.

---

1) Leo D'arcy, et al., op.cit., pp.284-289.

〈표 6-4〉 선하증권의 기재사항

선박의 명칭 · 국적 · 톤수	운송물의 종류 · 중량/용적, 포장명세
운송물의 외관상태	용선자 또는 송하인의 성명 또는 상호
수하인 또는 통지선의 성명 또는 상호	선적항 · 양륙항
운임	발행지 · 발행연월일 · 발행통수

(2) 선하증권 관련 주의점

선하증권은 신용장에서 요구하는 서류 중 가장 중요한 것으로서 그 내용은 신용장의 조건 및 신용장통일규칙과 일치해야 한다. 선하증권의 기재내용 중 실무적으로 종종 문제가 되는 것들은 다음과 같다.

첫째, 선하증권에 "예정된 선박(intended vessel)"과 같은 제한조건을 포함하고 있을 경우에는 물품이 해양 선박에 선적되었다 하더라도 선적일자와 선박 명을 표기한 "본선적재부기(on board notation)" 표시가 있어야 한다.

둘째, 선하증권의 수하인 란에 "to the order of" 혹은 "to order"와 같이 표기된 경우에는 송하인이 본 선하증권의 권리를 양도하는 의미로서 송하인의 백지배서가 나타나야 한다.

셋째, 신용장에서 환적을 금지하고 있을 경우라 하더라도 에는 명시적으로 화물이 환적될 것임을 표기한 선하증권은 거절되지만 관련화물이 컨테이너, 트레일러/ 라쉬 바지선 등에 선적된 경우 그리고 전 해상운송이 동일한 한 개의 선하증권으로 커버되어 있을 경우에는 환적될 것이라는 표시가 있어도 수리 가능하다.

3) 선하증권 대용 운송서류

선하증권은 화물을 선박으로 운송할 경우 발급되고 선박 이외 운송수단을 이용할 경우에는 다른 운송서류들이 발급된다. 따라서 매매계약에서 약정된 운송방법에 따라 다음과 같은 운송서류가 신용장 상에 명시될 수 있는데, 모든 운송서류가 선하증권과 같이 권리증권이 아니기 때문에 사용에 따른 주의가 필요하다.

(1) 항공화물운송장(Air Waybill)

송하인과 운송인간에 항공운송계약이 체결되면 항공화물운송장이 발급되는데 이 운송장은 항공운송에서 화물의 유통을 보장하는 유일한 운송서류로서 해상운송에 있어서 선화증권과 비교될 수 있다. 항공화물운송장이 갖는 기능을 살펴보면 다음과 같다.

첫째, 항공화물운송장은 송하인과 운송인간에 운송계약이 체결되었다는 사실을 나타내는 증거서류이다. 항공화물운송장에는 당사자 간에 체결된 운송계약의 내용이 기재되어 있으며, 또한 운송약관이 인쇄되어 있어, 운송계약으로서의 기능을 수행한다.

둘째, 항공화물운송장은 운송인이 화물을 운송하기 위해 이를 수령했다는 증거서류이다. 송하인이 화물을 항공사에 인도하면 항공기에 적재하기 전에 운송장을 발급하여 화물을 인수했음을 나타낸다.

셋째, 항공화물운송장은 운임청구서의 기능을 수행한다. 항공사가 운송장을 발급하면 송하인은 운송장에 기재된 운임 및 기타 수수료를 지불해야 하기 때문에 운송장은 항공사가 송하인에게 운임을 청구하는 운임청구서(freight bill)이기도 하다.

마지막으로 항공화물운송장은 보험증명서가 되기도 한다. 항공보험은 보험기간이 3-4일 정도에 불과하기 때문에 항공화물은 항공사에서 제공하는 하주보험에 부보되는 경우가 많다. 만약 이런 사실이 운송장에 기재되면 이 운송장은 화물이 보험에 가입하였다는 사실을 증명하는 보험증명서가 될 수 있다.

항공화물운송장은 IATA에서 그 양식과 발행방식을 세부적으로 통일하고 표준화하여 전 세계 항공사가 동일한 양식의 운송장을 사용하도록 의무화하고 있다. 항공운송에서는 승계운송이 불가피한 여건이므로 양식을 표준화하지 않으면 많은 문제점이 야기될 수 있기 때문이다. 또한 항공시간의 운임정산, 운송조건, 취급방식, 사고처리에 대한 표준화와 통일을 기하기 위하여 1통의 운송장으로 출발지에서 도착지까지의 원활한 운송을 보장하고 있다.

항공화물운송장은 원본 3장과 부본(dummy air waybill) 6장으로 구성되는 것을 원칙으로 하고 항공사에 따라 부본을 5장까지 추가할 수 있다. 대한항공이 발행하는 항공화물운송장은 원본 3장과 부본 9장 합계 12장으로 구성되어 있다.

원본 1은 항공사용으로 운임정산용, 운송계약의 증거서류로 사용된다. 원본 2는 수하인용으로 화물과 함께 목적지로 보내져 수하인에게 전달되고 원본 3은 송하인용으로 화물수령증 및 운송계약의 증거서류로 출발지에서 송하인에게 교부된다. 이와 같이 운송장은 각각의 용도가 있으므로 신용장 상에 "Full Set of Original Air Waybill"과 같은 식으로 서류를 요구하는 것은 잘못된 것이다.

(2) 두 가지 이상의 다른 운송방식을 커버하는 운송서류 (Multimodal/Combined Transport Documents)

출발지에서 최종목적지까지 복합운송인이 전체 운송구간에 대해서 책임을 지고 육상, 해상, 항공 중 두 가지 이상의 운송형태를 결합하여 운송하는 방식을 복합운송(Multimodal/Combined Transport)이라 한다. 이러한 복합운송은 오늘날 해상과 육상을 연결하는 형태와 해상과 항공을 연결하는 형태로 이용되고 있다.

복합운송증권은 서로 다른 둘 이상의 운송방식을 사용하는 복합운송에서 운송계약을 증명하기 위해 복합운송인이 발행하는 증권을 말하는데 선하증권과 유사한 기능을 가지고 있다. 복합운송증권은 복합운송인이 화물을 수탁지점에서 목적지까지 운송하기 위해 이를 자기의 지배하에 수령하였음을 증명하는 공식적인 수취증이다.

현재 사용되고 있는 복합운송증권의 형태는 선하증권을 복합운송에 알맞도록 변경한 것으로 선하증권에 복합운송을 의미하는 명칭을 붙여서 사용한다. 예를 들어 Multimodal Transport B/L, Combined Transport B/L 등이 복합운송증권으로 사용되고 있다.

복합운송증권은 일반적으로 비유통성증권인데 만약 유통성 복합운송증권이 발급되면 수취인의 배서 또는 인도에 의하여 화물에 대한 처분권이 주어지는 권리증권으로서 유가증권의 성질을 띠게 된다. 그리고 신용장이 명시적으로 "Marine Bill of Lading"을 요구하고 있지 않는 한 운송주선인(freight forwarder)이 발행한 복합운송증권은 수리가능하다. 이때의 포워더는 전 운송구간에 대하여 운송계약상의 운송인의 책임을 부담한다.

복합운송계약에서의 운송책임은 선적 장소로부터 인도 장소까지의 복합운송에 대해서이다. 즉 복합운송증권은 물품의 수취를 증명하는 것이지 본선적재를 증명하는 서류가 아니다. 따라서 서류발행일자는 명시된 발송, 인수, 적재일자가 있지 않는 한 발송일자로 간주된다.

(3) 비유통성 해상화물운송장(Non-Negotiable Sea Waybill)

비유통성 해상화물운송장은 항구 간 선적을 증명하는 운송서류이지만 선하증권과 달리 권리증권이 아니기 때문에 유통불능증권이며 배서가 필요 없다. 이 운송서류는 우리나라에서는 아직 일반화되어 있지 않으나 기명된 수하인만 확인되면 신속하게 화물을 인도할 수 있도록 하기 위해 1930년대 중반 이후부터 대서양 항로에서 사용되기 시작하여 유럽에서는 많이 이용되고 있다.

해상화물운송장의 장점은 선하증권 자체에 의존하지 않고 반드시 수하인 본인임을 확인하므로 운송서류 사기(fraud)의 위험을 훨씬 줄일 수 있으며 화물이 선적서류보다 먼저 도착해도 본인 확인 후에는 물품인도가 이루어질 수 있다는 점이다. 따라서 운송 중 전매가 필요하지 않고 대금결제의 담보물로서 선하증권이 필요하지 않은 다국적 기업의 본지사간 거래, 후불외상조건(open account)의 거래 등에는 해상화물운송장을 활용할 수 있다.

(4) 용선계약 선하증권

용선계약 선하증권은 선박을 용선한 자가 발행한 선하증권으로서 기명운송인(named carrier) 혹은 선박회사가 발행하는 선하증권과 달리 선주와 용선자 사이의 계약관계에 영향을 받는다. 예컨대 만일 용선자가 용선료를 체불하는 경우 선주가 유치권을 행사하면 이런 사실을 모르는 선하증권 소지인도 예기치 않은 분쟁에 휘말릴 수 있다.

일반 선하증권은 1924년의 선하증권 통일조약(International Convention for the Unification of Certain Rules of Law Relating to Bills of Lading, 일명 Vienna협약이라고도 한다) 및 각국의 해상법에 의해 지위를 인정받는 유가증권이지만 용선계약 선하증권은 어느 특정인이 선박을 용선한 후 용선자가 송하인을 상대로 발행하는 것이므로 법적 지위가 불안정하다. 그러나 원유나 철광석, 곡물 등 기초 원자재들은 대부분 용선운송이 이루어지고 있으므로 이 경우 발행되는 용선계약 선하증권은 일정한 조건하에 수리되고 있다.

(5) 도로 · 철도 · 내수로 운송서류(Road, Rail, Inland Waterway Transport Document)

도로, 철도, 내수로 운송선하증권은 서류에 나타난 특정지점으로부터 도로, 철도 혹은 내수로 운송방식을 이용하여 이루어지는 화물운송을 커버하는 운송서류이다. 유럽의 인접한 내륙국가간이나 미국과 캐나다, 중남미지역 등 국가 간에 육로수송이나 내수로 수송이 가능한 지역에서는 이러한 운송이 이루어진다. 이러한 경우 역시 신용장에서는 위와 같이 일정한 요건을 갖춰야 적격서류로 간주된다. 운송서류상에 발급통수의 표시가 없는 경우 은행은 제시된 것을 발행된 전통으로 간주한다. 또한 원본이라는 표시가 있는지의 여부와 상관없이 제시된 운송서류를 원본으로 간주한다.

(6) 특송수령증(Courier Receipt) 및 우편수취증(Post Receipt)

특송수령증은 특송업자(courier)가 지정된 수하인에게 물품을 인도하기 위해 수령했음을 증명하는 서류이다. 최근 택배업이 발달하여 “FeDex”나 “DHL”, “UPS” 같은 특송업자들이 활발히 특송 활동을 하고 있다. 이들은 주로 소량화물을 송하인으로부터 수화인에게 “Door to Door” 방식으로 편리하고 신속하게 운송해주는 서비스로 급속히 발전하고 있다. 주로 전화로 운송의뢰를 하면 즉시 송화인에게 가서 화물을 수취하고 그 증거로서 수취일자와 시간이 찍힌 수령증 즉 ‘Courier's Receipt’ 을 교부해준다. 신용장에서 특별히 특정의 특송업자를 명기하고 있지 않는 한 은행은 어떤 특송업자가 발행한 서류이든 수리한다.

우편수취증은 한 국가의 우편기관에서 발행하는 서류로 지정수취인에게 인도를 위해 물품을 수령했음을 증명하는 서류이다. 소량의 견품이나 소액의 물품 등을 우편으로 보내줄 것을 요구하고 그 증명서류를 제시하여 대금결제를 받게 하는 경우로서 이러한 서류는 선하증권과 달리 단순한 영수증에 불과하다. 또한 우체국을 통해 송부하는 당해 우편화물이 꼭 계약상품이라는 보장이 없으므로 매수인으로서는 주의해야 한다.

(7) 운송주선인 발행의 운송서류

운송주선인(freight forwarder)은 자신이 직접 운송수단을 보유하지 않고 송화인과 운송인의 중간에서 운송을 주선하는 자를 말하는데 로 중소 화주들이 많이 이용한다. 운송주선인이 발행하는 화물수취증(Forwarder's Cargo Receipt: FCR)은 단순히 화물을 수취했다는 일종의 수취 선하증권이며 비유통성 증권이다. 이 화물수취증은 운송주선인이 물품을 인수하여 "Container Freight Station"에 입고한 날을 기준으로 발행되며 신용장상에 FCR을 수리하도록 명시조항을 넣어야 매입이 가능하다. 신용장 거래에서 운송주선인 발행하는 운송서류는 다음과 같은 요건을 갖춰야 한다.

첫째, 운송주선인의 명의가 운송인 또는 복합운송인으로 표시되어 있으며 운송주선인이 운송인 또는 복합운송인으로서 서명하였거나 기타의 방법으로 인증한 서류이어야 한다.

둘째, 운송인 또는 복합운송인의 명의를 표시하고 있으며 운송주선인이 운송인 또는 복합운송인의 지명된 대리인 또는 대행자로서 서명하였거나 기타의 방법으로 인증한 서류이어야 한다.

Container Freight Station

1개의 컨테이너를 채울 수 없는 소량의 화물을 여러 화주로부터 인수하여 목적지별로 선별하여 컨테이너에 적입(vanning)하거나, 각 화주에게 인도하기 위해 한 컨테이너로부터 적출(devanning)하는 컨테이너 화물 조작 장소를 CFS라 한다. CFS 는 컨테이너 터미널에 설치되어 있으며, 내륙 컨테이너 기지에도 CFS 가 설치된 경우도 있다.

4) 보험서류

CIF 조건 및 CIP 조건에서는 수출업자가 수입업자를 위해 보험계약을 체결해야 하므로 보험서류가 필수서류가 된다.

(1) 수리 가능한 보험서류

신용장 거래에서 사용되는 보험서류는 보험증권 및 보험증명서이다. 수출업자가 보험회사와 개별적으로 적하보험계약을 체결할 경우 보험증권이 발급된다. 그리고 동일한 종류의 물품을 같은 지역에 되풀이해서 선적할 경우에는 포괄보험(open cover)이 이용된다. 포괄보험에서는 개별적으로 물품이 보험계약을 체결했다는 보험증명서(certificate of insurance)가 발급되는데 이 보험서류도 은행에서 수리될 수 있다.

보험서류는 문면 상 보험회사, 보험자 또는 그 대리인에 의해 발행되고 서명되어야 한다. 그리고 보험서류 원본이 두 통 이상 발행되면 모든 원본을 제시해야 한다.

그러나 보험중개업자가 발행하는 보험승낙서(cover note)는 일반적으로 보험서류로서 인정되지 않는다. 영국의 로이드 보험시장에서는 반드시 보험중개업자를 통해서만 해상보험계약이 체결된다. 이 때 보험중개업자는 피보험자로부터 보험료를 징수할 경우 보험료를 받았다는 영수증으로서 그리고 반드시 보험자와 보험계약을 체결하겠다는 각서로서 보험승낙서(부보각서)를 발행 한다.

이 보험승낙서는 피보험자와 보험중개업자간에는 보험증권의 대용으로 사용될 수 있지만, 그 밖의 용도로서는 사용될 수 없는 성질이다. 따라서 신용장통일규칙에서도 별도의 언급이 없는 한 보험승낙서는 보험서류로서 인정되지 않는다고 규정하고 있다.

(2) 부보일자와 보험금액

신용장상에 별도 규정이 없는 한 선적일 이후에 부보된 보험서류는 수리되지 않는다. 선하증권에 나타나는 선적일자보다 보험서류의 일자가 늦어지면 그 기간 동안 이 화물이 보험으로 커버되어 있지 않고 위험에 노출되어 있었다고 볼 수 있다. 따라서 부보일자가 선적일 이후로 되어 있는 보험서류는 정당한 서류라고 볼 수 없는 것이다.

그러나 보험서류의 일자가 늦더라도 다음의 경우에는 수리한다.

① 소급약관(lost or not lost)이 명시되어 있는 경우

② 선적일 이전에 발행된 예정 보험증권에 의거하여 발행된 보험증명서인 경우

신용장에 별도의 명시가 없는 한 보험서류는 신용장에 표시된 통화와 동일한 통화로 표시되어야 한다.

모든 보험서류는 신용장에 표시된 통화로 표시되어야 한다. 또한 최저 보험금액은 관계 상품의 CIF 또는 CIP 가격이어야 하는데, 만일 이러한 가격이 결정지어질 수 없을 때는 신용장에 의하여 발행되는 어음금액 또는 당해 상업송장 금액 중 어느 쪽이든 큰 금액을 최저금액으로 간주한다. 보통 보험금액은 10%의 희망이익(expected profit)을 고려하여 송장금액의 110%로 한다.

5) 포장명세서(Packing List)

포장명세서는 특정 선적화물에 들어있는 상품의 종류와 수량을 열거하고 있는 것으로 송화인이 수출업자가 준비하는 서류이다. 포장명세서는 상업송장에 기재된 화물들에 대해 화물의 포장내역을 보다 상세히 기재하여 이 명세만 보면 포장을 풀어 보지 않더라도 한눈에 그 안의 포장상태를 알아볼 수 있게 한 것이다. 포장명세서 사본은 선적화물 자체에 첨부되기도 하며 또 다른 사본은 직접 수입업자인 수화인에게 보내져 수화인이 선적화물을 받았을 때 확인할 수 있도록 한다.

포장명세서의 기능을 보면 다음과 같다.

① 수출입통관절차에서의 심사 자료로서 활용되고, 양륙지에서 화물의 분류 · 판매단계에서도 이용된다.

② 검수 또는 검량업자가 실제 화물과 대조하는 참고자료로서 이용된다.

③ 개별 화물의 사고발생분에 대한 확인 자료로서 이용된다.

④ 선박회사와 운송계약을 체결할 때 운임산정 등의 기준이 된다.

6) 원산지 증명서(Certificate of Origin)

원산지증명서는 물품의 원산지를 증명하는 서류로서 보통 수입절차 상의 요건으로서 수입국 측에서 요구하며 우리나라는 대한상공회의소에서 발급하고 있다.

원산지 증명서에는 다음 사항들이 기재된다.

① 선적과 관련한 명세, 예를 들어 송하인, 수하인, 물품의 명세 등. 이들 명세는 신용장은 물론 상업송장 등 다른 서류들과 일치하게 기재되어야 한다.

② 물품의 원산지에 대한 기재사항

③ 발급기관을 증명하는 서명/날인 혹은 증지(seal)

7) 세관송장(Customs Invoice)과 영사송장(Consular Invoice)

세관송장과 영사송장은 모두 공용송장(official invoice)인데 관계 관청으로부터 증명을 받는 특정 서식에 맞추어 작성된다.

세관송장은 수입국의 세관당국이 수입화물에 대하여 수입관세의 부과를 결정하고 수입물품의 통계조사, 쿼터 관련 통관 액의 파악, 그리고 수입가격의 적정성을 파악하여 부당한 덤핑을 방지하기 위하여 요구하는 송장이다. 국가별로 양식이 다르기 때문에 소정의 양식에 따라 작성되어야 한다. 미국, 캐나다, 뉴질랜드 및 아프리카 몇 개 국가들이 주로 사용한다.

세관송장은 수입국의 세관을 통관할 때 수입품에 대한 합법성이나 관세 산정 등의 기초가 되는 것으로 그 내용이 다른 서류와 모순되거나 잘못 기재되면 수입통관과정에서 매수인이 애로를 겪거나 불이익을 보는 경우가 발생한다. 따라서 세관송장 역시 상업송장과 마찬가지로 상품 명세를 신용장의 명세와 정확히 일치시키는 것이 중요하다.

영사송장은 수출국주재 수입국영사가 증명하는 선적물품에 대한 송장으로 수입국의 세관에서 요구하는데 수입물품의 가액, 수량, 원산지, 특성 등을 파악하기 위해서이다. 상업송장의 일부분으로 포함시키기도 하지만 일부 국가들은 자국의 고유한 양식을 사용하는데 이 양식들은 수출국에 소재하는 자국 영사관에서 발급받도록 하고 있다. 또 일부 국가들은 영사송장의 언어도 자국어로 작성하고 수출국소재의 자국영사로 하여금 공식확인하게 하는 국가도 있다.

영사송장은 주로 남미나 필리핀에서 요구하고 있다. 필리핀의 경우 출항 후 7일 이내에 제출하도록 명시하는 등 영사송장은 일정한 항해일수 내에 확보, 제출해야 한다. 송장 발급료는 무시할 수 없는 비용이 될 수 있으므로 영사송장을 요구할 때는 반드시 사전에 알아보고 가격에 반영해야 한다. 예를 들어 라이베리아는 사증료가 CIF가격의 1.5%, 페루는 FOB가격의 1% 정도이다. 경우에 따라서는 이러한 서류발급에 상당한 시간이 지체될 수도 있음을 염두에 두어야 한다.

8) 검사증명서

물품이 선적 전에 검사되었음을 증명하는 서류로서 검사결과로서 신용장에 명시된 기관이 발행한다. 검사증명서는 일반적으로 정부기관이나 독립적인 검사기관등 중립적인 성격의 기관으로부터 입수하지만 신용장이나 매매계약에서 특별히 요구하는 발급기관이 있으면 그 요건에 맞춰 입수해야 한다.

특정 국가나 품목의 경우에는 검사증명서가 독립적인 정부기관에서만 발행하도록 하는 경우도 있다. 매수인은 검사기관을 지정할 때 "first class", "well-known", "qualified", "inspection", "official", "competent", 혹은 "local"과 같은 모호한 용어를 사용하지 않아야 한다. 가장 바람직한 것은 매매당사자가 사전에 특정 검사기관에 대하여 합의하고 매수인은 신용장에서 그 합의된 검사기관을 지정하는 것이다.

9) 수익자 발행 증명서(Beneficiary's Certificate)

어떤 신용장에 보면 일정한 사실에 대하여 수익자가 담보, 확인하는 수익자 증명서를 요구하는 경우가 있다. 따라서 이 서류는 수익자가 직접 작성하는 것으로 일정사실을 기술하면서 수익자가 해당 사실을 보증하는 성격이 된다. 예를 들면 특정 선박을 이용하도록 하면서 그 사실을 증명하는 수익자증명서를 요구한다거나 서류 중 일부를 특송 편으로 보내고 이 사실을 증명하는 수익자 증명서를 신용장에서 요구하는 경우 등이다.

수익자가 그 내용이나 형식을 재량으로 작성하는 것이기 때문에 정해진 양식이나 형식이 없이 신용장에서 요구하는 내용을 포함하여 작성한다. 대체적으로는 다른 서류들에 공통적으로 포함되는 내용을 기본내용으로 하고 특별히 그 서류에 의해 증명을 요구하는 내용을 포함시키면 될 것이다.

제 2 절 환어음

1. 환어음의 개념

환어음(draft: bill of exchange)은 채권자가 채무자에게 일정한 시일 및 장소에서 채권금액을 지명인 또는 소지인에게 무조건적으로 지급할 것을 위탁하는 요식・유가 증권을 말한다. 환어음은 중세부터 사용되어 왔다고 하는데 오늘날 무역거래에서도 수출업자들은 환어음을 발행하여 대금을 회수하는 경우가 많다.

계약물품을 선적한 수출업자는 관계 운송서류를 첨부하여 수입업자 혹은 특정 은행 앞으로 환어음을 발행하고 수출대금의 지급을 요청한다. 따라서 환어음의 발행인은 수출대금의 채권자인 수출업자이고 환어음의 지급인은 채무자인 수입업자 혹은 수입업자가 지정한 특정 은행이 된다. 수출업자는 환어음을 발행할 때 어음상에 "(나는) 대전을 수취하였으니 이 대금을 000 은행의 지시에 따라 지급하시오"라는 지시문언을 기술한다. 이러한 지급지시는 무조건적이기 때문에 정당하게 발행된 환어음에 대해 지급인은 반드시 지급을 이행하여야 한다.

환어음과 자주 비교가 되는 약속어음(promissory note)은 채무자가 채권자에게 일정 기일에 대금 지급을 약속하는 지급증서이다. 따라서 약속어음의 발행인은 채무자가 되고, 약속어음의 소지인이 채권자가 된다. 약속어음상에는 통상 "어음만기일인 0000년 x월 xx일에 00장소에서 일정 금액을 지급한다." 라는 약속문언이 기술되어 있으며, 소지인은 약속어음을 정해진 기일에 채무자에게 제시하고 지급을 요청한다.

환어음은 채권자가 채무자에게 결제를 요청하는 것이기 때문에 환의 이동방향으로 보면 추심(collection)의 성격에 해당된다. 반면 약속어음은 채무자가 이를 발행하여 채권자에게 보내기 때문에 송금(remittance)의 성격에 해당된다고 할 수 있다.

그리고 환어음은 주로 국가 간의 거래에서 발생하는 채권 · 채무 관계를 결제할 경우에만 사용되고 약속어음은 국내거래에서 주로 활용되고 있다. 왜냐하면 약속어음은 채무자의 신용을 바탕으로 결제가 이루어지는데 채무자의 신용이 확실하지 않는 한 이를 받아들이고 인정하는 채권자들이 국가 간의 거래에서는 많지 않기 때문이다.

환어음은 엄격한 요식증권이기 때문에 법에서 요구하는 기재사항이 있어야 효력이 발생하며 그 요건 중 어느 하나라도 기재되지 않으면 어음으로서 효력이 없다. 그리고 환어음을 교부하기 전에는 발행인이 자유롭게 정정할 수 있지만 교부 후에는 효력이 발생하므로 발행인도 함부로 어음의 내용을 정정할 수 없다. 환어음은 보통 2통을 1조(set)로 발행되어 하나가 결제되면 나머지는 자동적으로 무효가 된다.

환어음은 국가 간의 거래에서 사용되기 때문에 환어음과 관련하여 어떤 문제가 발생할 경우 이를 해결할 수 있는 법적 근거가 반드시 필요한데, 현재 환어음의 효력에 대한 준거법은 원칙적으로 행위가 일어난 지역의 법에 따른다. 예를 들어 환어음이 우리나라에서 발행되고 미국에서 지급되었다면 발행에 관하여는 우리나라의 어음법이 적용되고, 지급과 관련된 모든 행위는 미국의 어음법에 따른다.

현재 환어음에 관련된 국제 관행은 영국의 "환어음법"(Bill of Exchange Acts, 1882), 국제상업회의소에서 제정한 "추심에 관한 통일규칙"(Uniform Rules for Collection, ICC Publication No. 522, 1996), 유엔에서 제정한 "국제환어음 및 약속어음에 관한 유엔협약"(United Nations Convention on International Bills of Exchange and International Promissory Notes, 1988) 등을 기준으로 이루어지고 있다. 그러나 우리나라 수출업자가 발행한 환어음이 국내에서 문제가 될 경우에

는 우리나라 상법이 적용된다.

 환어음의 당사자

환어음 거래에서는 채권자인 환어음 발행인과 채무자인 환어음의 지급인이 기본 당사자인데 경우에 따라 제3자인 수취인이 등장하기도 한다.

(1) 발행인

환어음의 발행인은 환어음을 발행하고 서명하는 자로서 채권자를 말한다. 무역거래에서는 수출업자가 수입업자 혹은 은행으로부터 수출대금을 추심하기 위해 형식적 요건으로서 환어음을 발행하기 때문에 수출업자가 환어음의 발행인이 된다. 환어음은 반드시 발행인의 기명날인이 있어야 그 효력이 발생한다.

(2) 지급인

환어음의 지급인은 환어음상의 금액을 일정한 시기에 지급할 것을 위탁받은 채무자를 말하는데 무역거래에서는 수입업자 혹은 은행이 된다. 지급인의 명칭은 성명 또는 상호로 표현하고 법인 혹은 조합인 경우에는 법인명 또는 조합명을 기재하면 되고 반드시 그 대표자의 성명을 표시할 필요는 없다.

(3) 수취인

수취인은 환어음 금액을 지급받을 자로서 발행인이 될 수도 있고 발행인이 지정하는 제3자가 될 수도 있다. 발행인이 환어음을 지급인에게 직접 제시하면 수취인이 관여하지 않지만, 발행인이 환어음을 발행하여 이를 제3자로 하여금 지급받도록 할 경우에는 제3자가 수취인이 된다. 수취인은 환어음이 정당하게 발행된 것으로 믿고 이를 소지하고 있다하여 선의의 소지인(bona-fide holder)이라 한다.

무역거래에서 수출업자(발행인)가 외국에 있는 수입업자(지급인)에게 수출대금을 받기 위해 직접 외국까지 가서 환어음을 제시하고 수출대금을 받을 경우에는 수취인을 필요로 하지 않는다. 그러나 이런 경우는 현실적으로 극히 드물기 때문에 보통 수출업자는 자기가 거래하는 은행에게 외국의 수입업자로부터 수출대금을 추심해 줄 것을 의뢰하고, 은행은 해외 은행 네트워크를 이용하여 수입업자로부터 대금을 회수하게 된다. 이 경우 수출업자의 거래은행은 수출업자를 대신하여 수출대금을 지급받는 수취인이 된다.

3. 환어음의 종류

환어음은 첨부 서류의 유무에 따라 무담보어음과 화환어음, 지급만기일에 따라 일람불어음과 기한부어음 그리고 지급인의 특성에 따라 은행어음과 개인어음으로 구분된다.

(1) 무담보어음과 화환어음

환어음만으로 결제가 될 수 있는 어음을 무담보어음(clean bill of exchange)이라 하며 주로 운임, 보험료, 수수료 등의 지급에 이용되지만 오늘날에는 거의 사용되지 않고 있다.

반면 선하증권을 비롯한 운송서류가 첨부된 어음을 화환어음(documentary bill of exchange)이라 하며 상품대금을 결제하기 위해 사용된다. 환어음에 첨부될 운송서류는 매매계약서나 관계 서류에 명시되어 있다.

(2) 일람불어음과 기한부어음

환어음은 지급만기일에 따라 일람불어음과 기한부어음으로 구분된다. 일람불어음(sight bill)은 글자 그대로 지급인이 환어음을 보자마자 지급을 해야 하는 것이기 때문에 환어음이 지급인에게 제시되면 즉시 대금결제가 이루어지는 어음을 말하고, 기한부어음(usance bill)은 일정 기간 후 지급이 이루어지는 어음을 말한다.

기한부어음의 만기일은 일람 후(after sight), 일부 후(after date) 및 확정일(on a fixed date) 등 세 가지로 구분된다.

가) 일람 후 정기출급

이는 환어음이 지급인에게 제시된 날로부터 일정 기간이 지난 후 지급이 이루어지는 경우를 말한다. 예를 들어 "30 days after sight "이면 지급인에게 어음이 제시되고 다시 30일이 지난 후에 결제가 된다. 일람 후 정기출급에서는 지급인이 환어음을 일람했다는 증거로 환어음을 인수하는데, 인수는 인수인이 만기일에 지급할 것을 서명하는 행위를 말한다. 따라서 인수인은 만기일에 지급인이 된다.

나) 일부 후 정기출급

이는 어음이 발행된 날로부터 일정 기간이 지난 후 결제가 이루어지는 것을 말한다. 따라서 일부 후 정기출급은 환어음이 발행될 때 지급일이 확정된다. 예를 들어 환어음이 4월 30일에 발행되면서 만기일이 "30 days after date"로 표시되면 이 어음의 지급일은 자동으로 5월 30일 경이 된다.

따라서 일부 후 정기출급은 일람 후 정기출급보다 우편일수만큼 빨리 결제된다. 만약 같은 날짜에 우리나라 수출업자가 미국의 수입업자를 지급인으로 하는 "30 days after date"의 일부 후 정기출급의 환어음과 "30 days after sight"의 일람 후 정기출급의 환어음을 발행했다고 한다면 전자의 경우가 후자보다 빨리 결제된다. 왜냐하면 일람 후 정기출급은 환어음이 지급인에게 제시되고 그 날로부터 만기일이 계산되기 때문에 환어음이 우송되는 기간만큼 결제가 늦어지는 것이다.

다) 확정일 정기출급

이는 환어음상에 지급일이 "2007년 7월 10일"과 같이 구체적으로 명시되어 있는 경우를 말한다.

(3) 은행어음과 개인어음

환어음의 지급인이 은행인 경우를 은행어음(bank bill), 개인이나 기업인 경우를 개인어음(private bill)이라 한다. 두 어음 모두 무역거래에서 사용되고 있지만 보통 은행이 개인보다 신용이 높기 때문에 은행어음을 선호하는 경우가 많다. 그러나 개인의 신용이 높거나 발행인이 지급인의 신용을 확신할 경우에는 개인어음을 사용할 수 있는데 최근 들어 이의 사용빈도가 늘어나고 있는 실정이다.

4. 환어음의 인수

(1) 환어음 인수의 개념

매매계약에서 매도인이 매수인에게 기한부 조건으로 외상신용을 제공하고자 할 경우에는 기한부어음을 발행하는데 이 기한부어음은 결제과정에서 지급이 있기 전에 먼저 인수(acceptance)과정을 거치게 된다. 인수는 지급인이 만기일에 해당 어음을 결제하겠다고 서면으로 약속하는 어음상의 용어이다. 따라서 기한부어음이 지급인에게 제시되면 지급인은 우선 인수행위를 하고 만기일에 가서 지급을 한다. 인수의 형식은 다음과 같이 환어음의 표면에 "Accepted"라고 기재하고 서명한다. 이와 같이 환어음을 인수함으로써 지급인(인수인)은 만기일에 환어음에 대해 지급할 의무를 부담한다.

"Accepted" August 31, 2007 (Signature)

무역거래에서 수출업자가 발행한 기한부어음을 매수인이 인수한 경우를 무역인수(trade acceptance)라 부르고, 은행이 인수하는 경우를 은행인수(banker's acceptance)라 한다. 일반적으로 은행이 인수한 기한부어음은 개인이나 일반기업이 인수하는 기한부어음에 비해 지급에 대한 확실성이 높아 금융시장에서 유리

한 조건으로 할인될 수 있다.

(2) 인수어음의 할인

기한부어음이 인수되면 채권자인 수출업자는 이를 만기까지 보유하여 액면금액을 전액 받거나, 금융시장에서 할인하여 즉시 대금을 찾을 수 있는데, 할인(discount)은 만기일까지의 이자를 미리 공제하고 즉시 현금으로 결제하는 것을 말한다. 예를 들어 액면금액이 100만 달러인 3개월 기한부어음에서 만약 만기일까지의 이자를 반영한 할인율이 2.00%라고 한다면 은행은 이자 2만 달러를 공제하고 지급한다. 수출업자는 지금부터 3개월 후에 100만 달러를 받을 수 있고, 만약 할인이 가능하다면 지금 98만 달러를 받을 수도 있다.

이처럼 할인에 의해 은행으로부터 미리 수출대금을 회수할 수 있는 금융방식을 "인수금융"이라 하는데 인수금융을 통해 수출업자는 필요한 자금을 즉시 회수하면서 매수인에게는 저렴한 외상신용을 제공할 수 있다. 이 경우 일람불조건에 비해 매매가격은 인수수수료와 어음할인비용만큼 인상될 수 있다.

(3) 인수금융시장

어음을 할인해 준 은행(acceptor)은 이를 만기까지 보유할 수도 있지만 대개 다시 이 어음을 금융시장에서 재할인하는데 이러한 거래가 이루어지는 시장을 인수금융시장이라 한다. 뉴욕이나 런던과 같은 금융시장에서는 은행인수어음을 투자대상으로 하기 때문에 이들의 매매가 활발히 이루어진다.

이들 은행인수어음은 같은 만기를 가진 예금증서보다 더 낮은 할인율로 거래되며, 인수어음의 소지자는 발행자에 대하여 인수은행의 자산에 대한 2차 소구권(상환청구권)을 가지므로 인수금융은 매우 안전한 투자로 인식되고 있다. 따라서 인수은행은 자신이 수출업자에 대하여 인수한 어음을 즉시 인수시장에서 할인함으로써 인수로 대여한 자금을 다시 회수하는 것이 일반적이다.

 환어음의 배서

(1) 배서의 의의

환어음은 배서에 의해 타인에게 양도될 수 있는데, 배서(endorsement)는 어음이나 수표 등의 권리를 양도하기 위해 증권 상의 권리자 즉 배서인(endorser)이 해당 증권의 뒷면에 일정한 사항을 기재하고 기명날인 혹은 서명하여 이를 상대방인 피배서인(endorsee)에게 교부하는 행위를 말한다. 배서에 의하여 어음상의 모든 권리는 어음과 더불어 배서인으로부터 피배서인에게 이전된다. 우리나라와 영국의 어음법에서는 기명식과 지시식 어음이, 미국의 어음법에서는 지시식 어음만이 배서에 의해 유통되도록 하고 있다.

(2) 배서방식

배서방식에는 피배서인이 지정되는 기명식 배서와 지정되지 않는 백지식 배서가 있다.

가) 기명식 배서

기명식 배서는 배서인의 기명날인 외에 피배서인의 성명이나 상호를 기록하는 것을 말하며 기명식 배서에 의해 양도된 어음을 다시 유통시킬 경우에는 피배서인의 재배서가 필요하다.

기명식 배서는 다음과 같이 이루어진다.

"Pay to the order of (피배서인 명)" (배서인 서명)

나) 백지식 배서

백지식 배서는 피배서인을 명시하지 않거나 단순히 "Pay to the order"라고 기재하고 배서인이 서명하는 것으로 무기명 또는 약식배서라고도 하며, 양도인은 단지 어음뒷면에 서명만 하기 때문에 이를 백지배서라고도 한다. 백지식 배서에는 피배서인의 기재가 없으므로 환어음을 단순히 교부함으로써 용이하게 이전할 수 있으며, 또한 소지인은 어음에 배서하지 않고 양도할 수 있어 후에 채무상환을 부담하는 일이 없다.

백지식 배서는 다음과 같이 이루어진다.

“(Pay to)” (배서인서명)

6. 어음의 소구와 거절증서

소구(recourse)란 어음만기일에 지급인으로부터 지급이 이루어지지 않을 경우에 어음소지인이 발행인, 배서인에 대하여 어음금액의 지급을 청구하는 것을 말하며 이 권리를 소구권(right of recourse)라 한다. 그런데 어음소지인이 소구권을 행사하기 위해서는 지급제시 기간 내에 지급인에게 지급을 요구했다가 거절당했다는 것을 증명할 수 있는 증서가 필요한데 이를 거절증서라고 한다. 거절증서(protest)는 주로 공증인이 작성한다.

7. 환어음의 기재사항

환어음은 요식증권이기 때문에 기재사항을 준수해야 한다. 기재사항은 필수기재사항과 임의기재사항으로 구분되는데 필수기재사항의 어느 하나가 누락되어도 환어음으로서의 법적 효력이나 구속력을 갖지 못하게 된다.

1) 환어음의 필수기재사항

(1) 환어음의 표시

환어음을 뜻하는 증권에는 반드시 환어음을 표시하는 문자가 있어야 한다. 보통 환어음을 뜻하는 영문 표현인 "Bill of Exchange", 혹은 환어음은 보통 두 통이 발행되기 때문에 "The First Bill of Exchange", "The Second Bill of Exchange"와 같은 문구를 말한다. 이렇게 함으로써 어음의 변조를 막고 어음 당사자들에게 어음 행위를 한다는 자각을 줄 수 있다.[2)]

(2) 무조건의 지급위탁문언

환어음은 법률적으로 일정 금액을 무조건 지급할 것을 위탁하는 증권이기 때문에 이에 관한 문언이 있어야 하며, 반드시 금액을 지급해야지 금전 이외의 물건을 지급하도록 하는 것은 무효이다. 금액은 환어음의 어느 부분에라도 기재할 수 있지만 보통 "pay to --- the sum of ---"라고 표시된 곳에 기재한다. 그리고 금액은 일정 금액으로 표시되어야 하고, 만약 "삼백만원 혹은 오백만원"과 같이 선택할 수 있다거나, "삼백만원 이상 혹은 오백만원이하" 등과 같이 최고액이나 최저액으로 표시된 것은 무효이다. 또한 금액은 변조를 방지하기 위해 숫자와 문자로 기재하는 경우가 많다.

(3) 지급인

환어음상의 지급인을 표시하는 것인데 보통 환어음의 끝 부분인 "To" 이하에 기재한다. 지급인은 어음지급을 위탁받은 자로서 채무자인 수입업자 혹은 특정은행이 되는데 이는 결제방식에 따라 달라진다. 예를 들어 신용장 거래에서는 신용장을 발행하는 개설은행이 수입업자를 대신하여 지급을 확약하기 때문에 개설은행이 환어음의 지급인이 된다. 그러나 수입업자의 신용을 믿고 신용장 방식을 이용하지 않을 경우에는 수입업자가 환어음의 지급인이 되는 것이다.

---

2) 손주찬, 전게서, pp.176-202 참조.

(4) 지급기일의 표시

환어음 대금이 실제 지급되는 만기일(tenor)을 표시하는 것이다. 환어음의 "at---sight of" 라고 표시된 부분의 공란에 기재한다. 만약 즉시 대금을 지급하기로 했으면 "at xxx sight of"로 표시하고 60일 후 지급하는 기한부 조건일 경우에는 "at 60 days after sight of"로 기재된다. 그러나 확정일 조건이면 확정된 날짜를 구체적으로 표시한다.

여기서 일람 후 즉시 지급할 경우의 만기일 영문 표시는 "at sight"가 정확하고 기한부일 경우에는 만기일 영문 표시가 "60 days after sight of" 등과 같이 표현되어야 한다. 그런데 환어음의 용지에는 "at sight", "after sight"구분하지 않고 편의상 "at---sight of"로 인쇄되어 있다.

(5) 지급지

지급지는 환어음 금액이 지급되는 일정 지역을 의미하는데 보통 실제로 존재하는 도시명 정도로 표기된다. 지급지는 단일 지역이어야 하며 선택적으로 여러 곳으로 중첩해서 기재되어서는 안 된다. 환어음은 행위가 발생한 지역의 법률에 의해 처리되므로 지급지는 반드시 기재되어야 한다. 만약 지급지의 표시가 없으면 지급인의 명칭에 부기된 지명이나 지급인이 거주하는 지역으로 갈음할 수 있다.

(6) 수취인

환어음의 금액을 지급받을 자 혹은 지급받을 자를 지시한 자를 말하며, 전자의 명칭을 기재한 어음을 기명식어음이라 하고, 후자의 명칭을 기재한 어음을 지시식어음이라 한다.

(7) 발행일 및 발행지

환어음의 발행일은 어음이 발행된 날로써 어음상에 기재된 날짜이다. 발행일은 기한부어음의 제시기간을 정하기 위하여 반드시 필요한데 만약 발행일이 여러 군데 다르게 표시되어 있으면 무효로 간주된다.

발행지는 어음이 발행된 장소로 어음상에 기재된 지역을 말하며 실제 발행된 지역을 뜻하는 것은 아니다. 발행지는 어음법의 적용근거가 되므로 반드시 기재되어야 한다. 보통 발행지를 표시할 때는 도시 이름까지만 표기한다.

(8) 발행인의 기명날인

환어음은 발행인의 기명날인이 있어야만 그 효력이 발생한다. 무역거래에서는 수출업자가 환어음을 발행하기 때문에 수출업자의 기명날인이 있어야 한다. 우리나라의 경우는 수출업자가 거래 외국환은행에 제출한 서명감과 일치해야 한다.

2) 환어음의 임의기재사항

임의기재사항은 어음 자체의 효력에는 아무런 영향을 미치지 않으나 환어음번호, 신용장번호, 어음발행매수의 표시 등을 기재하여 어음의 성격이나 내용을 명확하게 해준다.

(1) 환어음 번호

발행인의 참고사항이며 기재하지 않을 경우도 있다.

(2) 환어음 발행 근거

만약 신용장방식에 의해 결제가 이루어지면 환어음의 발행근거가 되는 신용장번호, 개설은행, 개설일자 등을 기재한다. 예를 들어 "Drawn under Letter of Credit No. 123 issued by Chase Manhattan Bank of New York dated 2007, May, 14th."와 같은 표현이 환어음상에 기재된다.

그리고 신용장방식 외에 화환추심어음방식으로 결제할 경우에는 인수도조건 혹은 지급도조건을 분명히 명시해야 한다. 이 표시는 환어음의 효력에는 전혀 영향을 미치지 않지만 운송서류의 인도조건이 달라지기 때문에 수출업자에게는 대단히 중요한 문제가 될 수 있기 때문이다. 만약 인수도 혹은 지급도의 표시가 없으면 지급도로 간주된다.[3)]

(3) 환어음의 발행매수

환어음이 한 세트로 발행될 경우 이중 사용을 방지하기 위해 발행된 매수를 "First Bill", "Second Bill"과 같이 표기한다.

(4) 대가 문구

대가 문구(valuation clause)는 발행인이 증여, 상속 등의 목적이 아니라 정당한 상거래의 대가로 환어음을 발행하고 있음을 표시하는 문구로 보통 문자로 표시된 금액 다음에 "value received"로 표시되어 있다.

(5) 이자 문구

기한부거래에서는 일정 기간의 외상거래에 따른 이자 문제가 대두되는데 통상 일람불 혹은 일람 후 정기출급에만 이자 약정의 기재를 인정하고 있다. 확정일 출급 또는 일부 후 정기출급에는 사전에 이자를 계산해서 어음 금액을 정할 수 있기 때문에 이자 문언을 기재할 필요가 없다.

〈표 6-5〉 환어음의 기재사항

필수기재사항	임의기재사항
환어음의 표시	환어음 번호
무조건의 지급위탁문언	환어음 발행 근거
지급인	환어음 발행 매수
지급기일의 표시	대가 문구
지급지	이자문구
수취인	
발행일 및 발행지	
발행인의 기명날인	

3) 인수도 조건 및 지급도 조건에 관한 자세한 내용은 제11장에서 언급하기로 한다.

이자율은 반드시 어음상에 표시되어야 하고 그 표시가 없으면 이자에 대한 약정은 없는 것으로 본다. 그리고 이자의 기산일은 발행일 혹은 발행인이 임의로 기재할 수 있지만 만일 기재가 없으면 발행일을 기산일로 한다.

〈서식 6-1〉 환어음

BILL OF EXCHANGE

NO. ____________________ BILL OF EXCHANGE, ________________________
FOR
AT ________________ SIGHT OF THIS FIRST BILL OF EXCHANGE(SECOND OF THE SAME TENOR AND DATE BEING UNPAID) PAY TO ______________________ OR ORDER THE SUM OF

VALUE RECEIVED AND CHARGE THE SAME TO ACCOUNT OF ____________________________
____
DRAWN UNDER ____
L/C NO. ____
TO ________________________________
____
____

____

780603-626 13(X)B-16B

제 3 절 주요 수입서류

1. 원산지증명서

<table>
<tr><td>1. Exporter(Name, address, country)</td><td rowspan="2">ORIGINAL
CERTIFICATE OF ORIGIN
issued by</td></tr>
<tr><td rowspan="2">2. Consignee(Name, address, country)</td></tr>
<tr><td>3. Country of Origin</td></tr>
<tr><td>4. Transport details</td><td>5. Remarks</td></tr>
<tr><td>6. Marks & numbers ; number and kind of packages ; description of goods</td><td>7. Quantity</td></tr>
<tr><td rowspan="2">8. Declaration by the Exporter
The undersigned, as an authorized signatory, hereby declares that the above-mentioned goods were produced or manufactured in the country shown in box 3.

(Signature)

(Name)</td><td>9. Certification
The undersigned authority hereby certifies that the goods described above originate in the country shown in box 3 to the best of its knowledge and belief.

Authorized Signatory</td></tr>
<tr><td>Certificate No.</td></tr>
</table>

수입신고서

①신고번호	②신고일	③세관.과	⑥입항일	⑦전자인보이스 제출번호
④B/L(AWB)번호	⑤화물관리번호	⑧반입일	⑨징수형태	

⑩신 고 자	⑮통관계획	⑲원산지증명서 유무	㉑총중량
⑪수 입 자	⑯신고구분	⑳가격신고서 유무	㉒총포장갯수
⑫납세의무자	⑰거래구분	㉓국내도착항	㉔운송형태
⑬운송주선인	⑱종류	㉕적출국	
⑭해외거래처		㉖선기명	
	㉗MASTER B/L 번호		㉘운수기관부호
㉙검사(반입)장소			

● 품명·규격				
㉚품 명 ㉛거래품명		㉜상 표		
㉝모델·규격	㉞성분	㉟수량	㊱단가(XXX)	㊲금액(XXX)

㊳세번 부호		㊵순중량		㊸C/S 검사		㊺사후확인기관
㊴과 세 가 격 (CIF)		㊶수 량		㊹검사변경		
		㊷환급물량		㊻원산지		㊼특수세액
㊽수입요건확인 (발급서류명)						

㊾세종	㊿세율(구분)	(51)감면율	(52)세액	(53)감면분납부호	감면액	* 내국세종부호

(54)결제금액(인도조건-통화종류-금액-결제방법)			(56)환 율	
(55)총과세가격	(57)운임	(59)가산금액	(64)납부서번호	
	(58)보험료	(60)공제금액	(65)총부가가치세과표	

(61)세 종	(62)세 액	※관세사기재란	(66)세관기재란
관 세			
특 소 세			
교 통 세			
주 세			
교 육 세		- 전화번호	
농 특 세		- 이메일주소	
부 가 세			
신고지연가산세			
미신고가산세			
(63)총세액합계		(67)담당자	(68)접수일시 / (69)수리일자

세관·과 : 신고번호 : Page :

3. 선하증권

Shipper/Exporter	B/L No. :
Consignee	
Notify Party	

Pre-Carriage by	⑥ Place of Receipt	
Ocean Vessel	Voyage No.	Flag

Port of Loading	Port of Discharge	Place of Delivery	Final Destination(For the merchant Ref.)

Container No.	Seal No. Marks & No	No. & Kinds of Containers or Packages	Description of Goods	Gross Weight	Measurement
Total No. of Containers or Packages(in words)					

Freight and Charges	Revenue tons	Rate	Per	Prepaid	Collect

Freight prepaid at	Freight payable at	Place and Date of Issue Signature
Total prepaid in	No. of original B/L	
Laden on board vessel Date Signature		

4. 상업송장

Shipper/Seller	Invoice No. and date
	L/C No. and date
Consignee	Buyer(if other than consignee)
	Other references
Departure date	
Vessel/flight From	Terms of delivery and payment
To	

Shipping Marks	No.&kind of packages	Goods description	Quantity	Unit price	Amount
				Signed by	

5. 수입신고필증

①신고번호	②신고일	③세관.과	⑥입항일	⑦전자인보이스 제출번호
99999-99-9999999-9	YYYY/MM/DD	999-99	YYYY/MM/DD	XXXXXXXXXXX-X-XX-XXXXXXXX
④B/L(AWB)번호	⑤화물관리번호		⑧반입일	⑨징수형태
XXXXXXXXXXXXXXXX(XXXX)	YYXXXXXXXXX-9999-999		YYYY/MM/DD	99

● 품명·규격 (란번호/총란수 : 999/999)

㉚품 명	XXXXXXXXXXXXXXXXXXXXXXXXXXXXXXXXXXXXXXXXXXXXXXXXXX	㉜상 표	XXXXXXXXXXXXXXXXXXXXXXXXXXXXXXXXXXX
㉛거래품명	XXXXXXXXXXXXXXXXXXXXXXXXXXXXXXXXXXXXXXXXXXXXXXXXXX		XXXXXXXXXXXXXXX

㉝모델·규격	㉞성분	㉟수량	㊱단가(XXX)	㊲금액(XXX)
(NO.01) XXXXXXXXXXXXXXXXXXXXXXXXXXXXXX XXXXXXXXXXXXXXXXXXXXXXXXXXXXXX XXXXXXXXXXXXXXXXXXXXXXXXXXXXXX	XXXXXXXXXXXXXXXXXXXXXXXX XXXXXXXXXXXXXXXXXXXXXXXX XXXXXXXXXXXXXXXXXXXXXX	9,999,999.9999XXX	9,999,999.999999	99,999,999.9999
(NO.02) XXXXXXXXXXXXXXXXXXXXXXXXXXXXXX XXXXXXXXXXXXXXXXXXXXXXXXXXXXXX XXXXXXXXXXXXXXXXXXXXXXXXXXXXXX	XXXXXXXXXXXXXXXXXXXXXXXX XXXXXXXXXXXXXXXXXXXXXXXX XXXXXXXXXXXXXXXXXXXXXX	9,999,999.9999XXX	9,999,999.999999	99,999,999.9999
(NO.03) XXXXXXX				

㊳세번 부호	9999.99-9999	㊵순중량	9,999,999,999,999.9 XX	㊸C/S 검사	X XXXXXXXXXXXXXX	㊺사후확인기관	999, 999, 999
㊴과세가격(CIF)	$999,999,999,999	㊶수 량	9,999,999,999 XX	㊹검사변경	X XXXXXXXXXX		
	₩999,999,999,999	㊷환급물량	9,999,999,999.999 XX	㊻원산지	XX-X-X-X	㊼특수세액	99,999,999.99

㊽수입요건확인 (발급서류명)	9-999-99-99-99999999 (XXXXXXXXXXXXXXXXXXXX)	9-999-99-99-99999999 (XXXXXXXXXXXXXXXXXXXX)	9-999-99-99-99999999 (XXXXXXXXXXXXXXXXXXXX)	9-999-99-99-99999999 (XXXXXXXXXXXXXXXXXXXX)
	9-999-99-99-99999999 (XXXXXXXXXXXXXXXXXXXX)	9-999-99-99-99999999 (XXXXXXXXXXXXXXXXXXXX)	9-999-99-99-99999999 (XXXXXXXXXXXXXXXXXXXX)	9-999-99-99-99999999 (XXXXXXXXXXXXXXXXXXXX)

㊾세종	㊿세율(구분)	(51)감면율	(52)세액	(53)감면분납부호	감면액	* 내국세종부호
XX XX XX XX	9,999.99(XX XXXX) 9,999.99(XX XXXX) 9,999.99(XX XXXX) 9,999.99(XX XXXX)	9,999.99 9,999.99 9,999.99 9,999.99	999,999,999,999 999,999,999,999 999,999,999,999 999,999,999,999	XXXXXXXXXXXX XXXXXXXXXXXX XXXXXXXXXXXX XXXXXXXXXXXX	999,999,999,999 999,999,999,999 999,999,999,999 999,999,999,999	XXXXXX

● 품명·규격 (란번호/총란수 : 999/999)

㉚품 명	XXXXXXXXXXXXXXXXXXXXXXXXXXXXXXXXXXXXXXXXXXXXXXXXXX	㉜상 표	XXXXXXXXXXXXXXXXXXXXXXXXXXXXXXXXXXX
㉛거래품명	XXXXXXXXXXXXXXXXXXXXXXXXXXXXXXXXXXXXXXXXXXXXXXXXXX		XXXXXXXXXXXXXXX

㉝모델·규격	㉞성분	㉟수량	㊱단가(XXX)	㊲금액(XXX)
(NO.01) XXXXXXXXXXXXXXXXXXXXXXXXXXXXXX XXXXXXXXXXXXXXXXXXXXXXXXXXXXXX XXXXXXXXXXXXXXXXXXXXXXXXXXXXXX	XXXXXXXXXXXXXXXXXXXXXXXX XXXXXXXXXXXXXXXXXXXXXXXX XXXXXXXXXXXXXXXXXXXXXX	9,999,999.9999XXX	9,999,999.999999	99,999,999.9999
(NO.02) XXXXXXXXXXXXXXXXXXXXXXXXXXXXXX	XXXXXXXXXXXXXXXXXXXXXXXX	9,999,999.9999XXX	9,999,999.999999	99,999,999.9999

㊳세번 부호	9999.99-9999	㊵순중량	9,999,999,999,999.9 XX	㊸C/S 검사	X XXXXXXXXXXXXXX	㊺사후확인기관	999, 999, 999
㊴과세가격(CIF)	$999,999,999,999	㊶수 량	9,999,999,999 XX	㊹검사변경	X XXXXXXXXXX		
	₩999,999,999,999	㊷환급물량	9,999,999,999.999 XX	㊻원산지	XX-X-X-X	㊼특수세액	99,999,999.99

㊽수입요건확인 (발급서류명)	9-999-99-99-99999999 (XXXXXXXXXXXXXXXXXXXX)	9-999-99-99-99999999 (XXXXXXXXXXXXXXXXXXXX)	9-999-99-99-99999999 (XXXXXXXXXXXXXXXXXXXX)	9-999-99-99-99999999 (XXXXXXXXXXXXXXXXXXXX)
	9-999-99-99-99999999 (XXXXXXXXXXXXXXXXXXXX)	9-999-99-99-99999999 (XXXXXXXXXXXXXXXXXXXX)	9-999-99-99-99999999 (XXXXXXXXXXXXXXXXXXXX)	9-999-99-99-99999999 (XXXXXXXXXXXXXXXXXXXX)

㊾세종	㊿세율(구분)	(51)감면율	(52)세액	(53)감면분납부호	감면액	* 내국세종부호
XX XX XX XX	9,999.99(XX XXXX) 9,999.99(XX XXXX) 9,999.99(XX XXXX) 9,999.99(XX XXXX)	9,999.99 9,999.99 9,999.99 9,999.99	999,999,999,999 999,999,999,999 999,999,999,999 999,999,999,999	XXXXXXXXXXXX XXXXXXXXXXXX XXXXXXXXXXXX XXXXXXXXXXXX	999,999,999,999 999,999,999,999 999,999,999,999 999,999,999,999	XXXXXX

기출문제

01 무역거래 이행과정에서 나타나는 위험(risk)으로 거리가 먼 것은?

① 신용위험(credit risks)
② 상업위험(mercantile risks)
③ 운송위험(transportation risks)
④ 운영위험(operational risks)

02 무역결제 방법에 대한 설명으로 옳지 않은 것은?

① 현금결제방식에는 대금지급과 물품인도가 동시에 이루어지는 COD 방식과 서류의 인도와 대금지급이이 동시에 이루어지는 CAD방식이 있다.
② 송금환결제방식은 우편환(M/T)송금방식과 전신환(T/T)송금방식으로 구분할 수 있다.
③ 어음결제방식에는 상품을 상징하는 화환어음(Documentary Bill)에 운송서류, 보험서류, 상업송장 등을 첨부한 방식이다.
④ 추심결제방식은 수출자가 은행을 개입시켜 결제위험을 보완한 수단으로 환어음을 개입 시키는 방식이다.

03 대외지급수단에 해당되지 않은 것은?

① 선불카드
② 전환사채
③ 신용장
④ 약속어음

04 외국환의 형태에 대한 설명 중 옳은 것은?

① 매입환에는 당발송금환과 타발송금환이 포함된다.
② 매도환에는 타발추심환과 당발송금환이 포함된다.
③ 추심환에는 당발추심환과 타발전신환이 포함된다.
④ 매입환에는 타발추심환과 타발송금환이 포함된다.

05 "USD 대 KRW의 기준환율이 1,200원이고 EUR 대 USD의 환율이 1,200인 경우"에 EUR 대 KRW간의 재정환율로서 옳은 것은?

① 1EUR=1,000KRW
② 1EUR=1,150KRW
③ 1EUR=1,320KRW
④ 1EUR=1,440KRW

06 "1 USD가 1,120 KRW이고, 1 USD가 128 JPY인 경우"에 JPY 대 KRW 간의 재정환율로서 옳은 것은?

① 100 JPY = 870 KRW
② 100 JPY = 875 KRW
③ 100 JPY = 880 KRW
④ 100 JPY = 885 KRW

07 환율변동요인에 대한 설명으로 적절하지 않은 것은?

① 이자율이 상승하면 단기적으로 해당통화의 약세 요인이 된다.
② 상대적으로 높은 인플레율은 해당국 통화의 약세 요인이 된다.
③ 국제수지 특히 경상수지가 적자인 경우에는 해당통화가 약세를 보인다.
④ 경제성장률이 높아지면 그 국가의 통화는 강세가 된다.

08 환율의 변동요인으로 가장 거리가 먼 것은?

① 이자율
② 통화량
③ 국제수지/무역수지
④ 주가지수

09 우리나라에서 사용했던 환율제도가 아닌 것은?

① 고정환율제도
② 단일통화바스켓제도
③ 시장평균환율제도
④ 자유변동환율제도

10 환위험 예방법으로 적절하지 않은 것은?

① 수출입시 결제통화로 원화 사용
② 본지사간 채권 채무 차액만 정기적으로 결제하는 상계제도 이용
③ 에스크로우(escrow) 이용
④ 환변동보험 가입

11 다음 보기가 설명하고 있는 것은?

> 이 환위험 관리기법은 다국적기업의 본지점간 또는 지사 상호간에 발생하는 채권, 채무관계를 개별적으로 결제하지 않고 일정기간 경과 후에 서로 상계한 후 그 차액만을 정기적으로 결제한 제도를 말한다.

① Matching
② Netting
③ Leading
④ Lagging

12 외환자금의 흐름을 통화별, 만기별로 일치시킴으로써 외화자금 으름의 불일치에서 발생할 수 있는 환차손 위험을 제거하는 환리스크 기법은?

① 네팅(netting)
② 매칭(matching)
③ 리딩(leading)
④ 래깅(lagging)

13 무역업체가 수출대금의 영수시기와 수입대금의 지급시기를 일치시켜서 환위험을 회피하는 내부적 관리기법은?

① Netting
② Leading & Lagging
③ Matching
④ Forward Exchange

14 수취한 미화 10만불을 4개월 뒤에 지급할 예정인 기업이 취할 수 있는 바람직한 외환스왑거래에 해당하는 것은?

① 현물환 10만불 매도와 동 금액의 4개월 선물환 매입을 동시에 계약한다.
② 현물환 10만불을 매도하고, 동 금액의 4개월 선물환을 매입한다.
③ 현물환 10만불을 매도하고, 동 금액을 4개월 뒤에 매입하여 지급한다.
④ 현물환 10만불을 외화예금하고, 4개원 뒤에 10만불을 인출하여 지급한다.

15 환위험 관리를 위한 외상매출채권을 상환청구권 없이 매입하여 동 채권을 대가로 전대금융을 실행하며 채권만기일에 채무자로부터 직접 회수하는 단기금융인 외부적 관리기법은?

① Currency Option
② Factoring
③ Discounting
④ Exchange Risk Insurance

16 자국통화에 대해 외국통화가 강세일 때 환차손이 발상되는 외한포지션은?

① Over-bought position
② Square position
③ Long position
④ Short position

17 자국통화(원)에 대해 달러가 약세일 때 환차손이 발생되는 외환포지션은?

① Long position
② Square position
③ Over-bought position
④ Short position

18 외국환거래법의 목적으로 적절하지 않은 것은?

① 대외거래의 자유 보장
② 외국환거래의 조정 및 관리
③ 시장기능의 활성화
④ 통화가치의 안정

19 외국환거래법에 규정된 이 법의 목적과 거리가 먼 것은?

① 국제수지의 균형
② 대외거래의 원활화
③ 외화채권의 안정화
④ 통화가치의 안정

20 외환거래법의 목적으로 적절하지 않은 것은?

① 통화가치의 안정
② 시장의 통제
③ 국민경제의 건전한 발전
④ 대외거래의 자유보장

21 외국환거래법의 적용대상이 된 거래가 아닌 것은?

① 대한민국 내에서 일어나는 외국환 거래
② 대한민국과 외국 간 거래관련 지급, 수령 행위
③ 외국에 있는 개인과 외국에 본사가 있는 법인이 외국통화로 거래하는 행위
④ 국내에 본사가 있는 법인이 외국에서 법인의 재산 또는 업무에 관하여 행한 행위

22 다음 보기가 설명하고 있는 것은?

대외지급수단의 매매계약일의 제3영업일 이후 장래의 약정한 시기에 거래당사자간에 매매계약 시 미리 약정한 환율에 의하여 대외지급수단을 매매하고 그 대금을 결제하는 거래이다.

① 현물환 거래
② 선물환 거래
③ 외화채권
④ 외화파생상품

23 외국환거래법상 외국환 업무로 볼 수 없는 것은?

① 외국환의 발행 또는 매매
② 대한민국과 외국 간의 지급·추심 및 수령
③ 외국통화로 표시되거나 지급되는 거주자와의 예금
④ 거주자와의 원화 예금, 금전의 대차 또는 보증

24 외국환거래법에서 외국환업무로 보기에 적절하지 않은 것은?

① 외국환의 발행
② 거주자와의 내국통화 표시로 지급되는 증권매매
③ 미국 달러로 표시된 거주자의 예금
④ 비거주자인 외국인이 예금

25 외국환거래법상 거주자로 인정할 수 없는 것은?

① 국내에 주된 사무소가 있는 단체, 기관
② 대한민국 국민으로 비거주자였던 자로서 입국하여 국내에 3개월 이상 체재하는 자
③ 외국인으로 6개월 이상 국내에서 체재하고 있는 자
④ 외국에 있는 국내법인 등 영업소

26 해외직접투자를 하고자 하는 자가 해외직접투자신고서와 함께 신고기관에 제출해야 하는 서류에 해당하지 않은 것은?

① 사업계획서(자금조달 및 운용계획 포함)
② 주식을 통한 해외 직접투자인 경우에는 회계법인의 주식평가에 관한 의견서
③ 송금(투자)보고서
④ 기타 신고기관의 장이 필요하다고 인정하는 서류

27 외국환거래법상 해외사무소를 설치하고자 할 때 지정거래 외국환은행자에게 신고를 해야 하는 대상자가 아닌 것은?

① 한국수출입은행
② 금융감독원
③ 국내의 신문사, 통신사 및 방송국
④ 무역업을 영위하는 법인으로서 설립 후 1년이 경과한 자

28 신용장의 기능으로 가장 거리가 먼 것은?

① 대금결제의 기능
② 금융간의 기능
③ 계약이행이 확신성
④ 비상위험의 회피

29 신용장의 특성과 거래원칙에 대한 설명으로 적당하지 않은 것은?

① 독립성의 원칙은 매매계약에 의해서 신용장이 개설되지만 일단 개설이 되면 매매계약과 독립된 법률관계가 형성이 된다는 것이다.
② 추상성의 원칙은 모든 신용장 관련당사자는 계약물품과 상관없이 계약물품을 상징하는 서류만을 가지고 대금지급 여부를 결정한다는 것이다.
③ 엄격일치성의 원칙은 신용장의 수익자가 은행에 제시하는 서류는 신용장 조건과 완전히 일치하여야만 수리된다는 것이다.
④ 상당일치의 원칙은 신용장 조건과 상당하고 실질적으로 일치하는 서류는 수리할 수 있다 는 것으로 엄격일치의 원칙을 대체한 신용장 원칙이다.

30 신용장에 의한 결제방식의 한계성과 관련이 없는 것은?

① 완전무결한 지급수단이라 할 수 없다.
② 신용장 개설은행은 보증채무만 부담한다.
③ 계약물품이 반드시 인수된다고 보장하지 않는다.
④ 악의적인 클레임의 가능성이 있다.

31 신용장 개설의뢰인(Applicant)과 동일인에 해당하지 않는 것은?

① Importer
② Buyer
③ Consignee
④ Accounter

32 신용장 개설은행에 대한 영문표현으로 옳지 않은 것은?

① Opening bank
② Establishing bank
③ Credit Writing bank
④ Confirming bank

33 모든 신용장의 기본당사자라 할 수 없는 자는?

① 개설은행
② 수익자
③ 개설의뢰인
④ 확인은행

34 다음 중 신용장관련 당사자를 지칭하는 용어가 잘못 짝지어진 것은?

① Exporter - Beneficiary
② Importer - Consignee
③ Negotiation - Bona fide Holder
④ Settling Bank - Drawer

35 "This credit subject to revocation or modification at anytime without notice to you"라는 문구에 해당되는 신용장은?

① 양도가능신용장
② 취소가능신용장
③ 조건부취소불능신용장
④ 연지급신용장

36 "We confirm the credit and thereby undertake that all drawn and presented as above specified will be duly honored by us"라는 문구가 들어있는 신용장은?

① 상환청구가능신용장
② 매입신용장
③ 확인신용장
④ 양도가능신용장

37 "We confirm the credit and thereby undertake that all drawn and presented as above specified will be duly honored by us"라는 문가가 있는 신용장과 가장 밀접한 관계가 있는 것은?

① 상환청구가능신용장
② 확인신용장
③ 연지급신용장
④ 양도가능신용장

38 수출자가 선적 전에 상품의 생산, 잡화 도는 구입자금을 조달할 수 있도록 신용장개설의뢰인의 지시와 요청에 의하여 개설은행이 통지은행에게 신용장 대금의 일부 또는 전부의 선급을 수권한 신용장은?

① 회전신용장
② 선대신용장
③ Back to Back Credit
④ Escrow Credit

39 신용장 확인은행의 역할 및 의무에 관한 설명으로 옳지 않은 것은?

① 개설은행의 보증채무와 독립된 확인은행의 별개의 보증채무 및 확인범위내의 책임을 진 다.
② 개설은행의 지급확약 이외에 추가적으로 수익자에게 대금지급 확약을 한다.
③ 확인은행이 수익자에게 대금을 지급한 경우 수익자에 대한 소구권은 유지된다.
④ 확인신용장에서는 개설은행, 수익자와 더불어 확인은행도 신용장의 기본당사자가 된다.

40 신용장의 확인에 관한 설명으로 옳지 않은 것은?

① 개설의뢰인이 개설은행에게 확인신용장 개설을 위탁하여야 한다.
② 신용장 개설은행의 확인요청이 수반되어야 한다.
③ 확인은행이 수익자에게 결제를 한 경우 수익자에 대한 소구권은 유지된다.
④ 해당 신용장이 취소불능신용장이어야 한다.

41 양도가능신용장에 관한 설명으로 옳지 않은 것은?

① 신용장의 제1수익자가 향유하는 권리의 전부 또는 일부를 수익자가 지시하는 제2수익자 에게 양도하는 것을 말한다.

② 2회에 한하여 신용장 금액의 일부 또는 전부의 사용권을 양도할 수 있다.

③ 양도가능의 의미로 신용장상에 divisible이라는 문언이 허용된다.

④ 양도가능의 의미로 신용장상에 assignable이라는 문언이 허용되지 않는다.

42 양도가능신용자에 관한 설명 중 옳지 않은 것은?

① 신용장에 명시적으로 신용장의 전부 또는 일부를 제2수익자에게 양도하도록 허용된

신용장이다.

② 양도가능신용장은 분할양도가 가능하므로 양도의 횟수에는 제한을 두지 않는다.

③ 양도가능신용장은 지급이나 인수 또는 매입을 하도록 허용된 은행만이 양도할 수 있다.

④ 신용장의 분할양도는 분할어음발해이나 분할선적이 허용된 경우에만 가능하다.

43 양도가능신용장에 관한 설명 중 옳지 않은 것은?

① 신용장에 "transferable" 이라는 표시가 있어야 한다.

② 제1수익자가 제2수익자에게 양도하도록 허용된 신용장이다.

③ 신용장 금액의 전부 또는 일부를 양도할 수 있다.

④ 국내양도는 가능하나 국외양도는 불가능하다.

44 신용장의 수량 및 금액의 해석에 관한 설명으로 옳지 않은 것은?

① about, approximately와 같은 용어가 있으면 표시수량에서 ±10%까지의 과부족이 용인 된다.

② maximum 또는 exceeding 등의 표현이 기재되어 있으면 상한선이 표시된 수량 및 금액까지 한정된다는 것으로 하한선에 대한 규제는 없는 것으로 해석한다.

③ 광물, 곡물, 원유 등 bulk cargo는 about, circa가 없더라도 과부족허용규정(more or less term)에 따라 그 허용오차를 ±5%까지 허용하고 있다.

④ 과부족인 신용장의 금액, 수량, 또는 단가에만 적용되고 기재되어 있는 당해 항목과 관련된 타항목까지 서로 모순되지 않게 적용된다.

45 UCP600에 의거하여 신용장의 수량 및 금액을 해석하는 것에 관한 설명으로 적합하지 않은 것은?

① "about" 혹은 "approximately"가 수량, 금액, 단가 앞에 사용되었다면 10%의 과부족을 허용하는 것으로 해석한다.

② "maximum" 또는 "exceeding" 등의 표현이 기재되어 있으면 상한선이 표시된 수량 및 금액까지 한정된다는 것으로 하한선에 대한 규제는 없는 것으로 해석한다.

③ 광물이나 곡물 등 살물(bulk cargo)로 공급되는 물품의 경우에는 수량 앞에 과부족을 허 용하는 "about" 혹은 "approximately"가 사용되지 않더라도 과부족허용 오차를 10%까 지 허용하고 있다.

④ 과부족은 신용장의 금액, 수량, 또는 단가에만 적용되며, 기재되어 있는 당해 항목에만 적용된다.

46 신용장상 기간계산의 기산일과 관련한 설명으로 적합하지 않은 것은?

① 선적기간을 표시할 때 to, until, from, between 등이 앞에 나오면 그 일자는 제외된다.

② 환어음의 만기일에 from이나 after가 앞에 나오면 그 다음날부터 기산을 한다.

③ 선적기간 앞에 before, after가 앞에 나오면 그 일자는 제외된다.

④ 월의 전반과 후반을 나타내는 first half나 second half에서는 말단일은 포함한다.

47 신용장조건에 명시된 기간의 해석에 관하여 옳지 않은 것은?

① 선적기간에 사용된 to, until, till, from, between은 특정 일자를 포함한다.

② 선적기간과 관련하여 before, after와 함께 특정일이 표시되면 그 특정일은 포함한다.

③ 어느 개월의 상순(beginning), 중순(middle), 하순(end)의 경우에는 각각1일부터 10일까 지, 11일부터 20일까지, 21일부터 말일까지로 해석한다.

④ 어느 개월의 전반(frist half), 후반(second half)의 경우 전자는 1일부터 15일까지이고 후자는 16일부터 말일까지로 해석한다.

48 신용장상 기간예산의 기산일과 관련한 설명으로 적절하지 않은 것은?

① 선적기간을 표시할 때 to, until, from, between 등이 앞에 나오면 그 일자는 제외된다.

② 환어음의 만기일에 from이나 after가 앞에 나오면 당해 일자를 제외한다.

③ 선적기간 앞에 befroe나 after가 앞에 나오면 그일자는 제외된다.

④ 월의 전반과 후반을 나타내는 frist half나 second half에서는 말단일은 포함한다.

49 분할선적 금지에 대한 예외사항에 해당되는 것은?

① 컨테이너 운송의 경우
② 동일선박, 동일항해 시의 수회 선적의 경우
③ 출발항이나 도착항이 CY로 표시된 경우
④ 운송방법이 복합운송으로 지정된 경우

50 신용장 거래에서 신용장상에 환적금지조항이 있더라도, 은행에 제시된 운송서류가 동일한 운송서류에 의하여 전 항로를 커버하고 있으면서 일정한 조건을 갖추면 수리된다.
이에 해당하는 일정한 조건으로 보기 어려운 것은?

① 선화증권의 약관 중에서 '선박회사의 환적권 유보'를 인쇄조항으로 넣은 경우
② 신용장이 복합운송, 항공운송, 도로/철도/내수로 운송방법을 허용한 경우
③ 목적지까지 컨테이너, 트레일러, 라쉬선 등으로 운송된다는 표시가 있는 경우
④ 선적항과 목적항을 당해 항구내의 ICD로 표시한 경우

51 분할선적, 환적 및 할부선적에 대한 해석으로 옳지 않은 것은?

① 신용장상에 분할 금지문언이 명시되지 않은 경우에는 분할선적을 허용하는 것으로 본다.
② 동일 선박 및 동일 항로에 의한 분할선적의 경우에는 분할선적으로 간주하지 않는다.
③ 신용장상에 환적에 대한 표시가 없을 시 직항선이 없을 경우라도 환적을 금지한다.
④ 환적금지조항이 있더라도 동일한 운송서류에 의하여 전 항롤ㄹ 커버하고 운송회사의 환 적권 유보가 인쇄조항에 있는 경우 운송서류가 수리된다.

52 다음 중 신용장 거래와 관련하여 설명이 옳은 것은?

① 신용장 유효기일이 2012년 10월 15일이고 선적기일이 2012년 10월 12일이며 서류제 시기한이 선적일로부터 7일인 경우 본선적재일이 10월 11일로 기재된 B/L로 10월 16 일에 대금을 결제 받을 수 있다.

② 컨테이너운송의 경우 부두수취증(D/R)발행일을 유효한 본선적재일로 간주한다.

③ 신용장상에 환적금지조항이 있는 경우 Long From B/L뒷면에 "선박회사의 환적권 유보" 조항이 있으면 은행에서 수리를 하지 않으므로 이러한 경우에는 Short From B/L을 발급받아야 은행에서 수리가 된다.

④ 유효기일이 명시되지 않고 선적기일만 명시된 신용장도 유효한 신용장이다.

53 다음 중 제반 수수료와 관련하여 부담의무자가 잘못된 것은?

① 신용장 통지수수료 - 수출자

② 신용장 개설수수료 - 수입자

③ 매입 시 환가료 - 수입자

④ 확인수수료 - 개설은행

54 O/A(Open Account)방식의 네고에 대한 설명 중 옳지 않은 것은?

① 신용장조건에 따라 수출자는 상품을 선적한다.

② 수출자는 상품선적과 함께 운송서류를 수입자에게 송부한다.

③ 수입자에 대한 물품대금 청구권을 은행이 매입하여 수출자에게 수출금융을 일정기간동안 제공한다.

④ 추후 수입자의 물품결제 대금으로 수출금융을 결제한다.

55 신용장에 매입은행을 지정하거나 제시한 경우에 1차 은해이 매입한 선적 서류 매입지정은행이나 매입제한은행에 매입 의뢰하는 방식은?

① Re-Nego
② Clean Nego
③ Direct Nego
④ Indirect Nego

56 매입은행 입장에서 신용장 매입시 존재한 위험이 아닌 것은?

① 국가위험
② 개설의뢰인의 신용위험
③ 서류의 신용장 조건 일치여부를 둘러싼 분쟁위험
④ 서류심사 오류위험

57 신용장거래상 개설은행이 서류심사를 할 때 적절하지 않은 것은?

① 서류접수 다음 날부터 3은행영업일 이내에 수리여부를 결정하여 통지하여야 한다.
② 상당한 주의를 기울여 신용장 조건과 일치여부를 확인하여야 한다.
③ 서류심사는 국제표준은행관습(ISBP)에 따라서 결정해야 한다.
④ 신용장에서 요구하지 않는 서류는 심사하지 않는다.

58 수입화물선취보증서(L/G)에 대한 설명으로 적합하지 않은 것은?

① 수입상은 수입화물과 선적서류가 도착하였으나 수입대금이 부족한 경우에 이용한다.
② 선화증권이 도착하면 즉시 선박회사에 제출하겠다는 개설은행의 보증서이다.
③ 수입화물은 도착하였으나 운송서류가 미도착한 경우의 화물인도청구이다.
④ L/G발급은행과 수화인은 인도호물과 관련한 모든 손해와 추가운임 등을 부담한다.

59 물품은 도착하였으나 운송서류의 원본이 도착하지 않은 경우에 수입자가 화물을 먼저 인수하고 나중에 서류원본을 인도하기 위하여 은행과 연대하여 운송회사에 제출하는 서류는?

① Trust Receipt
② Letter of Guarantee
③ Letter of Credit
④ Letter of Indemnity

60 수입자가 알람출급결제조건으로 물품을 수입하였으나 수입대금을 일시에 지급하기 어려운 경우 개설은행에게 수입화물에 대한 담보권을 제공하고 운송서류를 미리 인도받아 물품을 인수하는 방법은?

① Trust Receipt
② Letter of Guarantee
③ Letter of Credit
④ Letter of Indemnity

61 다음 중 서로 관련이 없는 것으로 짝지어진 것은?

① Stand-by Credit - 무담보 어음(clean draft)
② D/A - 인수(acceptance)
③ Paying Bank - 예치환 거래은행(depository correspondent bank)
④ L/G - 매입은행에서 발행

62 보석 등 귀금속거래에 적합한 결제방식은?

① 신용장방식
② D/P방식
③ COD방식
④ CAD방식

63 수출물품이 목적지에 도착하면 수입가자 직접물품의 품질 등을 검사한 후 수출대금을 물품과 상환하는 현금으로 지급하는 방식은?

① Open Account
② Cash Against Documents
③ Cash on Delivery
④ Telegraphic Transfer

64 수입자가 상업위험을 고려할 때 가장 적절한 결제방식은?

① COD 방식
② At Sight L/C 방식
③ D/P 방식
④ CWO 방식

65 서류상환도(COD)방식에 관한 설명으로 옳지 않은 것은?

① D/P방식과 비슷하지만 환어음을 사용하지 않는다는 점에서 차이가 있다.
② 수입상에게 물품의 품질보장이 불확실하다는 위험이 있다.
③ 수입상은 물품을 인도 받으면서 대금을 결제하기 때문에 안전하다.
④ 매도인이 자국내 매수인의 대리점이나 매수인게에 직접 선적서류를 제시 또는 송부하여 이와 상환으로 대금을 회수하는 방식이다.

66 수출자가 물품을 선적한 후에 선적서류 원본을 수입자에게 직접송부하면 수입자는 결제조건에 따라 일정기간이 경과한 후 수출자의 은행계좌로 채권채무를 상계한 다음을 송금하며 본 · 지점간 또는 고정거래처간의 거래에 주로 사용되는 결제방식은?

① O/A 방식
② D/P 방식
③ COD 방식
④ CAD 방식

67 다음 서류 중 추심을 위한 상업서류에 포함되지 않는 것은?

① 환어음
② 상업송장
③ 운송서류
④ 포장명세서

68 추심결제방식에서 지급인(drawee)이 아닌 자는?

① 매수인(Buyer)
② 수입상(Importer)
③ 수화인(Consignee)
④ 수출자(Exporter)

69 추심결제 당사자가 아닌 자는?

① 추심의뢰인(principal)
② 개설은행(issuing bank)
③ 추심은행(collecting bank)
④ 추심의뢰은행(remitting bank)

70 무역거래 매매계약서에 수입자가 추심은행으로부터 환어음과 선적서류를 제시받으면 대금결제를 하고 서류를 인도받는 조건은 다음 중 어디에 해당하는가?

① Cash Against Documents
② Cash on Delivery
③ Documents against Payment
④ Documents against Acceptance

71 추심은행(collecting bank)이 어음지급인에게 어음의 인수와 동시에 선적서류를 인도하여 주고 그 어음의 지급만기일에 어음지급인으로부터 대금을 추심의뢰은행(remitting bank)에 송부하면 추심의뢰은행이 수출자에게 대금을 결제하는 방식은?

① Cash Against Documents
② Cash on Delivery
③ Documents against Payment
④ Documents against Acceptance

72 다음 중 자금활용 측면에서 수입자에게 가장 불리한 결제 방식은?

① CWO
② D/P
③ COD
④ D/A

73 추심결제방식의 특성에 관한 설명 중 옳지 않은 것은?

① 국제규칙을 적용한다.
② 환어음을 사용한다.
③ 신용장 개설은행의 지급확약에 의해서 결제를 한다.
④ 매도인은 대금영수나 물품회수에 대한 위험을 부담해야 한다.

74 팩토링방식에서 수입자의 효용성이라고 할 수 없는 것은?

① 자금계획 및 운용의 편리성
② 대금조달 및 운영자금의 압박 회피 가능
③ 외상매출채권이 관리능력 강화
④ 신용장 발행비용과 부대비용의 절감

75 포페이팅(Forfaiting)거래에 대한 설명으로 적절하지 않은 것은?

① 포페이팅이 완결된 경우 수입자의 도산, 신용장개설 은행의 파산 등으로 만기 대금회구 가 불가능하게 되어도 수출자가 수출대금을 반환할 의무가 없다.

② 연지급 어음매입방식은 포페이팅을 이용할 수 없다.

③ 포페이팅은 일반적으로 거래규모가 크고 중장기 금융이다.

④ 포페이팅의 관계당사자는 수출자, 수입자, 포페이터, 보증은행이 있다.

76 팩토링(factoring)방식의 특성에 해당되는 것은?

① 거액(10만~수억불)

② 소구권, 무소구권 양자 인정

③ 장기(6월~10년 이내)

④ 환어음 또는 약속어음이 매개체

77 "본래 조건부 제3자 예탁증서를 나타내는 말로서 유효한 계약을 체결한 당사자간 합의에 의해 양도인과 약속자 또는 채무자가 날인증서, 증권, 금전, 주권 그 밖의 문서를 중립적인 제3자에게 예탁하는 것 또는 이렇게 예탁된 증서"가 가리키는 것은?

① 금융서류

② 에스크로(Escrow)

③ 상업서류

④ 팩토링(Factoring)

78 다음 서류 중 신용장의 수익자가 작성하는 서류가 아닌 것은?

① 상업송장
② 선화증권
③ 환어음
④ 포장명세서

79 선적서류 중 송장의 기능으로 적절하지 않은 것은?

① 선적물품 명세서
② 매매상품의 계산서 및 대금청구서
③ 유가증권 기능
④ 무역금융 담보물 명세서

80 장차 판매될 화물에 대해 시산적으로 작성되는 것으로 수입자의 요청으로 수출자가 판매상품에 대한 견적서로 제시하는 송장은?

① 견적송장
② 선적송장
③ 영사송장
④ 세관송장

81 신용장거래에서 원칙적으로 수리거절되는 선적서류가 아닌 것은?

① 용선계약부 선화증권
② 약식 선화증권
③ 기간경과 선화증권
④ 고장부 선화증권

82 다음 선화증권 중 신용장에서 통상적으로 요구하고 있는 선화증권이 아닌 것은?

① 무고장 선화증권
② 본선적재 선화증권
③ 수취선화증권
④ 지시식선화증권

83 다음 선화증권 중 신용장에서 통상적으로 요구하고 있는 선화증권이 아닌 것은?

① 무고장 선화증권
② 본선적재 선화증권
③ 운송주선인 발급 선화증권
④ 지시식 선화증권

84 신용장에서 요구하는 보험서류의 요건으로 가장 거리가 먼 것은?

① 보험증권은 일반적으로 2통의 원본을 발행한다.
② 운송서류보다 더 늦게 발행된 보험서류는 수리를 거절한다.
③ 보험서류의 통화와 신용장의 통화가 반드시 일치할 필요는 없다.
④ 포괄증권이 선적일자 이전에 발급된 것이라면 증명서가 늦은 날짜에 발급되어도 수리가 된다.

85 다음 중 협정국 간 자율관세 및 무관세 혜택을 적용 받기 위해 필요한 서류는?

① 일반원산지 증명서
② FTA원산지 증명서
③ 영사송장
④ 세관송장

86 우리나라 어음법상 환어음의 필수 기재사항에 해당되지 않는 것은?

① 지급위탁문언
② 지급만기일
③ 지급인
④ 어음번호

87 우리나라 어음법상 환어음의 필수 기재사랑에 해당되지 않는 것은?

① 환어음의 표시문구
② 무조건 지급위탁 문언
③ 지급인의 기재
④ 대가수취문언

해답

번호	답	번호	답	번호	답	번호	답
01	4	23	4	45	3	67	1
02	3	24	2	46	1	68	4
03	2	25	4	47	2	69	2
04	2	26	3	48	1	70	3
05	4	27	1	49	2	71	4
06	2	28	4	50	4	72	1
07	1	29	4	51	3	73	3
08	4	30	2	52	2	74	3
09	2	31	4	53	3	75	2
10	3	32	4	54	1	76	2
11	2	33	4	55	1	77	2
12	2	34	4	56	2	78	2
13	3	35	2	57	1	79	3
14	1	36	3	58	1	80	1
15	2	37	3	59	2	81	2
16	4	38	2	60	1	82	3
17	1	39	3	61	4	83	3
18	2	40	3	62	3	84	3
19	3	41	3	63	3	85	2
20	2	42	2	64	1	86	4
21	3	43	4	65	3	87	4
22	2	44	4	66	1		

참고문헌

강원진, 무역결제론, 박영사, 2007

강호상, 외환론, 법문사, 2003

강호상, 글로벌금융시장, 법문사, 2008

구종순 · 허은숙, 무역결제, 박영사, 2007

남풍우, 新 무역실무, 두남, 2011

남풍우, 무역결제론, 두남, 2011

박대위 · 구종순, 무역실무, 법문사, 2012

방희석, 무역실무, 박영사, 2011

조현정, 무역결제론, 박영사, 2010

이신규, 무역실무, 두남, 2013

이대우 · 양의동, 국제무역실무, 두남, 2013

이대우 · 양의동, 신용장론, 두남, 2011

이종덕, 외환제도론, 법문사, 2007

최정호 · 이제현, 무역결제론, 박영사, 2007

한국무역협회, 무역아카데미, 수출입대금결제, 2007

한국수입업협회, 외환 · 수입결제, 2013.

서울경제, 2013.10.17.

Bridge Michael, *The International Sale of Goods*, Oxford : University Press, 1999.

D'arcy Leo, Murray Carole and Cleave Barbara, *Schmitthoff's Export Trade*, 10th ed., London : Sweet & Maxwell, 2000.

Dolan, John F, *The law of letters of credit: Commercial and standby credit,* Washington, D.C.: A. S. Pratt &Sons Group, 1998.

Gozlan, Audi Y., *International Letters of Credit: Resolving Conflict of Law Dispute*, 2nd. ed., London : Kluwer Law International Ltd., 1999. Heinz Riehl, *Managing Risk in the Foreign Exchange, Money and Derivative Markets,* New York : McGraw-Hill, 1998.

Hinkelman, Edward G., *International Payments*, San Rafael : World Trade Press, 2000.

Homaifar, Ghassem A., *Managing Global Financial and Foreign Exchange Rate Risk,*

New York : John Wiley & Sons, 2004.

Johnson, Thomas E., *Export/Import Procedures and Documentation(Export/Import Procedures & Documentation)*, 4th ed., New York: AMACOM/American Management Association, 2002.

Melvin Michael, *International Money & Finance,* 7th ed., Boston : Pearson Addison-Wesley, 2004.

Moffett, Michael H, Stonehill, Arthur I. and Eiteman, David K., *Fundamentals of Multinational Finance*, Boston : Pearson Addison-Wesley, 2003.

Mugasha Agasha, *The Law of Letters of Credit and Bank Guarantees*, Annandale NSW(Australia): Federation Press, 2003.

Sellman Pamela and Evans Judith, *Law of International Trade*, London : Old Bailey Press, 2000.

Shapiro, Alan C., *Foundations of Multinational Financial Management,* 5th ed., New York : John Wiley & Sons, 2005.

Weiss, Kenneth D., *Building an Import/Export Business*, 3rd Edition, 3rd ed., New York:John Wiley & Sons Inc., 2002

찾아보기

ㅂ

ㅅ

ㅊ

ㅋ

ㅌ

ㅍ

ㅎ

기타

저 자 약 력

허은숙(許殷淑)

동덕여자대학교 무역학과 졸업
서강대학교 대학원 무역학과 졸업(경영학석사)
서강대학교 대학원 무역학과 졸업(경영학박사)
Western Carolina University(Visiting Scholar)
행정고시(국제통상직) 출제·선정위원 역임
관세사시험 출제·선정위원 역임
무역영어자격시험(대한상공회의소) 출제위원 역임
한국관세학회 부회장 역임
한국무역학회 부회장
현, 건양대학교 글로벌경영학부 교수

〈저서〉
전자상거래론(공저), 아람, 2001
무역결제(공저), 박영사, 2007

외환 · 수입결제

초 판 1쇄 인쇄 —— 2013년 12월 23일
초 판 1쇄 발행 —— 2013년 12월 30일
지은이 —— 허 은 숙
펴낸이 —— 전 두 표
펴낸곳 —— 도서출판 **두남**
서울시 강동구 성내로6길 34-16 두남빌딩
신 고 : 제25100-1988-9호
TEL : 02) 478-2065, 2066, 2067, 2311
FAX : 02) 478-2068
E-mail : dunam1@unitel.co.kr
http://www.dunam.co.kr

정가 17,000원

ISBN 978-89-6414-481-7 93320